반야심경 오가해

- 관조반야와 염불수행 -

백송 정목 역해

반야심경 오가해
- 관조반야와 염불수행 -

초판 1쇄 인쇄 2016년 7월 11일
초판 1쇄 발행 2016년 7월 15일

지 은 이 | 백송 정목
펴 낸 이 | 강대홍
편   집 | 구진영
펴 낸 곳 | 금샘
등   록 | 제 2016-000008 호

주   소 | 부산시 중구 대청로 135번길 7 (2층)
전   화 | (051) 464-6776
팩   스 | (051) 463-6031
이 메 일 | kj9121@hanmail.net
값 20,000원
ISBN - 979-11-958444-0-1-1

*잘못 만들어진 책은 구입하신 서점에서 바꿔드립니다.
*이 책은 저작권법에 따라 보호받는 저작물이므로 출판사와 저자의 동의없이 무단 복제를 금합니다.

반야심경 오가해

- 관조반야와 염불수행 -

『반야심경』은 구마라집의 번역본, 현장의 번역본, 반야와 이언의 공동번역본이 대표적이다. 이 경의 해설서는 원측의『불설반야바라밀다심경찬』이 가장 뛰어나고, 원효의『대혜도경종요』는 6백부 반야경의 근본사상과 요체를 한 눈에 볼 수 있는 역작이다.

「반야심경 오가해(五家解)」는 삼가(三家 : 구마라집, 현장, 반야와 이언)의 번역본을 한글로 번역하고, 이가(二家 : 원측과 원효)의 논서를 중심으로 관조반야와 염불수행을 비교하며 해설한 책이다.

한글 반야바라밀다심경
-현장의 번역본. 백송 정목 한글번역-

반야로 저 언덕에 건너가는 핵심의 경

관자재보살이
'깊은 반야로 저 언덕에 건너감'을 수행할 때,
오온이 모두 공성임을 관조하여 깨닫고,
일체 중생의 괴로움과 멍에를 벗어나게 하셨다.
사리자여,
물질의 쌓임은 공성과 다르지 않으며,
공성은 물질의 쌓임과 다르지 않으니,
물질의 쌓임은 곧 공성이요,
공성은 곧 물질의 쌓임이다.
감수의 쌓임, 상상의 쌓임, 의지의 쌓임,
심식의 쌓임도 또한 다시 이와 같다.

사리자여, 이 모든 법의 공성의 모습은
생겨나지도 않고, 소멸하지도 않으며,
더럽지도 않고, 깨끗하지도 않으며,
늘어나지도 않고, 줄어들지도 않는다.
그러므로 공성 가운데는 물질이라 할 것이 없고,
감수, 상상, 의지, 심식이라 할 것이 없다.
눈, 귀, 코, 혀, 몸, 마음이라 할 것이 없고,
물질, 소리, 냄새, 맛, 촉감, 법이라 할 것이 없다.
눈의 경계라 할 것이 없고,
내지 심식의 경계라 할 것이 없다.
무명이라 할 것이 없으니, 또한 무명이 다할 것도 없고,
내지 늙고 죽음이라 할 것이 없으니,
또한 늙고 죽음이 다할 것도 없다.
괴로움, 괴로움의 원인, 열반, 열반의 도라 할 것이 없다.
지혜라 할 것이 없으니, 또한 얻을 것도 없다.
얻을 것이 없기 때문에,
보리살타는 '반야로 저 언덕에 건너감'에 의지하므로
마음에 걸림이 없다.
걸림이 없으므로 두려움이 없고,
전도와 공성을 멀리 띠니 궁극의 열반에 들어간다.

삼세의 모든 부처님도
'반야로 저 언덕에 건너감'에 의지하므로
위없는 보리를 증득하신다.
그러므로 알아야 한다.
'반야바라밀다'는 제일 신령한 주문이며,
제일 밝은 주문이며, 위없는 주문이며,
견줄 것이 없고 평등한 주문이어서,
일체 중생의 괴로움을 없애주니,
진실하여 헛되지 않은 것이다.
끝으로 '반야바라밀다'의 주문을 찬탄하니,
바로 설하여 게송으로 말하겠다.
아제아제 바라아제 바라승아제 보리사바하.

[서 문]

이것이 불교다

　불교는 연기의 세계관이라는 위대한 철학을 바탕으로 성립된 종교이다. 세계와 인간의 존재방식에 대하여 매우 깊은 철학을 설하였을 뿐만 아니라 누구나 쉽게 이해할 수 있도록 근기에 따라 다양한 교법이 설해진 유일한 종교이다. 이러한 이유로 교법의 분량이 방대할 뿐만 아니라 교리가 획일적이지 않아서 일반대중이 이해하는 데 어려움이 있다. 그리하여 조사들은 가르침의 수준이 다른 다양한 교법을 그 내용에 따라 분류하여 정리하였는데 이를 교상판석(敎相判釋)이라 부른다. 이 중에 가장 늦게 완성되고 쉽게 이해할 수 있는 것이 규봉 종밀의 『원인론(原人論)』에서 밝힌 오교이다. 이른바 인천교, 소승교, 법상교, 파상교, 일승현성교(일심교)이다. 이와 같이 하나의 종교체계 안에 근기에 따라 설한 다양한 교법이 있으니, 이것이 곧 불교의 특징이다.

　여러 부의 반야경은 모든 법이 공(空), 무상(無相)임을 설하는 파상교에 속한다. 반야경의 공사상은 소승과 대승의 교법을 관통하며 단절 없이 이어주고 '일체경계 본래일심'이라는 일심사상의 바탕이 된 가르침이다. 그러므로 반야경은 부처님이 증득하신 도에 발심하여 나아가는 불자들이 수행의 과정에서 반드시 닦아야 할 교법이며, 그 핵심을 보인 경전이 곧 『반야심경』이다. 이 경은 팔만대장경 중에 가장 짧은 경전이다. 그러나 소승불교 5백년의 교리를 정리하고 대승으로 나아가는 길과 그 목적을 분명하게 밝혔으니, 실로 '이것이 불교다'라고 말해도 조금도 어긋남이 없을 것이다.

　이 경은 연기의 세계관에 의한 세계와 인간의 존재방식, 모든 법에 대한 바른 지혜, 부처님의 지혜와 그 가치관의 실현에 대하여 명료하게 밝혔다. 그것은 오온과 모든 법의 공성을 깨달아 묘관찰지를 얻고 발심하여 자리이타의 보살도를 실천하며 위없는 보리를 증득하는 가르침을 보인 것이다.

　『반야심경』은 구마라집의 번역본, 현장의 번역본, 반야와 이언의 공동번역본이 대표적이다. 이 경의 해설서는 원측의 『불설반야바라밀다심경찬』이 가장 뛰어나고, 원효의 『대혜도경종요』는 6백부 반야경의 근본사상과 요체를 한 눈에 볼 수 있는 역작이다. 「반야심경 오가해(五家解)」는 삼가(三家 : 구마라집, 현장, 반야와 이언)의 번역본을 한글로 번역하고, 이가(二家 : 원측과 원효)의 논서를 중심으로 관조반야와 염불수행을 비교하며 해설한 책이다.

　『반야심경』의 해설서는 예나 지금이나 끊이지 않고 펴내 그 수가 매우 많다. 그럼에도 불구하고 「반야심경 오가해」를 펴내는 뜻은 다음과 같다. 첫째, 연기의 세계관에 의한 세계와 인간의 존재방식을 분명하게 이해하도록 하기 위함이다. 둘째, 부처님의 지혜와 그 가치관을 이해하고 발심하여 자리이타의 보살도를 실천하도록 권하기 위함이다. 셋째, 불교는 연기의 세계관에 의해 관조반야를 행하여 지혜를 얻는 자각의 문이 있고, 부처님의 대비력을 믿고 염불수행으로 생사를 벗어나는 자비광명의 문이 있음을 명료하게 전하기 위함이다.

대승불교는 부처님이 증득하신 지혜인 성소작지(成所作智), 묘관찰지(妙觀察智), 평등성지(平等性智), 대원경지(大圓鏡智)를 믿고 이해하여 실천하고 증득하는, 즉 신해행증(信解行證)의 체계로 설한다. 이 신행체계에 두 문을 열어 보였으니, 자각의 문과 자비광명의 문이다.

자각의 문은 묘관찰지를 믿고 이해하여 깊은 관조반야로 생사의 이 언덕에서 열반의 저 언덕으로 건너가는 수행문이다. 자비광명의 문은 성소작지의 대비력을 믿고 염불수행으로 예토의 이 언덕에서 정토의 저 언덕으로 건너가는 수행문이다. 이 두 문을 열어 보인 것은 일체 중생을 구제하려고 세상에 출현하신 부처님의 대자비심이다.

연기의 세계관, 근기에 따라 설한 다양한 교법, 부처님의 지혜를 신해행증하는 지혜의 종교, 자각의 문과 자비광명의 문, 이것이 불교이며, 또한 불교의 위대함이다. 이러한 뜻을 이해하면 불교는 위대한 철학을 바탕으로 성립된 뛰어난 종교임을 알게 되어 어떤 수행문을 선택하든지 발심하는 계기가 될 것이다.

이 책은 「제1편 대승불교 입문」과 「제2편 반야심경 오가해」이 두 부문으로 나누어 서술하였다. 제1편의 제1장은 불교의 정의, 대승의 신행체계 등 대승의 수행문을 이해하기 위해 반드시 알아야 할 중요한 항목들에 대해 설명하였다. 제2장은 여러 반야경전의 전반을 대강 이해하도록 하고, 『반야심경』 삼가의 번역본을 실어 서로 비교할 수 있도록 하였다. 「제2편 반야심경 오가해」는 그 서문에 서술하는 방식을 자세히 밝혀 두었나.

『대지도론』에서 다음과 같이 말씀하셨다. "한 나라에 어떤 비구가 있었는데, 항상 『아미타경』과 『반야심경』을 독송하였다. 이 비구는 죽음이 임박한 때에 제자들에게 '아미타부처님께서 저 대중과 함께 오셨으니 곧 몸을 일으키면 나는 자연히 돌아갈 것이다.'라고 말하고, 잠깐 사이에 목숨이 다하였다. 그 뒤에 제자들이 나무를 모아 그를 화장하였다. 다음 날 제자들이 재 가운데서 혀가 타지 않은 것을 보았다.『아미타경』을 독송하였기 때문에 부처님이 몸소 오시는 것을 보았고,『반야심경』을 독송하였기 때문에 혀가 타지 않은 것이다. 이것은 모두 현세에 나타나는 일이다. 경에서 '여러 부처님과 보살님들이 오시니 매우 많았다.'라고 말씀하신 것과 같다. 이와 같이 곳곳에서 사람들이 죄의 더러움에 묶여 있더라도 일심으로 염불하고, 믿음이 청정하여 의심하지 않으면, 반드시 부처님을 뵐 수 있고, 끝내 헛되지 않을 것이다. 이러한 여러 인연으로 말미암아 실제로 시방에 부처님이 계시다는 것을 알 수 있는 것이다."라고 하셨다.

『반야심경』과 『아미타경』은 자각의 문과 자비광명의 문을 대표하는 경으로 대승경전 중에 분량이 가장 적다. 그러나 이 두 경은 일체 중생이 안심을 얻고 부처님의 지혜를 성취하여 다 함께 안락한 삶이 확보되는 길을 명료하게 보였다. 이러한 이유로 예로부터 수많은 사람들이 두 경전의 가르침을 수지하여 독송하고 실천하여 왔다. 그 공덕과 영험의 사례도 수없이 전해오고, 지금도 불가사의한 일들이 종종 일어나고 있다. 그러므로 누구나 수많은 경론을 열람하지 않고 두 경의 가르침을 진실로 믿고 행하는 것만으로도 큰 이익을 얻을 것이다.

자각의 문에 들어가기 어려운 사람이 있다면 일체 중생을 구제하는 마지막 한 법이 있으니 그것이 곧 염불의 묘법이다. 부처님께서 불가사의한 변화를 성취하신 성소작지의 대비력을 우러러 믿고 염불을 행하면 반드시 지혜와 복덕이 늘어난다. 염불은 지난날의 어리석음으로 업장이 두텁고 번뇌가 치성하여 괴로움이 끊이지 않는 사람도 안심을 얻고 희망을 기약할 수 있는 묘법이니 소홀히 여기지 말아야 할 것이다.

철학이 없는 신행은 맹종하기 쉽고, 신행이 없는 철학은 증득하기 어렵다. 믿음과 이해가 깊어도 발심하지 않으면 진실한 불자가 아니다. 알면서도 실천하지 않는다면 그것은 참으로 아는 것이 아니다. 깊은 믿음과 이해로 발심하고 실천하면 깨달음을 구하지 않아도 자연히 깨달아 어느 날 문득 안락한 저 언덕에 이르러 있을 것이다.

아제아제 바라아제 바라승아제 보리사바하.
일체경계 본래일심, 일체가 아미타불의 화신이다.

원효후예(元曉後裔) 백송정목(白松正牧) 삼가 씀

[차 례]

- 한글 반야바라밀다심경   4
- [서문] 이것이 불교다   7

제1편 대승불교 입문

제1장 대승불교와 수행문   22
제1절 불교란 무엇인가   22
  1. 불교의 정의   22
  2. 대승의 신행체계   23
  3. 발심   24
제2절 수행문   25
  1. 자각의 문과 자비광명의 문   25
    1) 자각의 문   25
    2) 자비광명의 문   26
  2. 수행의 요체   27
    1) 일체경계 본래일심   27
      (1) 대승의 법은 일심   27
      (2) 왜 일심이라 하는가   29
      (3) 진여, 여래장, 불성   30
      (4) 신령한 앎과 마음   31
      (5) 일심은 중생심   33
    2) 지관을 닦음   34
      (1) 지관의 뜻   34
      (2) 지관수행의 이익   35
    3) 삿된 집착을 버림   37

3. 삼매와 중도 37
  1) 삼매의 뜻 37
  2) 진여삼매 38
  3) 중도 39
    (1) 중도는 불법의 근본 39
    (2) 중도관으로 묘관찰지를 얻음 40
    (3) 중도관을 뛰어넘는 평등성지 44
제3절 일심정토 염불수행 42
  1. 일심정토 42
  2. 염불수행의 신행체계 42
  3. 염불수행의 특징 45

제2장 반야경전의 이해   48

제1절 반야경의 근본과 뜻 48
  1. 반야경을 말씀하신 인연 48
  2. 반야경의 근본 51
  3. 반야경의 지위 54
  4. 반야와 반야바라밀다의 뜻 58
  5. 반야경의 종류 62
    1) 마하반야바라밀경 62
    2) 금강반야바라밀경 63
    3) 반야바라밀다심경 63
제2절 반야심경의 번역본 66
  1. 구마라집의 번역본 67
  2. 현장의 번역본 72
  3. 반야와 이언의 공동번역본 76

제2편 반야심경 오가해

- [해설 서문]   84
- **서분**   85
    - 제1절 육성취   86
    - 제2절 부처님의 광대심심삼매   91

- **정종분**   92
- ## 제1장 관하는 지혜   98
    - 제1절 관하는 사람과 관하는 지혜의 체   100
        1. 관하는 사람   102
        2. 관하는 지혜의 체   108
    - 제2절 지혜의 작용   115
        1. 자신에게 이로운 지혜의 작용   117
        2. 남을 이롭게 하는 지혜의 작용   126

- ## 제2장 보살이 관할 경계   136
    - 제1절 법문을 설하신 인연   138
        1. 수행법을 물음   138
        2. 오온의 성품이 공함을 관하라   139
    - 제2절 오온의 공성   142
        1. 교화를 받는 사람   144
        2. 색법과 심법의 공성   147
            1) 색법의 공성   147
            2) 심법의 공성   153
    - 제3절 공성의 모습   155
        1. 모든 법의 공성의 모습   156

2. 여섯 가지 공성의 법문   158
    1) 오온의 법문   162
    2) 십이처의 법문   163
    3) 십팔계의 법문   170
    4) 십이연기의 법문   174
    5) 사제의 법문   184
    6) 지혜와 열반의 법문   194

제3장 보살이 얻는 과보   198

제1절 얻는 과보를 바로 밝힘   200
  1. 지관에 공능이 있음을 밝힘   200
    1) 공성은 모습이 없음을 안다   202
    2) 관하는 사람은 발심한다   203
    3) 마음에 걸림이 없다   207
  2. 보살이 얻는 네 가지 과보   209
    1) 걸림이 없으므로 두려움이 없다 210
    2) 전도를 멀리 떠난다   212
    3) 몽상을 멀리 떠난다   213
    4) 궁극의 열반에 들어간다   214
제2절 예를 들어 성취함을 증명함 216
  1. 얻는 과보를 바로 밝힘   217
    1) 삼세의 모든 부처님   217
    2) 반야로 저 언덕에 건너감에 의지하므로 223
    3) 위없는 보리를 증득하신다   224
      (1) 아뇩다라삼먁삼보리의 번역 224
      (2) 위없는 보리의 뜻과 체성   228
      (3) 위없는 보리를 분별함   231
      (4) 삼신을 분별함   239
      (5) 삼신과 정토   245

2. 지혜의 작용이 수승함을 찬탄함	251
1) 긴 글로 해설하여 찬탄함	252
(1) 자신에게 이로운 지혜의 작용	252
(2) 남을 이롭게 하는 지혜의 작용	256
2) 게송을 들어 찬탄함을 맺음	258
(1) 긴 글로 게송을 듣게 됨을 표함	259
(2) 바로 게송으로 찬탄함	260

• 유통분　271

제1절 깊은 반야바라밀다 행	273
제2절 모든 부처님이 칭찬하심	276
제3절 반야바라밀다 행법을 유통함	280

• 부록

1. 유통되는 한글 반야바라밀다심경	286
2. 원측의 『불설반야바라밀다심경찬』 원문	290

• 일러두기

〖라집〗: 구마라집(Kumarajiva : 344~413, 인도)의 번역본

〖현장〗: 현장(玄奬 : 602~664, 당나라)의 번역본

〖공역〗: 반야(般若 : 748~810, 인도)와 이언(利言, 인도)의 공동번역본

〖삼가 동일〗 위 삼가의 번역이 동일한 글

〖원측〗: 원측(圓測 : 613~696, 신라)의 『불설반야바라밀다심경찬』

〖원효〗: 원효(元曉 : 617~686, 신라)의 논서를 인용한 글

〖해설〗: 필자의 해설 및 관조반야와 염불수행에 대한 견해

제1편

대승불교 입문

제1장 대승불교와 수행문

제1절 불교란 무엇인가
 1. 불교의 정의
 2. 대승의 신행체계
 3. 발심
제2절 수행문
 1. 자각의 문과 자비광명의 문
  1) 자각의 문
  2) 자비광명의 문
 2. 수행의 요체
  1) 일체경계 본래일심
  2) 지관을 닦음
  3) 삿된 집착을 버림
 3. 삼매와 중도
  1) 삼매의 뜻
  2) 진여삼매
  3) 중도
제3절 일심정토 염불수행
 1. 일심정토
 2. 염불수행의 신행체계
 3. 염불수행의 특징

제1장 대승불교와 수행문

제1절 불교란 무엇인가

1. 불교의 정의

불교는 개인의 안심입명(安心立命), 공동선(共同善) 등 종교의 일반적 기능을 포함하고, 또 그것들을 뛰어넘는 교법을 설한다. 불교는 부처님이 증득하신 지혜를 신해행증(信解行證)하여 지혜를 완성하고, 다 함께 마음이 편안하고 경계가 즐거운 안락한 삶을 추구하는 종교다.

"불교는 연기의 세계관을 근본으로 증득하신 부처님의 지혜를 믿고 이해하여 안심을 얻고, 발심하여 수행문에 나아가 정정취에 올라서, 위로 지혜를 구하고 아래로 중생을 교화하며, 일심의 근원에 돌아가 동체대비를 구현하여, 지혜의 완성과 안락한 삶을 성취하는 종교다."

2. 대승의 신행체계

　대승의 신행체계는 신심(信心), 안심(安心), 발심(發心), 수행(修行), 정정취(正定聚), 일심증득(一心證得)의 여섯 단계이다. 신심은 일심의 도리와 부처님의 지혜인 성소작지(成所作智), 묘관찰지(妙觀察智), 평등성지(平等性智), 대원경지(大圓鏡智)를 우러러 믿는 것이다. 안심은 성소작지에 대한 진실한 믿음 또는 묘관찰지를 성취함으로써 안심입명의 경지에 들어가는 것이다. 생사해탈과 도의 이치를 깨달아 마음을 편안히 하고 삼보에 귀명하여 자신의 본분을 다하는 것을 말한다.
　발심은 부처님의 지혜를 증득하기 위해 마음을 일으키는 것이다. 수행은 갖가지 수행문 중에 하나를 선택하여 정진하는 것이다. 정정취는 위없는 보리(아뇩다라삼먁삼보리)에서 물러나지 않고 삼악도로 떨어지지 않는 지위에 들어가는 것으로 보살계위 십해 이상의 수행자가 되는 것을 말한다. 일심증득은 '일체경계 본래일심'의 도리를 알고 일심의 근원에 돌아가 진여를 증득하는 것이다.
　대승의 신행체계는 지혜의 완성과 안락한 삶을 이룰 수 있는 길을 분명하게 보인 것이다. 안락(安樂 : 安心樂相)이란 마음이 편안하고 경계가 즐거운 것을 말한다. 지혜와 안락은 불법으로 자유를 누릴 수 있는 새의 양 날개와 같다. 그러므로 신행체계를 닦음에는 연기의 세계관을 바탕으로 위로 지혜의 완성을 위한 구도수행과 아래로 공동체의 안락을 위한 실천이 균형을 이루도록 힘써야 한다.

3. 발심

『무량수경종요』에서 "무상보리심을 일으킨다는 것은 세간의 부와 즐거움 및 이승의 열반을 돌아보지 않고 한결같이 삼신의 지혜에 뜻을 두고 원하는 것이니, 이를 '위없는 보리로 가는 마음(無上菩提之心 : 아뇩다라삼먁삼보리로 가는 마음)'이라고 이름한다. 전체적으로 나타내면 비록 그러하지만 여기에 둘이 있다. 첫째는 수사발심(隨事發心)이요, 둘째는 순리발심(順理發心)이다."라고 하였다. 수사발심은 대승에 입문한 사람은 누구나 일으켜야 할 마음이다. 수사발심이란 어떤 마음인가.

"번뇌가 무수하지만 모두 끊기를 원합니다.

선법이 무량하지만 모두 닦기를 원합니다.

중생이 무변하지만 모두 제도하기를 원합니다."

수사발심은 대승의 근본정신(정체성)인 '상구보리 하화중생'을 실현하기 위해 큰 마음을 일으키는 것이다. 순리발심은 묘관찰지를 깨달아 그 이치에 따라 세 가지 원하는 마음을 일으키는 것이다. 수사발심은 물러날 수 있으나 순리발심은 물러나지 않는다. 순리발심은 정정취에 들어가야 실천할 수 있다.

제2절 수행문

1. 자각의 문과 자비광명의 문

1) 자각의 문

　자각의 문은 묘관찰지를 믿고 이해하여 깊은 관조반야로 생사의 이 언덕에서 열반의 저 언덕으로 건너가는 수행문이다. 묘관찰지를 스스로 깨달아 생사를 해탈하고 보살도를 실천하는 수행문으로 참선수행이 대표적이다.
　『무량수경종요』에서 "묘관찰지(妙觀察智)는 불가칭지(不可稱智)이다. 이 지혜는 말할 수 없는 경계를 관찰한다. 일체의 법은 모두 허깨비와 같고 꿈과 같아서, 있는 것이 아니지만 없는 것도 아니므로, 말을 떠나고 생각이 끊어져 말을 따르는 자가 말하거나 헤아릴 수 있는 것이 아님을 일컫는다."라고 하였다.
　묘관찰지는 연기의 세계관에 의해 모든 법을 비유비무로 관찰하여 보편적인 진리를 깨닫는 객관적인 지혜이다. 상근기는 이 지혜에 의해 공(空), 무상(無相)을 깨달아 안심을 얻는다. 자각의 문(참선문)은 반야를 법으로 삼아 무상무념(無相無念)의 지관으로 공, 무상, 무원의 이치를 깨달아 발심하여 성성쥐에 들어가 자리이타를 실천하는 수행문이다.

2) 자비광명의 문

자비광명의 문은 성소작지의 대비력을 믿고 염불수행으로 예토의 이 언덕에서 정토의 저 언덕으로 건너가는 수행문이다. 정토의 경계(자비광명)에 의지해 묘관찰지를 깨달아 보살도를 실천하는 수행문으로 염불수행이 대표적이다.

『무량수경종요』에서 "성소작지는 부사의지(不思議智)이다. 이 지혜는 능히 불가사의한 일을 짓는다. 여섯 자를 넘지 않는 몸이지만 정수리를 볼 수 없고 털구멍의 양만큼도 늘이지 않고 시방세계에 두루 하며, 일념으로 명호를 부르면 여러 겁의 무거운 죄업을 영원히 소멸하고, 십념으로 명호를 생각한 공덕은 능히 삼계 밖의 수승한 과보에 태어나게 하는 일과 같은 것을 일컫는다. 이와 같은 일들은 낮은 지혜로 헤아릴 것이 아니다."라고 하였다.

성소작지는 부처님의 대비력으로 일체 중생이 정토에 태어나 생사를 벗어나게 하는 종교적인 지혜이다. 일체 중생은 이 지혜에 의해 윤회를 벗어날 수 있다는 깊은 믿음으로 안심을 얻는다. 자비광명의 문은 성소작지를 믿고 아미타불의 불가사의한 공덕이 성취된 아미타를 법으로 삼아 유상유념(有相有念)의 염불로 정토에 태어나는 수행문이다. 정토의 경계를 관찰하여 그 청정한 공덕상(功德相)을 감득(感得) 함으로써 묘관찰지를 깨달아 정정취에 들어간다. 관상염불(觀相念佛)의 관은 지관(止觀)이며, 상은 정토의 경계(지혜의 모습)인 자연과 부처님과 보살의 청정한 공덕상을 말한다.

2. 수행의 요체

원효의 「기신론소」에서 "중생이 오랫동안 생사의 바다에 빠져 열반의 언덕에 나아가지 못하는 까닭은 다만 의혹과 삿된 집착 때문이다. 그러므로 이제 아래로 중생을 교화하는 요체는 의혹을 제거하고 삿된 집착을 버리게 하는 것이다. 의혹을 논하는 데는 여러 가지 방법이 있다. 그러나 대승을 구하는 사람이 의혹하는 것은 두 가지이다. 첫 번째는 법(法 : 모든 법의 근본)을 의혹하는 것으로 발심에 장애가 된다. 두 번째는 교문(敎門 : 가르침의 법에 들어가는 문)을 의혹하는 것으로 수행에 장애가 된다."라고 하였다.

중생이 생사윤회를 거듭하며 괴로움의 바다에 빠져 있는 것은 두 가지 의혹과 삿된 집착 때문이다. 두 가지 의혹 중에 하나는 '세계와 인간의 존재방식(예토와 정토, 범부와 성인 등의 차별적인 모습)의 근본은 무엇인가?'라는 문제를 의혹하는 것이다. 둘은 '어떻게 수행해야 모든 존재(법)의 실상을 밝힐 수 있겠는가?'라는 문제를 의혹하는 것이다.

1) 일체경계 본래일심

(1) 대승의 법은 일심

「기신론소」에서 "일심의 법을 세운 것은 첫 번째 의혹(법에 대한 의혹)을 제거하는 것이나. 대승의 법에는 오직 일심만이 있으니, 일심 밖에는 다시 다른 법이 없음을 밝힌 것이다. 다만 무명이 자신의 일심을 미혹하여 모든 물결을 일으키고 육도에 유전한다. 비록 육도의 물결을 일으키지만 일심의 바다를 벗어나지 않는다. 진실로 일심이 움직여 육도가 일어나기 때문에 널리 제도하려는 서원을 일으키게 되는 것이다. 육도가 일심을 벗어나지 않기 때문에 동체대비를 일으킬 수 있는 것이다. 이와 같이 의혹을 제거해야만 큰 마음을 일으키게 된다."라고 하였다.

소승은 모든 법에 각기 실체가 있다고 하며, 색과 심의 두 법을 근본으로 삼아 삼독(三毒)을 끊고 아공을 깨달아 열반을 얻기 위해 수행한다. 그러나 대승은 모든 법이 연기즉공(緣起卽空)이라는 이치에 의해 '일체경계 본래일심'의 도리를 알고, 이 일심 자체를 법으로 삼아 수행해야 한다는 것이다. 일심을 법으로 삼아야 중생을 구제하려는 큰 마음을 일으킬 수 있기 때문이다.

일심의 도리를 알고 일심의 근원(중생심의 본성)에 돌아가 진여를 증득하여 일체 중생의 성품이 평등함을 깨달아 자연히 동체대비의 마음을 일으켜서 중생을 교화하는 삶, 이것이 인간이 현세에 이룰 수 있는 최상의 지혜요, 가장 위대한 가치관의 실현이다. 그러므로 이를 궁극적 목표로 삼아 수행해야 한다.

원효는 모든 교법이 일심의 근원으로 향하도록 화쟁과 회통의 논리를 전개하였다. 화쟁(和諍)이란 모든 교법간의 다툼을 도리에 어긋나지 않게 화해하는 것이다. 회통(會通)이란 모든 교법을 모아 화해하여 일심으로 통하게 하는 것이다. 그리고 모든 수행문은 일체 중생이 보리심을 일으키고 일심의 바다로 일심의 근원으로 돌아가도록 힘써야 한다고 하였다.

(2) 왜 일심이라 하는가

「기신론소」에서 "왜 일심이라 하는가. 더러움과 깨끗함(染淨)의 모든 법(색법)은 그 성품(性)이 둘이 없고, 진심과 망심(眞妄)의 두 문(심법)도 다름이 있을 수 없기 때문에 '일'이라 이름하는 것이다. 이 둘이 없는 자리(此無二處 : 둘로 분별함이 없는 것, 진여)가 모든 법 중에 가득하나(諸法中實), 허공과 같지 않아서 성품 자체가 신령하게 알기 때문에(性自神解故) '심'이라고 이름하는 것이다."라고 하였다.

모든 법은 연기즉공(緣起卽空)이다. 그러므로 예토와 정토 등의 모든 법은 그 성품이 공성으로 동일하고, 심진여문과 심생멸문의 두 문도 실체가 없어 하나(一)의 마음에서 비롯된 것이다. 즉 예토와 정토, 생사와 열반 등으로 이름을 지어 분별하고 애착하는 것은 모두 하나(一)의 마음이 짓는다는 뜻으로 '일'이라고 말하는 것이다. 따라서 이 하나의 마음 안에는 예토와 정토(색법), 생사와 열반(심법) 등의 일체의 법이 모두 포함되어 있는 것이다.

예토와 정토, 생사와 열반 등의 둘이 없는 자리가 곧 진여(眞如)이며, 모든 법의 성품이다. 이 법성(法性)은 일체 중생과 일체 국토와 모든 법 중에 가득하다. 성품은 법과 하나도 아니며, 서로 떨어지지도 않는 것이다. 그렇다고 형이상학적으로 실재하는 것도 아니다. 그러면서도 사람에 있어서는 허공과 같지 않아서 '성품 자체가 대상을 인식하는 신령한 앎'이 있으므로 '심(心)'이라고 말하는 것이다.

일과 심의 뜻이 이와 같으니 '일'이란 참됨과 거짓은 둘이 아니라 그 본성은 하나라는 뜻이며, '심'이란 일심의 근원인 성품 자체가 (대상을 인식하는) 신령한 앎(性自神解)이 있다는 뜻이다. 이 일심의 근원인 성품을 반드시 심(心)이라고 부를 것은 아니지만 마음을 일으키는 바탕이고, 또 그 신령함을 어떻게 나타낼 별도리가 없으므로 '심'이라는 뜻을 빌어서 쓴 것일 뿐이다.

(3) 진여, 여래장, 불성

『반야심경』에서 "모든 법의 공성의 모습은 생겨나지도 않고, 소멸하지도 않으며, 더럽지도 않고, 깨끗하지도 않으며, 늘어나지도 않고, 줄어들지도 않는다."라고 하였다. 이와 같은 공성의 모습은 모든 법의 성품(법성)이므로 일체 중생과 일체 국토와 모든 법 중에 가득하다. 이 공성을 사람에 있어서는 진여(眞如), 여래장((如來藏), 불성(佛性)이라고 부른다.

『기신론』에서 "진여의 자체상(自體相)은 일체의 범부, 성문, 연각, 보살, 모든 부처에 이르기까지 항상 머물러 있다. 진여 자체에 대 지혜광명의 뜻이 있고, 법계를 두루 비춤의 뜻이 있고, 진실한 앎의 뜻(眞實識知義)이 있고, 자성청정심의 뜻이 있고, 상락아정의 뜻이 있고, 청량함 불변함 자재함의 뜻이 있어서, 이와 같이 항하의 모래수보다 많은 데서 불리(不離) 부단(不斷) 불이(不異) 부사의(不思議)한 불법을 구족하고 내지 만족하여 부족한 것이 없다는 뜻이기 때문에 여래장이라 하며, 또한 여래법신이라 이름하는 것이다."라고 하였다.

사람의 성품인 진여는 범부, 성문, 연각, 보살, 모든 부처님이 동일하다. 그러나 진여는 오직 증득해야 상응한다. 여기의 모든 뜻은 진여를 증득하였을 때 여래장, 불성이 드러나 무량한 공덕을 갖출 수 있는 가능성(不空如來藏)을 말하는 것이다. 여래장, 불성은 사람의 성품으로서 부처가 될 가능성을 말하며 실체로 존재하는 것이 아니기 때문이다.

종밀(宗密 : 780~841)은 『원인론(原人論)』에서 "거칠음이 다하고 미세함까지 다 없애면, 신령한 성품이 드러나서 법에 통달하지 않음이 없을 것이니 법보신(법신, 보신)이라 이름하며, 자연히 응하여 출현함이 무궁하니 화신불이라 이름한다."라고 하였다.

이 논에서 말한 것은 세계와 인간의 존재방식을 통찰하여 묘관찰지를 깨닫고, 나아가 일심의 근원인 진여를 증득하여 평등성지를 성취하고 실천하여 얻게 되는 과보를 말한 것이다. 법신, 보신, 화신, 이 삼신의 지혜를 아뇩다라삼먁삼보리, 무상정등정각(無上正等正覺 : 위없고 평등하고 밝게 비춤)이라고 이름한다.

(4) 신령한 앎과 마음

세계와 인간의 존재방식을 이루는 모든 법은 공성이요, 공성은 모든 법의 성품(본성)이다. 이 공성인 성품을 사람에게 있어서는 진여, 일심의 근원, 여래장(如來藏 : 여래가 숨어 있음), 불성(佛性 : 부처가 될 가능성)이라고 부른다. 진여는 범부, 성문, 연각, 보살, 부처님이 모두 동일하다. 진여 자체에 무량한 공덕을 갖출 수 있는 능력을 갖추고 있는데, 이 중에 가장 위대한 것은 '대상을 인식하는 신령한 앎'이다.

『원인론』에서 "일체 중생은 모두가 본각진심이 있으니, 시작이 없이 오면서 항상 미무는 청정(常住淸淨)으로 밝고 밝아 어둡지 않아서(昭昭不昧) 분명하게 항상 앎(了了常知)이며, 불성이라 이름하고 여래장이라 이름한다."라고 하였다.

또 "하늘과 땅과 사람 가운데 '오직 사람이 신령하다.'는 것은 심신(心神 : 心識, 앎)과 더불어 화합함을 말미암은 것이다(三才中 唯人靈者 由與心神合也). 부처님께서 '안의 사대와 바깥의 사대가 같지 않다.'고 말씀하신 것은 바로 이것이다."라고 하였다.

정원(淨源 : 1011~1088, 북송)은 그의 발미록(發微錄 : 1074년 펴냄)에서 "앎(知)이란 증득하여 아는 것이 아니요, 진성(眞性)은 허공이나 목석과 같지 않으므로 안다고 말한 것이다. 그러므로 경계를 반연하여 분별하는 앎(識)과 같지 않으며, 본체를 비추어 밝게 통달한 지혜와 같지 않으니, 바로 '진여의 성품이 자연히 항상 앎(自然常知)'을 말하는 것이다."라고 하였다.

마명은 '진여 자체에 진실한(번뇌가 없는) 앎(眞實識知)의 뜻이 있다.'고 하였고, 원효(617~686)는 '성품 자체가 신령하게 안다(神解).'고 하였다. 종밀은 '분명하게 항상 앎(了了常知)'이라 하였고, 정원은 '자연히 항상 앎(自然常知)'이라 하였다.

신령한 앎이란 어떤 것인가. 진여가 대상을 아는 것을 말한다. 앎은 식지(識知), 신해(神解), 심식(心識), 상지(常知) 등으로 표현하였다. 이 앎은 주관이 최초에 대상을 연하여 일어나는 것(緣起)이지만, 이는 대상을 분별하는 식이 아니며, 지혜도 아니다. '신령한 앎'이란 진여인 성품 자체(淸淨光明)가 대상을 연하여 분명하게 항상 아는(了了常知) 것을 말한다.

마음이란 어떤 것인가. '신령한 앎'으로 말미암아 여러 조건을 연하여 분별하고 인식하는 것을 이름한 것이다. 마음이 실재한다면 홀로 일어나서 누구든지 보는 바의 경계가 동일할 것이다. 그러나 사람마다 경계가 다르게 보인다. 이것은 마음이란 홀로 일어나는 것이 아니라 근기와 업력이 다른 사람마다의 주관이 객관을 연하여 일어나는 (緣起) 것이기 때문이다. 만약 사람마다 가진 신령한 앎을 근본으로 세계와 인간의 존재방식을 바르게 깨달으면 이를 지혜(지혜의 마음)라고 일컫는다.

일심을 증득해도 마음이 일어나는가. 일심의 근원에 돌아가서 진여를 증득(평등성지)하면 일체의 경계가 마음의 모습이다. 곧 일체의 경계는 마음의 반영(反影 : 반사하여 비친 그림자)임을 체득한 때문이다. 이때 주관은 보는 마음이고 객관은 보이는 마음(마음의 반영)이다. 이 일심 안에서 신령하게 아는 능력으로 말미암아 무상(無相)의 경계를 연하여 지혜의 마음을 일으키니 동체대비심으로 중생을 교화할 수 있는 것이다.

(5) 일심은 중생심

『아미타경소』에서 "예토와 정토는 본래 일심이요, 생사와 열반도 궁극에는 두 경계가 없다."라고 하였다. '예토와 정토의 일체 경계는 본래 이 하나의 마음에서 일으킨 것(마음의 반영)이요, 생사와 열반도 궁극에는 두 경계가 없는 하나의 마음이다.'라는 뜻이다. 그러므로 일심은 '일체경계 본래일심(一切境界 本來一心)'과 같은 의미이다. 『유식론』에서는 '만법은 오직 아뢰야식의 반영이요, 그 밖에 어떤 경계도 없다.'는 뜻으로 만법유식 유식무경(萬法唯識 唯識無境)이라고 설한다. 여기서 일심과 유식은 같은가 다른가. 일심은 청정심인가 중생심인가.

이 물음에 대하여 「기신론소」에서 "일심은 중생심이다."라고 하였고,

"심은 넓고 식은 좁은 것이니, 심 안에 식이 포함되어 있기 때문이다. 일심의 이문(진여문, 생멸문)은 넓고 식의 두 뜻(覺義, 不覺義)은 좁으니, 생멸문에 두 뜻이 포함되어 있기 때문이다."라고 하였다.

해설하면, 일심과 유식은 모두 청정심과 망심이 함께하는 중생심을 설하는 것이지만 일심의 뜻이 더 넓다는 것이다. 일심사상은 중생심인 일심에 진여문(청정심)과 생멸문(唯識을 포함)을 열어 대승의 모든 교법과 수행문을 총괄하여 체계적으로 밝혔다. 일심사상은 불교의 최고봉이요, 인류사에 가장 위대한 사상이다.

2) 지관을 닦음

(1) 지관의 뜻

수행의 요체 중에 두 번째는 지관을 닦는 것이다. 「기신론소」에서 "두 가지 문을 연 것은 두 번째 의혹(교문에 대한 의혹)을 제거하는 것이다. 여러 가지 교문이 많지만 처음 수행에 들어가는 데는 두 문을 벗어나지 않는다. 진여문에 의하여 지행을 닦고, 생멸문에 의하여 관행을 일으키는 것이다. 지행과 관행을 쌍으로 운용하면 만행이 이에 갖추어진다. 이 두 문에 들어가면 모든 교문은 다 통하게 된다. 이와 같이 의혹을 제거해야 수행을 일으킬 수 있다."라고 하였다.

지관(止觀)을 닦아야 모든 법의 실상을 밝힐 수 있다. 그러므로 모든 수행은 지관을 닦는 방향으로 인도되어야 한다. 지란 망상을 쉬어 경계의 모습을 그치게 하는 것이며, 경계의 모습을 그치면 차별적 분별이 없어지고 삼매를 이루기 때문이다. 관이란 삼매 가운데서 인연으로 생멸하는 법상을 분별하여 관찰하기 때문에 관이라 한다. 지와 관을 따로 수행하는 것을 방편관이라 하고, 지와 관을 쌍으로 동시에 수행하는 것을 정관(正觀)이라 한다.

(2) 지관수행의 이익

『기신론』에서 "행하거나 머물러 있거나 눕거나 일어나거나, 어느 때든지 모두 지관을 함께 행해야 한다. 모든 법의 자성이 생겨나지 않음을 생각하지만, 또한 인연으로 화합한 선악의 업과 고락 등의 과보가 어긋나지도 않고 무너지지도 않음을 생각하는 것이다. 인연인 선악의 업과 과보를 생각하지만, 또한 그 본성은 얻을 수 없음을 생각하는 것이다."라고 하였다.

「기신론소」에서 "처음에 '모든 법의 자성이 생겨나지 않음을 생각한다.'는 것은 비유문(非有門)에 의하여 지행을 닦는 것이다. '업과 과보가 어긋나지도 않고 무너지지도 않음을 생각한다.'는 것은 비무문(非無門)에 의하여 관행을 닦는 것이다. 이것은 실제로 움직이지 않은 채 모든 법을 건립함을 따르기 때문에 지행을 버리지 않고 관행을 닦을 수 있다. 진실로 법이 있는 것이 아니지만 없다는 데에 떨어지지 않기 때문이다.

다음에 '인연인 선악의 업과 과보를 생각하지만, 또한 그 본성은 얻을 수 없음을 생각한다.'는 것은 거짓 이름을 파괴하지 않은 채 실상을 말함을 따르기 때문에 관행을 그만 두지 않고 지행의 문에 들어갈 수 있음을 뜻한다. 그 법이 없지 않으나 항상 있는 것은 아니기 때문이다."라고 하였다.

『기신론』에서 "지를 닦는다면 범부가 세간에 머물러 집착함을 다스리고, 이승의 겁약한 소견을 버릴 수 있다. 관을 닦는다면 이승이 대비심을 일으키지 않는 좁고 열등한 마음의 허물을 다스리고, 범부가 선근을 닦지 않음을 멀리 떠나게 한다. 이러한 뜻에 의하므로 지와 관의 두 문은 함께 같이 이루어지니 떨어질 수 없는 것이다. 지와 관이 갖추어지지 않으면 곧 보리의 도에 들어갈 수가 없다."라고 하였다.

「기신론소」에서 "지를 닦으면 두 가지 허물을 멀리 떠나게 된다. 첫째는 범부가 머물러 집착하는 고집을 제거하는 것이니, 그가 집착한 인상(人相 : 아집)과 법상(法相 : 법집)을 없애는 것이다. 둘째는 이승의 겁약한 소견을 다스리는 것이니, 오음(五陰)이 실재한다고 보아 그 고통을 두려워하기 때문이다. 관을 닦으면 두 가지 허물을 멀리 떠나게 된다. 첫째는 이승의 좁고 열등한 마음을 없애는 것이니, 널리 중생을 살펴 대비심을 일으키기 때문이다. 둘째는 범부의 게으른 뜻을 다스리는 것이니, 무상(無常)을 알지 못하니 분발하여 도에 나아감을 게을리 하기 때문이다. 지와 관의 두 가지 수행이 본래 반드시 같이 이루어져야 함은 새의 양 날개와 같고, 수레의 두 바퀴와 같은 것이다. 두 바퀴가 갖추어지지 않으면 곧 실어 나르는 공능이 없을 것이고, 한 날개라도 없다면 어찌 허공을 날아가는 힘이 있겠는가? 그러므로 지와 관이 갖추어지지 않으면 곧 보리의 도에 들어갈 수 없다고 한 것이다."라고 하였다.

3) 삿된 집착을 버림

수행의 요체 중에 세 번째는 삿된 집착을 버리는 것이다. 삿된 집착이란 아집(我執)과 법집(法執)이다. 『기신론』에서 "삿된 집착을 상대하여 다스린다는 것은 일체의 삿된 집착이 모두 아견(我見)에 의한 것이니, 만약 나를 멀리 여의면 곧 삿된 집착이 없을 것이다. 이 아견에 두 가지가 있다. 첫째는 인아견(人我見)이고, 둘째는 법아견(法我見)이다."라고 하셨다.

「기신론소」에서 "인아견이란 총상(總相 : 세계와 생명의 일체)을 주재(主宰 : 주인이 되어 관장함)하는 것이 있다고 헤아려 생각하는 것으로 인집(人執)이라 한다. 법아견이란 일체의 법이 각기 체성(體性 : 실체)이 있다고 헤아려 생각하는 것이므로 법집(法執)이라 한다."라고 하였다.

3. 삼매와 중도

1) 삼매의 뜻

삼매(三昧)는 범어 'samadhi'의 음역이며, 이를 정(定) 또는 정정(正定)이라고 번역한다. 삼매는 지혜의 모습과 닮은 표상(表象 : 의식에 나타나는 외계의 대상. 정신적 영상)에 마음을 집중하여 고요한 경지가 지속되는 것을 말한다. 삼매를 얻는 뜻은 삼매 중에 지혜의 모습을 관하여 그 지혜를 성취하는 데 있다.

『유가론』「성문지(聲聞地)」에서 "심일경성(心一境性)은 혹은 사마타(止)이며, 혹은 위빠사나(觀)이다."라고 하였다. 해설하면, 심일경성은 '일정한 경계에 마음을 집중하는 성질'이라는 뜻이며, 이는 삼매를 말한다. 삼매는 지이며 혹은 관이니, 지와 관의 수행에 모두 해당한다는 것이다. 『안락집』에서 "오로지 집중하고 또 상속하여 끊임이 없는 데에 머무른 생각이 염불삼매의 모습이다."라고 하였다.

2) 진여삼매

『기신론』에서 "진여삼매(眞如三昧)에 의하기 때문에 곧 법계가 한 모양(一相)인 것을 안다. 일체 모든 부처님의 법신이 중생의 몸과 더불어 평등하여 둘이 아님을 말하며, 이를 곧 일행삼매(一行三昧)라고 이름한다. 그러므로 진여가 삼매의 근본임을 알아야 할 것이니, 이러한 사람이 수행하면 점점 무량한 삼매를 낼 것이다."라고 하였다.

「기신론소」에 의하여 해설하면, 지를 수행한 결과로 얻는 수승한 공능(功能 : 공덕의 작용)을 밝힌 것이다. 진여삼매에 의해 일행삼매 등 모든 삼매를 낼 수 있음을 나타내었다. 일행삼매란 어떤 것인가?

『문수반야경』에서 부처님께서 말씀하시기를 "법계는 한 모습(一相)인데, 이 법계를 반연함을 일행삼매라 하는 것이다. 일행삼매에 들어간 이는 항하의 모래처럼 많은 모든 부처님의 법계는 차별이 없는 모습임을 다 안다. 일행삼매를 얻으면 모든 경전의 법문을 일일이 분별하여 모두 다 분명히 알고 결코 걸림이 없어서 밤낮으로 늘 말하여도 지혜와 말 재능은 끝까지 중단되지 않을 것이다."라고 하셨다.

진여삼매는 무량한 삼매를 일으킬 수 있기 때문에 진여는 삼매의 근본이다. 진여는 일체의 번뇌와 망념이 없고, 모양도 없으며 불생불멸인 마음의 본성이다. 진여는 일행삼매 등 모든 삼매를 낼 수 있고, 모든 부처님의 법계는 차별이 없는 모습임을 다 아는 근본이다. '진여문에 의지하여 지행을 닦는다.'라고 하는 것은 진여가 삼매의 근본인 까닭이다. 일체경계 본래일심의 도리를 알고 진여삼매에 들어가야 묘관찰지(妙觀察智)를 뛰어넘는다. 진여삼매를 통해 법계의 일상을 관하고 일심의 근원에 돌아가 진여를 증득하면 평등성지(平等性智)를 성취한다.

3) 중도

(1) 중도는 불법의 근본

원측은 『불설반야바라밀다심경찬』에서 다음과 같이 설하였다. "친광(親光 : 561~634)이 말씀하시기를, '1000년 이전에는 불법이 한 맛이더니, 천년이 지난 후에는 공(空)과 유(有)로 나뉘어 다투고 있다. 부처님이 열반에 드시고 천년 뒤에 남인도의 건지국에서 두 보살이 세상에 나왔으니, 한 분은 청변(淸辨 : 490~570)이요, 다른 한 분은 호법(護法 : 530~561)이다. 중생들이 불법을 깨달아 들어가게 하려고 공종(空宗 : 반야)과 유종(有宗 : 유식)을 세워 함께 부처님의 뜻을 이루었다. 청변보살은 공을 잡고 유를 버려서 유에 대한 집착을 없애주었고, 호법보살은 유를 세우고 공을 버려서 공에 대한 집착을 없애주었다.'라고 하였다.

그러한즉 공은 '유가 곧 공'이라는 이치에 어긋나지 않고, 없지 않음(

非無 : 유)은 '공이 곧 색'이라는 설에 어긋나지 않는 것이다. 공이면서 유임을 자연히 성립시키고 진제와 속제를 순조롭게 성립시키는 비공비유(非空非有 : 비무비유)는 중도에 계합하니, 불법의 대 근본이 어찌 이것이 아니겠는가."

(2) 중도관으로 묘관찰지를 얻음

『기신론』에서 "일체의 법이 설명되기는 하지만 설명할 수도 설명할 만한 것도 없으며, 생각되기는 하지만 생각할 수도 생각할 만한 것도 없는 줄을 안다면, 이를 수순(隨順)이라 하며, 만약 생각을 여윈다면 정관(正觀)에 들어가게 된다."라고 하였다.

「기신론소」에 의하여 해설하면, '설명되지만' '생각되지만'이라고 한 것은 법이 없는 것이 아님을 밝힌 것이니, 이는 공에 지나치게 집착하는 소견(허무라는 소견)을 떠났기 때문이다. '설명할 수도 설명할 만한 것도 없다.' '생각할 수도 생각할 만한 것도 없다.'라고 한 것은 법이 있는 것이 아님을 나타낸 것이니, 이는 유에 집착하는 소견을 떠났기 때문이다. 이와 같이 알 수 있다면 중도관(中道觀)을 따르는 것이므로 수순이라고 이름한 것이다. '생각을 여윈다.'는 것은 분별하는 생각을 떠나는 것이며, '정관에 들어가게 된다.'는 것은 관지(觀智)에 들어감을 나타낸 것이라고 하였다

「소」에서 '관지(觀智)에 들어간다.'는 것은 묘관찰지를 얻는 것을 말한다. 소승의 관지는 아공을 관하는 지혜를 말하고, 대승의 관지는 비유비무(非有非無)의 중도관으로 묘관찰지를 얻는 것을 일컫는다.

「기신론소」에서는 중도관에 대하여 '입의문의 진여문'에서 단 한번

설하였을 뿐이다. 대승은 '일체경계 본래일심'이 일심을 법으로 삼아 설하는 까닭이다.

(3) 중도관을 뛰어넘는 평등성지

반야경에서 관조반야는 생멸하는 법의 성품을 관하는 것으로 모든 법의 실체를 긍정하거나 현상을 부정하는 것이 아니며, 형이상학적인 실재를 긍정하는 것도 아니다. 현상은 실체가 있는 것이 아니지만 인연으로 갖가지 모습을 나타내니 '있는 것이 아니지만 없는 것도 아니다(非有非無).'라고 말하는 것이다.

이러한 도리를 따르되 유와 무의 양변에 치우치지 않으면서 둘 다 포용하고, 속제와 진제에 머물지 않으면서 둘 다 긍정하는 지혜가 있으니 바로 모든 법을 비유비무(非有非無)로 관하는 중도관이며, 이는 불법의 근본이다. 그러나 중도관은 불법의 근본이지 궁극이 아니다.

대승은 먼저 연기와 중도관을 근본으로 묘관찰지(妙觀察智)를 얻고 발심하여 실천한다. 다음은 일심의 근원으로 돌아가 진여를 증득하고 평등성지(平等性智)를 성취해야 한다. 이 지혜는 법신을 증득한 것이며, 일체 중생은 진여로서 평등한 성품임을 깨달아 자연히 동체대비를 구현한다. 대승의 궁극은 삼신(법신, 보신, 화신)의 지혜인 대원경지(大圓鏡智)를 증득하는 것이지만 역사의 기록에는 누가 증득했는지 나타나 있지 않다. 이는 일체종지(一切種智)로 오직 부처님의 지위에서만 증득할 수 있는 지혜이다.

제3절 일심정토 염불수행

1. 일심정토

일심정토는 '일체경계 본래일심'의 도리에 의해 이 땅에서 정토가 실현되는 것을 일컫는다. 일심정토는 수행의 과보로 감득하는 실보토(實報土)이다. 일심의 도리와 성소작지(成所作智)를 믿고, 아미타(무량수, 무량광)를 법으로 삼는 염불수행으로 정정취문의 정토에 태어나는 것을 말한다. 일심정토는 서방정토와 유심정토를 포용하여 일체 중생이 생사를 벗어나고 깨달음을 성취하는 보편적인 구제원리로 부처님이 세상에 출현하신 근본 뜻이다.

2. 염불수행의 신행체계

귀명례

일심을 증득하신 아미타 부처님께 귀명합니다.
광명을 성취하신 아미타 부처님께 귀명합니다.
화신을 보이시는 아미타 부처님께 귀명합니다.

신행게

일심의 도리와 부처님의 지혜에 귀명합니다.
자연과 생명의 청정한 광명을 찬탄합니다.
일념 십념으로 정토에 화생하길 발원합니다.
일체를 아미타불의 화신으로 관찰합니다.
모든 인연의 은혜에 감사하고 회향합니다.

일심정토 염불수행의 신행체계는 『왕생론』의 오념문(五念門)을 실천하는 것이다. 오념문은 예배문, 찬탄문, 발원문, 관찰문, 회향문이다. 오념문은 아미타부처님께 귀명하는 진실한 신앙심으로 아미타를 법으로 삼아 정토(부처님의 국토)를 찬탄하고, 발원하고, 관찰하여 지혜를 얻고, 회향하는 이상적인 신행체계를 갖추고 있다.

예배(禮拜)는 아미타부처님께 절을 하며 진실한 믿음을 몸으로 나타내는 행이며, 신업(身業)을 청정하게 하는 수행이다. 또, 예배는 일심의 도리와 부처님이 증득하신 성소작지, 묘관찰지, 평등성지, 대원경지에 귀명(歸命 : 몸과 마음을 바쳐 귀의함)하고 절을 하는 것이다. 예배하여도 귀명하지 않을 수 있으나 귀명하면 자연히 예배한다. 진실한 믿음으로 귀명하고 예배하면 반드시 정토에 태어난다.

찬탄(讚歎)은 '나무아미티 불'을 부르며 이미디인 부처님의 명호를 찬탄하는 행이며, 구업(口業)을 청정히 하는 수행이다. 아미타는 아미타부처님이 불가사의한 공덕으로 성취하신 명호이다. 불가사의한 공덕이 성취된 명호를 부르기 때문에 칭명염불만으로 윤회를 벗어날 수 있으며, 범부는 이와 같은 믿음으로 안심을 얻는다.

발원(發願 : 作願)은 아미타를 일념 십념으로 생각하며 정토에 화생하기를 원하는 행이며, 의업(意業)을 청정히 하는 수행이다. 일념은 숨을 한 번 쉬는 동안 오로지 아미타에 집중하는 것이며, 십념은 일념이 끊임없이 이어지는 것이다. 십념염불로 염불삼매를 성취한다. 염불삼매는 '자신이 무량광명 가운데 존재하고 있다는 생각이 끊어지지 않는 심적 상태'를 말한다.

관찰(觀察)은 부처님이 증득하신 지혜의 모습인 정토의 청정한 공덕상을 관찰하는 행이며, 지업(智業)을 청정히 하는 수행이다. 관법에는 두 가지가 있다. 별상관은 자연의 공덕상, 부처님의 공덕상, 보살의 공덕상을 한 가지씩(3엄 29종) 관찰하는 것을 말한다. 총상관은 일체 경계를 청정한 공덕상으로 관하는 것을 일컫는다. 총상관을 가장 효과적으로 실천할 수 있는 법은 화신관(化身觀)이다.
화신관은 자연과 생명의 일체 경계가 자신을 깨달음으로 인도하기 위해 가르침을 설하는 아미타부처님의 화신이라고 관찰하는 것을 말한다.
화신관은 일체의 법이 공성임을 관찰하는 공관(空觀)이며, 모든 법을 비유비무로 관찰하는 중도관(中道觀)이며, 만물과 만인의 다양성을 긍정하고 다툼을 화해하는 화쟁관(和諍觀)이다. 이와 같은 화신관으로 묘관찰지를 얻는다.

회향(廻向)은 모든 인연의 은혜에 감사하고 보은하며 자신이 지은 공덕을 남에게 돌려주는 것이며, 방편지업(方便智業)을 닦는 수행이다. 수많은 은혜 중에 깊고 무거운 다섯 가지를 들면, 사사(의, 식, 주, 의약)의 은혜, 부모의 은혜(인간의 몸을 받게 함), 삼보의 은혜(생사해탈, 지혜로운 삶), 중생의 은혜(상의상존, 더불어 삶), 자연의 은혜(삶의 바탕)이다.

회향은 자신의 공덕을 고통 받는 중생에게 돌려주는 중생회향, 정토를 구현하는 실제회향, 무상보리를 구하는 보리회향이 있다. 회향은 지혜로써 연기의 세계관을 실천하는 것으로 복덕과 지혜가 증장하므로 방편지업이라고 이름한다.

3. 염불수행의 특징

염불수행은 소승과 대승을 포함하고 범부와 현성이 다 함께 대도에 나아가는 묘한 법이다. 수행의 궁극은 자연과 생명 일체를 아미타불의 화신으로 관하는 화신관이다. 이는 종교적 신념으로 부처님의 지혜를 깨달을 뿐만 아니라 최상의 긍정적인 힘을 갖게 하여 자연의 아름다움과 신비함을 찬탄하고 인간의 존엄성을 드높여 받듦을 일컫는다. 이 밖에 염불수행은 여타의 수행법과 달리 다음과 같은 특징을 지니고 있다.

첫째, 보편적인 구제원리다. 염불은 범부를 위하여 칭명염불로 생사를 벗어나게 하고, 상근기를 위하여 선오후수의 문을 보여 일체 중생을 제도하는 신행체계를 갖추고 있다.

둘째, 유상유념의 도이다. 염불은 부처님이 증득하신 지혜의 모습을 찬탄하고 생각하고 관하는 유상유념의 도를 행하여 누구나 쉽게 생사를 벗어나고 묘관찰지를 깨닫도록 한다.

셋째, 인과동시의 수행법이다. 칭명으로 안심을 얻고, 십념으로 삼매를 성취하며, 화신관으로 지혜를 얻게 하여, 행하는 동시에 이익을 얻는 법이다.

넷째, 생산적인 도이다. 누구든지 직업에 관계없이 일상의 삶을 떠나지 않고 언제 어디서나 행할 수 있다. 일상에서 다섯 가지 은혜에 감사하고 보은하는 마음으로 회향하며 연기의 세계관을 실천하여 복덕과 지혜가 늘어나는 도이다.

제2장 반야경전의 이해

제1절 반야경의 근본과 뜻
1. 반야경을 말씀하신 인연
2. 반야경의 근본
3. 반야경의 지위
4. 반야와 반야바라밀다의 뜻
5. 반야경의 종류
    1) 마하반야바라밀경
    2) 금강반야바라밀경
    3) 반야바라밀다심경

제2절 반야심경의 번역본
1. 구마라집의 번역본
2. 현장의 번역본
3. 반야와 이언의 공동번역본

제2장 반야경전의 이해

제1절 반야경의 근본과 뜻

1. 반야경을 말씀하신 인연

〖원측〗 반야경은 무상법륜에 속함

 지극한 도리는 그윽하고 고요하여 유와 무의 경계를 묘하게 끊었고, 법의 모습은 매우 깊어 이름과 언어의 표현을 뛰어넘었다. 그러하니 이치에 나아가는 데는 방법이 없으므로 이에 성문장과 보살장의 교설을 열어서 가르침을 베푸는 데에 의지함이 있도록 하였다. 또 삼신(三身)의 응함을 갖추어 나타내었으니 '샘물이 맑으면 달그림자가 단박에 나타나고, 모든 적들이 어둠 속에서 움직이면 천둥이 저절로 울린다.'고 말할 만하다. 그러하지만 중생을 대응하는 데는 때가 있고 근기에 따라 가까이하여 인도해야 하니, 이런 까닭으로 부처님께서 세 법륜을 설하여 법에 아직 들어가지 못한 자로 하여금 나아가 들어가게 하신 것이다.

제1 사제법륜(四諦法輪)은 바라나국 녹야원에서 비로소 생사와 열반의 인과를 열어 보이신 것이다. 이는 아집(我執)을 제거하는 것이다.

제2 무상법륜(無相法輪)은 법에 이미 들어온 자가 다시 대승에 나아가도록 하기 위하여 영취산 등에서 16회에 걸쳐 여러 반야경을 설하신 것이다. 이로 인해 유(有)의 성질인 법집(法執)은 점차로 끊어졌으나 공에 대한 집착까지는 버리지 못하였다.

제3 요의대승(了義大乘)은 연화장세계 등의 정토와 예토 가운데서 『해심밀경』 등을 설하신 것이다. 공과 유의 두 가지 도리를 갖추어 나타내어 유와 무의 두 가지 치우친 집착을 쌍으로 제거하신 것이다. 이것이 곧 교설이 일어나게 된 인연이다.

〖해설〗

부처님께서 왕사성의 영취산, 사위성의 기원정사, 타화자재천왕궁, 왕사성 죽림정사, 이 4처에서 16회의 설법 중에 대품반야경, 소품반야경, 금강반야바라밀경, 반야심경 등을 말씀하셨다. 반야경은 한문 번역본만 40여종이나 되는데, 현장이 모두 모아 번역하니 6백여 권에 달했다.

원측은 법상종의 삼시설(三時說)에 의하여 반야경은 무상법륜에 속한다고 하였다. 그리고 이 경은 아공만을 깨닫는 소승에 머물지 않고 아공법공을 깨달아 대승에 나아가도록 하기 위하여 말씀하신 것이라고 하였다. 그러나 반야경에 의해서는 공노 공하나는 것을 깨닫지 못하니, 이는 공에 대한 집착까지 버리게 하는 논리를 갖추지 못하고 있기 때문이라는 것이다.

삼론종의 삼시설은 다음과 같다. 초시교는 주관과 객관이 함께 실재한다는 가정 아래서 말씀하신 교법으로 소승교가 여기에 속한다. 2시교는 경계는 공하지만 마음은 실재한다고 말씀하신 교법으로 『해심밀경』의 유식무경(唯識無境)설이 여기에 속한다. 3시교는 마음과 경계가 모두 공하다고 말씀하신 교법으로 반야경 및 요의경(了義經)이라 부르는 경전들이 여기에 속한다. 삼론종은 반야경을 우위에 두고, 법상종은 『해심밀경』을 우위에 두고 있음을 볼 수 있다.

[원효] 반야경은 보살행을 보이기 위해 설하심

『대혜도경종요』에서 반야경을 말씀하시게 된 인연을 다음과 같이 밝혔다. "부처님께서는 어떤 인연 때문에 『마하반야바라밀경』을 말씀하셨는가? 모든 부처님의 법에는 일이 없으므로 조그만 인연으로는 스스로 말씀하지 않으시니, 그것은 마치 저 수미산왕은 일이 없으므로 조그만 인연으로는 움직이지 않는 것과 같은 것이다. 그런데 지금 부처님께서는 어떤 큰 인연으로 이 경을 말씀하셨는가?

첫째, 널리 보살행을 보이기 위한 까닭이다. 둘째, 모든 천신의 청함을 어기지 않기 위한 까닭이다. 셋째, 모든 사람들의 의심을 끊으려고 하는 까닭이다. 넷째, 중생들의 병을 치유하려고 하는 까닭이다. 다섯째, 제일의제(第一義諦)를 설하려고 하는 까닭이다. 여섯째, 모든 논사들을 조복하려고 하는 까닭이다."라고 하였다. 이로 보면 반야경의 교법은 보살행을 보이기 위해 설하신 것으로 근기가 낮은 범부가 감당하기에는 결코 쉽지 않다.

〖해설〗 정토경은 보편적인 구제원리

반야경은 대승에 들어가는 교법이며 자각의 문에 해당한다. 반야경을 말씀하신 뜻은 두 가지로 요약할 수 있다. 하나는 중생들이 아공법공을 깨달아 생사의 이 언덕에서 열반의 저 언덕으로 건너가게 하는 것이다. 둘은 대승에 발심하여 보살행을 실천하도록 인도하기 위해서이다. 그러나 만약 자각의 문에서 공의 이치를 깨닫지 못하면 생사를 벗어날 수 없고, 대승에 발심하지 않으면 반야경을 말씀하신 뜻은 무의미하게 된다. 이러한 까닭에 정토경을 말씀하신 것이다.

『아미타경소』에서 "지금 이 경은 부처님이 세상에 출현하신 큰 뜻이요, 사부대중이 도에 들어가는 긴요한 문이다."라고 하였다. 정토경은 정토를 보여 발원하게 하고 아미타불의 불가사의한 공덕에 힘입어 묘덕에 돌아가 일체 중생이 생사를 해탈하고 부처님이 성취하신 대도에 나아갈 수 있는 '보편적인 구제원리'를 말씀하신 것이다. 종교는 일체 중생이 제도되는 보편적인 구제원리를 설해야 대중화될 수 있음을 알아야 한다.

2. 반야경의 근본

〖원측〗 반야경의 근본은 무상

경의 송제(宗體)에 대해 말해보겠나. 체(體)는 경이 전하는 가르침의 몸체(법체)를 전체적으로 밝히는 것이고, 근본(宗)은 모든 가르침이 전하는 바를 개별적으로 나타내는 것이다. 경의 근본을 나타내는 데는 세 가지가 있다.

첫째, 중생의 병에 따라서 근본을 달리하는 것이다. 모든 중생이 무명으로 인하여 탐욕과 성냄과 어리석음 등의 갖가지 번뇌를 일으키니 부처님께서 병에 따라 약을 베푸신 것으로 오온, 십이처, 십팔계 등을 근본으로 삼는 것을 말한다.

둘째, 경의 의취에 따라서 근본을 달리하는 것이다. 『법화경』은 일승을 근본으로 삼고, 『유마경』은 불이를 근본으로 삼고, 『열반경』은 불성을 근본으로 삼고, 『화엄경』은 보살의 인과를 근본(혹은 일심을 근본으로 삼음)으로 삼는 것 등을 말한다.

셋째, 시기에 따라서 근본을 달리하는 것이다. 거룩한 교설의 부류가 많지만 가르침을 설하신 시기를 기준으로 근본을 분별하면 사제(四諦)와 무상(無相)과 요의대승(了義大乘)이니 『해심밀경』에서 설하신 바와 같다. 이제 이 반야경은 무상을 근본으로 삼는다.

[해설] **종체와 종지**

종체(宗體)는 경의 근본과 가르침의 몸체(법체)를 일컫는다. 지금 반야경은 '반야바라밀(반야로 저 언덕에 건너감)'을 체(뜻과 같음)로 삼은 것이다. 종지(宗旨)는 근본과 뜻을 말한다. 원효는 종체나 종지보다 '종치(宗致)'라는 말을 자주 사용하는데, 경의 근본과 경을 설하는 뜻을 의미하는 것이다.

〖해설〗 **정토경의 종치**

『아미타경소』에서 "이 경은 곧바로 삼계를 뛰어넘는 두 가지 청정(아미타)을 근본(宗)으로 삼고, 모든 중생이 무상보리에서 물러나지 않게 하는 것을 뜻(致)으로 삼았다."라고 하였다.

『무량수경종요』에서 "이 경은 바로 정토의 인과를 근본으로 삼고, 중생을 섭수하여 왕생하게 하는 것을 뜻으로 삼았다."라고 하였다.

선도(善導 : 613~681, 唐)는 『관경사첩소』에서 "관불삼매를 근본으로 삼고, 또 염불삼매를 근본으로 삼으며, 일심으로 원을 회향하여 정토에 왕생하는 것을 체(뜻과 같음)로 삼았다."라고 하였다.

〖원효〗 **반야경의 근본은 반야**

『대혜도경종요』에서 "반야경은 반야를 근본으로 삼았다. 반야는 말할 수도 없고 보일 수도 없으며, 들을 수도 없고 얻을 수도 없으니 모든 쓸데없는 논쟁을 끊어버리는 격언이다. 보일 것이 없기 때문에 보이지 않을 것이 없고, 얻을 것이 없기 때문에 얻지 않을 것이 없어서 육바라밀과 만행이 여기에서 원만해지고, 지혜의 안목과 만덕이 이로부터 생겨나니, 보살을 이루는 긴요한 창고요, 모든 부처님의 참된 어머니이다."라고 하였다.

〖해설〗

반야경의 근본을 판단하는 데 있어서 원측은 『불실반야바라밀다심경찬』에서 무상이라 하고, 원효는 『대혜도경종요』에서 반야라 하였다. 무상은 좁고 반야는 넓은 의미이다. 무상은 반야에 포함되기 때문이다.

〘해설〙 **정토경의 근본은 아미타**

반야경은 반야(공, 무상을 아는 지혜)를 근본으로 삼아 관조반야로 묘관찰지를 깨닫게 한다. 정토경은 아미타(무량수, 무량광)를 근본으로 삼아 염불수행을 하게 한다. 아미타는 아미타부처님이 불가사의한 공덕으로 성취한 명호이므로 찬탄하고 생각하는 것만으로도 부처님의 대비력에 힘입어 삼계를 초월하는 정토에 태어나 윤회를 벗어난다.

또, 아미타는 부처님이 증득하신 지혜의 모습이며, 정토의 청정한 공덕상이며, 자연과 생명의 청정한 광명이며, 보신의 경계이다. 관상염불은 이치(理)를 안고 있는 법상(아미타의 모습 : 事)을 관하여 묘관찰지를 깨닫게 한다. 이치란 아미타의 본성인 공과 무상을 일컫는다. 도리가 이러하니 아미타를 근본으로 삼는 염불수행은 깨달음을 얻는 법과 생사해탈하는 법을 모두 설하여 일체 중생을 구제한다.

3. 반야경의 지위

〘원측〙
법에 이미 들어온 자가 다시 대승에 나아가도록 하기 위하여 영취산 등에서 16회에 걸쳐 여러 반야경을 설하시니, 이것이 제2 무상법륜(無相法輪)이다. 이로 인해 유(有)의 성질인 법집(法執)은 점차로 끊어졌으나 공에 대한 집착까지는 버리지 못하였다.

〖원효〗

『대혜도경종요』에서 다음과 같이 설하였다. 저 제2시의 무상법륜 중에서 "일체 법이 생겨남이 없고 소멸함이 없으며, 본래 고요한 자성열반이다."라고 하시고, '열반도 자성이 없는 성품'이라고 말씀하지는 않으셨다. 제3시의 요의법륜 중에서는 "생겨남이 없고 소멸함이 없으며 본래 고요한 자성열반, 자성이 없는 성품이다."라고 하셨다. 이러한 까닭으로 지금 이 경의 근본은 제2시와 제3시를 뛰어넘는다는 것을 알 것이다.

『화엄경』에서 "생사와 열반, 이 둘이 모두 허망하나니 어리석음과 지혜도 또한 이와 같아 이 둘이 모두 진실이 없네."라고 하셨다. 또, 이 경에서 "색, 수, 상, 행, 식이 허깨비와 같고 꿈과 같으며, 열반에 이르는 것까지도 허깨비와 같고 꿈과 같은 것이다. 만약 열반을 뛰어넘는 법이 있음을 마주해도, 나는 또한 허깨비와 같고 꿈과 같다고 말할 것이다."라고 하셨다.

그러므로 반야경도 저 『화엄경』과 같이 위가 없고 모자람이 없는 구경요의임을 알아야 한다. 다만 그 공교(空敎)의 문이 각각 다르거나 하나일 따름이다. 또, 『대품반야경』 중에 『법화경』의 말씀이 인용된 것을 보면, 『대품반야경』이 『법화경』보다 앞선 제2시에 설하신 경이라고 결정하여 보는 것은 도리에 맞지 않다.

〖해설〗

부처님의 일대교설을 말씀하신 시기, 법의 모습, 경의 근본 등에 따라 그 지위를 분별하는 것을 교상판석(敎相判釋)이라 한다. 반야경의 지위에 대하여 원측은 법상종의 삼시설에 의해 '제2시 무상법륜'에 속한다고 하였다. 반면에 원효는 반야경을 제2시나 제3시의 교설로 결정하는 것은 도리에 맞지 않다고 하였다. 그 이유는 공교는 소승의 법상을 깨뜨릴 뿐 아니라, 대승의 법상(유식)을 깨뜨리기도 하고, 열반도 공하다는 구경요의를 설하는 경우도 있기 때문이다.

[해설] 교상판석과 일심정토교

불교는 연기의 세계관을 설하되 근기에 따라 말씀하신 다양한 교법마다 세계와 인간의 근본을 다르게 말씀하셨으니, 이 점이 불교를 이해하는 데 어려움 중의 하나이다. 불교의 다양한 교법을 그 근본과 내용에 따라 분류한 것을 교상판석(敎相判釋)이라 하는데, 법상종과 삼론종의 삼시설, 천태종의 오시교, 화엄종의 오교, 정토문의 이교 등이 있다. 교상판석은 가장 후대에 완성한 종밀(宗密 : 780~841, 唐)의 오교가 뛰어나며, 『원인론(原人論)』에서 밝힌 내용을 대략 말하면 다음과 같다.

제1 인천교는 『아함경』의 가르침 중에 자아와 경계가 실재한다는 관념으로 인연의 도리를 모르는 사람들을 위한 교법이다. 업(業)을 근본으로 선악의 인과를 설하여 삼악도에 떨어지지 않고 인간계나 천상계의 좋은 곳에 태어나도록 인도한다.

제2 소승교는 『아함경』의 가르침이며, 자아와 경계가 실재한다는 관념으로 연기와 사제를 모르는 사람들을 위한 교법이다. 십이연기와 사제법문을 설하여 색심(色心)의 두 법을 근본으로 탐욕, 성냄, 어리석음의 삼독을 소멸하여 아공을 깨달아 열반에 이르도록 인도한다.

제3 법상교는 『해심밀경』이 소의경전이며, 만법유식 유식무경의 도리를 모르는 사람들을 위한 교법이다. 아뢰야식을 근본으로 망심을 소멸하고 법공을 깨달아 청정심을 회복하여 정토에 태어나도록 인도한다.

제4 파상교는 모든 『반야경』이 소의경전이며, 아공법공의 도리에 이르지 못한 사람들을 위한 교법이다. 반야(공, 무상)를 근본으로 삼아 소승의 법상인 오온과 대승의 법상인 아뢰야식을 깨뜨리고 묘관찰지를 얻어 발심하고 자리이타의 보살도를 실천하도록 인도한다.

제5 일승현성교(일심교)는 『화엄경』 『기신론』 등의 교법이며, '일체경계 본래일심'의 도리를 알고 일심의 근원에 돌아가 진여를 증득하여 동체대비를 구현하도록 인도하는 교법이다. 일심을 근본으로 삼아 일심에 진여문과 생멸문을 열어 삼대를 설하여 삼신의 지혜를 증득하도록 인도한다.

필자가 오교에 이어 세우는 교법은 제6 일심정토교이다. 일심정토교는 『무량수경종요』 『아미타경소』에 의한 교법이며, 일심을 근본으로 삼고 또 아미타를 근본으로 삼아 수행한다. 일체경계 본래일심의 도리와 성소작지를 믿고 아미타를 법으로 삼아 정토의 경계에 의지하여 묘관찰지를 깨달아 이 땅에서 정정취문의 정토를 감득하도록 인도하는 교법이다. 일심정토는 서방정토와 유심정토를 포용하여 일체 중생이 생사를 벗어나고 깨달음을 성취하게 하는 보편적인 구제원리를 설하니 부처님이 세상에 출현하신 근본 뜻이다.

4. 반야와 반야바라밀다의 뜻

[원효] **반야는 지극한 도**
반야는 지극한 도이다.
도라 할 것도 도가 아니라 할 것도 없다.
지극하다 할 것도 지극하지 않다 할 것도 없다.
조용하여 고요하지 않은 곳이 없고,
매우 커서 넓지 않은 곳이 없다.
참 모습은 모양이 없기 때문에 모양 아님이 없고,
참 비춤은 밝음이 없기 때문에 밝지 않음이 없다.
밝음도 없고 밝지 않음도 없는데,
누가 어리석음의 어둠을 멸해 지혜의 밝음을 얻을 것인가.
모양도 없고 모양 아님도 없는데,
어찌 거짓 이름을 부수고 참 모습을 말할 것인가.
거짓 이름과 허망한 모습이 참 성품 아님이 없어서
교법과 그 뜻을 통달하여 달변으로 알아듣기 좋게 말해도
그 모습을 잘 설명할 수 없는 것이다.
실상반야는 현묘하고 또 현묘하다.
탐욕의 더러움과 어리석음의 어둠이 모두 지혜의 밝음이어서
육안, 천안, 혜안, 법안, 불안으로도 그 비춤을 볼 수 없으니,
반야를 관조한다면 그것을 훼손하고 또 훼손하는 것이다.

『대혜도경종요』

〚해설〛 **반야**

반야(般若)는 범어 'prajna'의 음역어이며, 혜(慧)라고 번역한다. 반야를 대개 지혜(智慧)라고 번역한다. 그러나 지는 반야를 이름하는 것이고, 혜는 일정한 대상을 관하는 마음작용을 말하는 것이니, 반야의 깊은 뜻은 혜(慧)에 있는 것이다. 일반적으로 반야를 지혜라고 번역하지 않는 것은 이처럼 그 뜻이 깊기 때문에 그 밖에 지혜와 구별하기 위해서이다. 그러나 반야를 굳이 설명하자면, '모든 법의 실상은 공(空), 무상(無相)이라고 통찰하여 분명히 아는 지혜'이다. 부처님이 증득하신 네 가지 지혜 중에 묘관찰지(妙觀察智)는 일체의 법을 비유비무로 관하는 지혜이니, 곧 관조반야로 성취하는 지혜이다.

실상반야는 관조할 대상이 아니지만 중생의 어리석음으로 인해 관조할 대상이 되어버린 것이다. 관조반야로 실상반야를 증득하면 그때 비로소 눈으로 눈을 보려고 애썼음을 깨달을 것이다.

〚해설〛 **반야바라밀다**

반야(般若)는 혜(慧 : 또는 지혜)라는 뜻이다. '바라밀다'의 '바라'는 '저 언덕'이라는 뜻이요, '밀다(줄여서 밀이라고 함)'는 '이르다' 또는 '건너다'라는 뜻이다. '바라밀다(또는 바라밀)'를 한문으로 표기하면 '도피안(到彼岸)'이니, '저 언덕에 건너감'이라는 뜻이다.

〚원효〛 **저 언덕에 건너간다는 뜻**

『대혜도경종요』에서 다음과 같이 설하였다. '저 언덕에 건너간다.'는 뜻은 여러 가지가 있다. 이 경론(대반야바라밀경, 대지도론)에 의하여 대략 네 가지 뜻을 뽑았다.

첫째, 생사의 이 언덕에서 열반의 저 언덕으로 건너가는 것이다. 삼승의 사람들이 이 반야로써 저 언덕인 열반에 이르러 일체의 근심과 괴로움을 소멸해버리기 때문이다. 이는 수행의 과정에서 과보를 말한 것이다.

둘째, 유상의 이 언덕에서 무상의 저 언덕으로 건너가는 것이다. 이 반야바라밀 등은 색심의 두 법으로 구하는 것을 버리고 견실하지 못한 것을 파괴해버리기 때문이다. 이는 수행의 과보를 말한 것이다.

셋째, 원만하지 않은 지혜인 이 언덕에서 구경의 지혜인 저 언덕으로 건너가는 것이다. 일체의 지혜를 다한 것을 '저 언덕'이라 이름하고, 파괴할 수 없는 모습이라고 한다. '파괴할 수 없는 모습'이란 곧 여법한 성품의 실제이니, 그 실제를 쓰기 때문에 파괴할 수 없는 것이다. 이 세 가지를 반야 가운데 거두어들이기 때문에 '저 언덕으로 건너간다.'라고 이름하는 것이다. 이는 수행의 과정에서 과보를 말한 것이다.

넷째, 여기와 저기의 언덕이 있는 곳에서 여기와 저기의 언덕이 없는 곳에 이르러 더 갈 곳이 없는 것이다. 이 언덕에서 저 언덕으로 건너가지 않았기 때문에 '저 언덕으로 건너간다.'라고 이름하는 것이다. 이는 수행의 과보를 말한 것이다.

[해설] **저 언덕은 정정취, 열반, 정토의 언덕**

모든 경전은 제도할 대상에게 적합한 법을 근본으로 삼아 중생이 이 언덕에서 저 언덕으로 건너가는 것을 뜻으로 삼아 가르침을 펴

보인다. 이 언덕은 예토, 삼계육도, 생사윤회, 주객의 이분화 등으로 표현되는 괴로움이 많은 세계를 말한다. 저 언덕은 정토, 일심법계, 생사해탈, 일심의 근원 등으로 표현되는 괴로움이 없는 세계를 일컫는다. 이 언덕은 사정취(삿된 믿음의 무리)와 부정취(믿음이 결정되지 않은 무리)와 정정취(믿음이 바르게 결정된 무리)가 섞여서 사는 국토이고, 저 언덕은 오직 정정취만 사는 국토이다. 소승은 수다원 이상이 정정취에 해당한다. 대승의 정정취는 보살계위 십해 초발심주 이상의 수행자를 일컫는다. 저 언덕은 묘관찰지를 성취하고 발심하는 정정취의 언덕, 괴로움이 소멸한 열반의 언덕, 부처님의 세계인 정토의 언덕이다.

[해설] **정토경은 아미타바라밀**

반야경은 반야를 근본으로 삼아 관조반야로 생사의 이 언덕에서 열반의 저 언덕에 건너가는 교법이므로 '반야바라밀'을 설한다. 그러나 정토경은 아미타를 근본으로 삼아 염불수행으로 예토의 이 언덕에서 정토의 저 언덕으로 건너가는 교법이므로 '아미타바라밀'을 설하는 것이다.

아미타(무량수, 무량광)는 아미타불이 불가사의한 공덕으로 성취하신 명호이며, 신령한 주문이며, 절대 밝은 주문이다. 그러므로 '아미타바라밀'에 의지하는 일체 중생은 반드시 삼계를 초월한 정토에 태어난다.

5. 반야경의 종류

1) 마하반야바라밀경

반야경은 대품반야경, 소품반야경, 금강반야바라밀경, 반야심경 등 그 종류가 매우 많다. 그 중에 대품반야경이 가장 크며 마하반야바라밀경이라 부른다. 원효는 마하반야바라밀경의 근본사상을 요약한 논서인 『대혜도경종요(大慧度經宗要)』를 저술하였으며, 지금 온전히 남아 있다. 논에서 '마하반야바라밀경'을 '대혜도경'이라고 번역한 이유를 다음과 같이 설명하였다.

"마하반야바라밀이란 모두 저 인도의 말이며, 이 나라에서 번역하여 말하면 대혜도(大慧度)이다. 아는 바가 없음으로 말미암아 알지 못하는 것이 없기 때문에 혜(慧)라고 이름한다. 이를 곳이 없기 때문에 이르지 않는 곳이 없으니, 이에 도(度)라고 이름한다. 이와 같은 이유로 말미암아 하지 못하는 것이 없으니 위없는 큰 사람(大人)을 능히 나게 하며, 끝이 없는 큰 과보(大果)를 능히 나타낸다. 이러한 뜻으로써 '큰 지혜로 저 언덕에 건너감(大慧度)'이라고 이름하는 것이다.

경(經)이란 상(常)이요 법(法)이다. 항상성의 성품은 있는 바가 없는 까닭에 과거 현인과 미래 성인의 변함없는 길(常軌)이요, 법의 모양은 필경 공(空)인 까닭에 흐름을 돌이켜 근원으로 돌아가게 하는 참된 법칙이다." 라고 하였다.

'마하반야바라밀경'은 총 616권으로 이루어졌는데, 앞의 4백 권은 이 경을 말씀하시게 된 인연을 밝힌 것이다. 이로써 대승이 흥기하면서 일체개공(一切皆空)을 설하는 반야경의 필요성이 얼마나 절실했는

지를 알 수 있다. 원효의『대혜도경종요』는 '반야경의 근본사상과 요체를 서술한 논서'로서 공사상을 이해하는 데 매우 중요한 자료이다.

2) 금강반야바라밀경

금강반야바라밀경은 마하반야바라밀경 중에 577번째 경이다. 여러 번역본이 있으나 현재 유통되어 독송하는 것은 구마라집의 번역본이다. 금강(金剛 : 다이아몬드)은 모든 물건을 깨뜨리고, 또 어떤 것으로부터 공격을 당해도 부서지지 않으니 세상에서 가장 견고한 사물이다. 그러므로 이 경에서 말씀하신 반야를 금강이라는 사물에 비유하여 '금강 같은 반야'라고 표현한 것이다.

'금강반야바라밀경'은 '금강 같은 반야로 저 언덕에 건너가는 경'이다. 이 경은 반야를 근본으로 삼아 아공과 법공을 설하여 아집과 법집을 깨뜨리고, 모든 법의 공성을 밝히는 것을 뜻으로 설하였다.

3) 반야바라밀다심경

반야바라밀다심경은 모든 반야경 중에 가장 적은 분량으로 우리가 즐겨 독송하는 일명 반야심경이다. 원측은 그의 저술인『불설반야바라밀다심경찬(佛說般若波羅蜜多心經贊)』에서 경의 이름을 다음과 같이 해설하였다.

불설(佛說)은 말씀하신 부처님을 표시한 것이다. 범음(梵音)의 불타(Buddha)는 여기서 번역하면 각(覺)이다. 출세간의 지혜와 세속의 지혜를 다 갖추어서 자신도 깨닫고 남도 깨닫게 함이 원만하기 때문에 불(佛)이라고 이름한다. 묘법의 문을 열고 펴서 중생들로 하여금 이해하도록 하시므로 설(說)이라고 이름한다. 반야바라밀다(般若波羅蜜多)는 설하는 바의 법을 분명히 한 것이니, 이 나라에서 번역하면 지도피안(智到彼岸 : 지혜로 저 언덕에 건너감)이다.

심경(心經)은 글로 전하는 가르침을 바로 나타낸 것이다. 노도(盧道 : 편작의 의술) 중에는 심장(心臟)이 왕으로 유독 빼어나듯이 모든 반야경 중에 이 가르침이 가장 존귀하므로 비유를 들어 이름을 세웠기 때문에 심(心)이라고 한 것이다. 경(經)은 두 가지 뜻이 있으니 꿰어 뚫는 것과 섭수하여 지니는 것이다. 응당히 설할 바의 뜻을 꿰어 뚫고 교화할 바의 중생을 섭수하여 지니기 때문이다.

이 제목은 곧 주인에 의하여 글로써 전하는 가르침(能詮)과 가르침이 전하는 바(所詮)인 법(반야바라밀다)에 나아가 비유로 이름을 세운 것이다. 그러므로 '불설반야바라밀다심경'이라고 하였다.

[해설]

'불설반야바라밀다심경'을 번역하면, '부처님이 말씀하신 반야로 저 언덕에 건너가는 핵심의 경'이다. 심경(心經)의 심(心)은 마음이 아니라 심장(心臟)을 가리키는 것이니, 심장에 비유하여 '핵심'이라는 뜻을 나타낸 것이다.

노도(盧道)는 편작의 의술(醫術)이라는 뜻으로 본다. 그 이유는 편작(扁鵲)은 전설의 인물로 뛰어난 내과의사인데, 제(齊)나라의 노현(盧縣)에서 살았으므로 노의(盧醫)라고 불렀으니, 노도(盧道)는 곧 편작의 의술(醫術)을 말하는 것이다. 내과의사인 편작이 심장을 왕으로 삼아 중생의 속병을 치료한 것처럼 『반야바라밀다심경』은 반야를 근본으로 삼아 중생이 겪는 본성의 병을 치료하는 여러 반야경의 핵심(核心 : 심장)이 되는 경전'이라는 뜻으로 '반야바라밀다심경(心經)'이라고 말한 것이다.

[원효] **'불설'의 뜻**

『아미타경소』에서 "불설(佛說)이란, 부처님의 금구로부터 말씀하신 것이어서 천대에도 끊어지지 않는 가르침이라는 뜻이다. '아미타'는 참다운 공덕을 머금고 있음을 세운 것으로 만겁에도 다함이 없는 이름이다. 경을 설하신 분과 말씀하신 법(法)을 모두 들어 제목으로 표시하였기 때문에 '불설아미타경(佛說阿彌陀經)'이라고 말한 것이다." 라고 하셨다.

풀이하면, 불법을 전하는 데는 부처님이 친히 말씀하신 것 외에도 제자의 설법, 천인의 설법, 신선의 설법, 화신의 설법 등 오종설법(五種說法)이 있다. 그러하지만 이 경은 부처님이 친히 말씀하신 경전임을 명백히 하여 진실한 믿음을 일으키도록 권하신 것이다.

[해설] **염불수행은 내과와 외과를 겸한 의사**

『반야심경』은 반야를 법으로 삼아 관조반야의 행법을 말씀하신다. 관조반야는 법의 성 품을 관조하게 하여 중생의 병을 치료하기 때문에 내과의사와 같다. 『아미타경』은 아미타를 법으로 삼아 염불수행의 행법을 말씀하신다. 염불수행 중에 관상염불은 이지(理 : 본성)를 안고 있는 법상(事 : 아미타. 지혜의 모습)을 관찰하게 하여 중생의 괴로움을 벗어나게 하니 내과와 외과를 겸한 의사와 같은 것이다.

제2절 반야심경의 번역본

『반야심경』은 대품반야경을 비롯한 모든 반야경의 핵심을 전하는 가르침이다. 이런 이유로 번역본과 해설서는 수없이 많다. 이 중에 번역본은 아래의 3종이 대표적이며, 번역한 순서대로 실으면 다음과 같다.

첫째, 구마라집(Kumarajiva : 344~413, 인도)의 번역본이다. 경 이름은 『마하반야바라밀대명주경(摩訶般若波羅蜜大明呪經)』이며, 경 이름은 11자, 본문은 300자이다.

둘째, 현장(玄奘 : 602~ 664, 唐)의 번역본이다. 경 이름은 『반야바라밀다심경(般若波羅蜜多心經)』이며, 경 이름은 8자, 본문은 260자이다. 인도에서 16년(629년 3월 8일~645년 1월) 동안의 유학을 마치고 돌아와서 649년에 번역하였다.

셋째, 반야(般若 : 748~ 810)와 이언(利言)의 공동번역본이다. 경 이름은 『반야바라밀다심경(般若波羅蜜多心經)』이며, 경 이름은 8자, 본문은 546자이다. 두 스님은 북인도 계빈국(현재의 카슈미르지역)의 출신으로 790년에 공동으로 번역하였다. 서분, 정종분, 유통분이 갖추어져 있으므로 광본(廣本)이라고 부른다.

대한불교 조계종은 현장의 번역본을 2011년 10월 5일에 한글로 번역하고 공포해 지금 유통되고 있다. '유통되는 한글 반야바라밀다심경'은 '부록'에 실어두었다.

1. 구마라집의 번역본

구마라집은 현재 우리가 독송하는 반야심경의 제명을 '마하반야바라밀대명주경(摩訶般若波羅蜜大明呪經)'이라고 번역하였다. '마하반야바라밀'이란 모두 저 인도의 말이며, 마하(摩訶)는 크다(大)는 뜻이요, 반야(般若)는 혜(慧 : 또는 지혜)라는 뜻이다. '바라밀'의 '바라'는 '저 언덕'이라는 뜻이요, '밀(밀다의 준말)'은 '이르다' 또는 '건너다'라는 뜻이다. '바라밀(또는 바라밀다)'을 한문으로 표기하면 '도피안(到彼岸)'이니, '저 언덕에 건너감'이라는 뜻이다. 대명주(大明呪)는 제일 밝은 주문이라는 뜻이다. 일체의 번뇌가 없는 공, 무상을 설하니 상대할 것이 없는 제일 밝은 주문이다. 반야의 여러 공덕 가운데 대명주(大明呪)를 으뜸으로 삼은 것이다. 이와 같이 풀이하니, '마하반야바라밀대명주경'은 '큰 반야로 저 언덕에 건너가는 제일 밝은 주문의 경'이라는 뜻이다.

마하반야바라밀대명주경(摩訶般若波羅蜜大明呪經)
큰 반야로 저 언덕에 건너가는 제일 밝은 주문의 경

관세음보살(觀世音菩薩),
행심반야바라밀시(行深般若波羅蜜時),
조견오음공(照見五陰空), 도일체고액(度一切苦厄).
관세음보살이
'깊은 반야로 저 언덕에 건너감'을 수행할 때,

오음이 공성임을 관조하여 깨닫고,
일체 중생의 괴로움과 멍에를 벗어나게 하셨다.

사리불(舍利弗),
색공고 무뇌괴상(色空故 無惱壞相).
수공고 무수상(受空故 無受相).
상공고 무지상(想空故 無知相).
행공고 무작상(行空故 無作相).
식공고 무각상(識空故 無覺相).
사리불이여,
물질의 쌓임은 공성이므로 부서짐을 괴로워할 모양이 없는 것이다.
감수의 쌓임은 공성이므로 느낌이라는 모양이 없는 것이다.
상상의 쌓임은 공성이므로 앎이라는 모양이 없는 것이다.
의지의 쌓임은 공성이므로 지음이라는 모양이 없는 것이다.
심식의 쌓임은 공성이므로 깨달음도 모양이 없는 것이다.

하이고, 사리불(何以故, 舍利弗),
비색이공, 비공이색(非色異空, 非空異色).
색즉시공, 공즉시색(色卽是空, 空卽是色).
수상행식, 역부여시(受想行識 亦復如是).
왜냐하면, 사리불이여,
물질의 쌓임은 공성과 다르지 않으며,
공성은 물질의 쌓임과 다르지 않으니,

물질의 쌓임은 곧 공성이요,
공성은 곧 물질의 쌓임이다.
감수의 쌓임, 상상의 쌓임, 의지의 쌓임,
심식의 쌓임도 또한 다시 이와 같다.

사리불(舍利弗), 시제법공상(是諸法空相),
불생불멸(不生不滅), 불구부정(不垢不淨), 부증불감(不增不減).
시공법, 비과거, 비미래, 비현재(是空法, 非過去, 非未來, 非現在).
사리불이여, 이 모든 법의 공성의 모습은
생겨나지도 않고, 소멸하지도 않으며,
더럽지도 않고, 깨끗하지도 않으며,
늘어나지도 않고, 줄어들지도 않는다.
이 공성이라는 법은
과거도 아니고, 미래도 아니고, 현재도 아니다.

시고 공중무색(是故 空中無色), 무수상행식(無受想行識).
무안이비설신의(無眼耳鼻舌身意),
무색성향미촉법(無色聲香味觸法).
무안계, 내지 무의식계(無眼界, 乃至 無意識界).
무무명 역무무명진(無無明, 亦無無明盡),
내지 무노사 역무노사진(乃至 無老死, 亦無老死盡).
무고집멸도(無苦集滅道). 무지 역무득(無智 亦無得).

그러므로 공성 가운데는 물질이라 할 것이 없고,
감수, 상상, 의지, 심식이라 할 것이 없다.
눈, 귀, 코, 혀, 몸, 마음이라 할 것이 없고,
물질, 소리, 냄새, 맛, 촉감, 법이라 할 것이 없다.
눈의 경계라 할 것이 없고, 내지 심식의 경계라 할 것이 없다.
무명이라 할 것이 없으니, 또한 무명이 다할 것도 없고,
내지 늙고 죽음이라 할 것이 없으니,
또한 늙고 죽음이 다할 것도 없다.
괴로움, 괴로움의 원인, 열반, 열반의 도라 할 것이 없다.
지혜라 할 것이 없으니, 또한 얻을 것도 없다.

이무소득고(以無所得故),
보살(菩薩), 의반야바라밀고(依般若波羅蜜故),
심무가애(心無罣碍).
무가애고 무유공포(無罣礙故 無有恐怖),
이일체전도몽상고뇌(離一切顛倒夢想苦惱) 구경열반(究竟涅槃).
얻을 것이 없기 때문에,
보살은 '반야로 저 언덕에 건너감'에 의지하므로
마음에 걸림이 없다.
걸림이 없으므로 두려움이 없고,
일체의 전도와 몽상과 고뇌를 멀리 떠나
궁극의 열반에 들어간다.

삼세제불(三世諸佛), 의반야바라밀고(依般若波羅蜜故),
득아뇩다라삼먁삼보리(得阿耨多羅三藐三菩提).
삼세의 모든 부처님도 '반야로 저 언덕에 건너감'에 의지하므로
위없는 보리를 증득하신다.

고지(故知), 반야바라밀(般若波羅蜜), 시대명주(是大明呪),
무상명주(無上明呪), 무등등명주(無等等明呪),
능제일체고, 진실불허(能除一切苦, 眞實不虛).
그러므로 알아야 한다.
'반야바라밀'은 제일 밝은 주문이며,
위없는 밝은 주문이며,
견줄 것이 없고 평등한 밝은 주문이어서,
일체 중생의 괴로움을 없애주니,
진실하여 헛되지 않은 것이다.

고설 반야바라밀주(故說 般若波羅蜜呪), 즉설주왈(卽說呪曰).
가테가테(竭帝竭帝) 바라가테(波羅竭帝)
바라승가테 (波羅僧竭帝) 보리승바하(菩提僧婆訶).
끝으로 '반야바라밀'의 주문을 찬탄하니,
바로 설하여 게송으로 말하겠다.
가테가테 바라가테 비리승기데 보리승바하.

2. 현장의 번역본

　현장의 번역본과 공역본(반야와 이언)은 『반야심경』의 제명을 '반야바라밀다심경(般若波羅蜜多心經)'이라고 동일하게 번역하였다. 구마라집은 '반야바라밀', 현장은 '반야바라밀다'라고 번역하였다. '반야바라밀다심경'은 '반야로 저 언덕에 건너가는 핵심의 경'이라는 뜻이다. 그러나 지금 유통되는 『반야심경』은 현장의 번역본을 한글로 번역한 것이지만 제명을 '마하반야바라밀다심경'이라고 하여 '마하(크다는 뜻)'를 추가하였다. '마하반야바라밀다심경'은 '큰 반야로 저 언덕에 건너가는 핵심의 경'이라는 뜻이다.

반야바라밀다심경(般若波羅蜜多心經)
반야로 저 언덕에 건너가는 핵심의 경

관자재보살(觀自在菩薩),
행심반야바라밀다시(行深般若波羅蜜多時),
조견오온개공(照見五蘊皆空), 도일체고액(度一切苦厄).
관자재보살이
'깊은 반야로 저 언덕에 건너감'을 수행할 때,
오온이 모두 공성임을 관조하여 깨닫고,
일체 중생의 괴로움과 멍에를 벗어나게 하셨다.

사리자(舍利子),
색불이공, 공불이색(色不異空, 空不異色),
색즉시공, 공즉시색(色卽是空, 空卽是色).
수상행식, 역부여시(受想行識, 亦復如是).
사리자여,
물질의 쌓임은 공성과 다르지 않으며,
공성은 물질의 쌓임과 다르지 않으니,
물질의 쌓임은 곧 공성이요,
공성은 곧 물질의 쌓임이다.
감수의 쌓임, 상상의 쌓임, 의지의 쌓임,
심식의 쌓임도 또한 다시 이와 같다.

사리자(舍利子), 시제법공상(是諸法空相),
불생불멸(不生不滅), 불구부정(不垢不淨), 부증불감(不增不減).
사리자여, 이 모든 법의 공성의 모습은
생겨나지도 않고, 소멸하지도 않으며,
더럽지도 않고, 깨끗하지도 않으며,
늘어나지도 않고, 줄어들지도 않는다.

시고 공중무색(是故 空中無色), 무수상행식(無受想行識).
무안이비설신의(無眼耳鼻舌身意),
무색성향미촉법(無色聲香味觸法).
무안계, 내지 무의식계(無眼界, 乃至 無意識界).

무무명 역무무명진(無無明, 亦無無明盡),
내지 무노사 역무노사진(乃至 無老死, 亦無老死盡).
무고집멸도(無苦集滅道). 무지 역무득(無智 亦無得).
그러므로 공성 가운데는 물질이라 할 것이 없고,
감수, 상상, 의지, 심식이라 할 것이 없다.
눈, 귀, 코, 혀, 몸, 마음이라 할 것이 없고,
물질, 소리, 냄새, 맛, 촉감, 법이라 할 것이 없다.
눈의 경계라 할 것이 없고, 내지 심식의 경계라 할 것이 없다.
무명이라 할 것이 없으니, 또한 무명이 다할 것도 없고,
내지 늙고 죽음이라 할 것이 없으니,
또한 늙고 죽음이 다할 것도 없다.
괴로움, 괴로움의 원인, 열반, 열반의 도라 할 것이 없다.
지혜라 할 것이 없으니, 또한 얻을 것도 없다.

이무소득고(以無所得故),
보리살타(菩提薩埵), 의반야바라밀다고(依般若波羅蜜多故),
심무가애(心無罣碍),
무가애고 무유공포(無罣礙故 無有恐怖),
원리전도몽상(遠離顚倒夢想) 구경열반(究竟涅槃).
얻을 것이 없기 때문에,
보리살타는 '반야로 저 언덕에 건너감'에 의지하므로
마음에 걸림이 없다.
걸림이 없으므로 두려움이 없고,

전도와 몽상을 멀리 떠나 궁극의 열반에 들어간다.

삼세제불(三世諸佛), 의반야바라밀다고(依般若波羅蜜多故),
득아뇩다라삼먁삼보리(得阿耨多羅三藐三菩提).
삼세의 모든 부처님도 '반야로 저 언덕에 건너감'에 의지하므로
위없는 보리를 증득하신다.

고지(故知), 반야바라밀다(般若波羅蜜多) 시대신주(是大神呪),
시대명주(是大明呪), 시무상주(是無上呪), 시무등등주(是無等等呪),
능제일체고, 진실불허(能除一切苦, 眞實不虛).
그러므로 알아야 한다.
'반야바라밀다'는 제일 신령한 주문이며, 제일 밝은 주문이며,
위없는 주문이며, 견줄 것이 없고 평등한 주문이어서,
일체 중생의 괴로움을 없애주니,
진실하여 헛되지 않은 것이다.

고설 반야바라밀다주(故說 般若波羅蜜多呪), 즉설주왈(卽說呪曰).
아제아제(揭諦揭諦) 바라아제(波羅揭諦)
바라승아제(波羅僧揭諦) 보리사바하(菩提娑婆訶).
끝으로 '반야바라밀다'의 주문을 찬탄하니,
바로 실하어 세송으로 말하겠나.
아제아제, 바라아제 바라승아제, 보리사바하.

3. 반야와 이언의 공동번역본

반야바라밀다심경(般若波羅蜜多心經)
반야로 저 언덕에 건너가는 핵심의 경

서분(序分)
여시아문(如是我聞), 일시, 불재왕사성기사굴산중(一時, 佛在王舍城耆闍崛山中), 여대비구중 급보살중구(與大比丘衆 及菩薩衆俱). 시, 불세존(時, 佛世尊), 즉입삼매, 명광대심심(卽入三昧, 名廣大甚深).

  이와 같이 나는 들었다. 한 때 부처님께서 왕사성 기사굴산에 계셨는데, 큰 비구 대중 및 보살 대중과 함께 하셨다. 그때 부처님께서 곧 삼매에 들어가시니, '넓고 크고 매우 깊은 삼매'라고 이름한다.

정종분(正宗分)
이시, 중중유 보살마하살(爾時, 衆中有 菩薩摩訶薩),
명관자재(名觀自在), 행심반야바라밀다시(行深般若波羅蜜多時),
조견오온개공(照見五蘊皆空), 이제고액(離諸苦厄).
그때 대중 가운데 대보살이 계셨는데,
관자재라고 이름하며,
'깊은 반야로 저 언덕에 건너감'을 수행할 때,
오온이 모두 공성임을 관조하여 깨닫고,
모든 중생의 괴로움과 멍에를 벗어나게 하셨다.

즉시, 사리불(卽時, 舍利弗), 승불위력(承佛威力), 합장공경(合掌恭敬), 백관자재보살마하살언(白觀自在菩薩摩訶薩言), 선남자(善男子), 약유욕학 심심반야바라밀다행자(若有欲學 甚深般若波羅蜜多行者), 운하수행(云何修行).

곧 사리불이, 부처님의 위신력을 이어받아, 합장하고 공경하며 관자재 대보살께 여쭈어 말하기를, "선남자가 '매우 깊은 반야로 저 언덕에 건너가는 행'을 배우려고 한다면 어떻게 수행해야겠습니까?" 라고 하였다.

여시문이(如是問已), 이시, 관자재보살마하살(爾時, 觀自在菩薩摩訶薩), 고구수 사리불언(告具壽 舍利弗言), 사리불(舍利弗), 약선남자 선여인(若善男子 善女人), 행심심반야바라밀다행시(行甚深般若波羅蜜多行時), 응관오온성공(應觀五蘊性空).

이와 같이 질문을 마치자, 그때 관자재 대보살이 구수 사리불에게 일러 말씀하셨다. 사리불이여, 선남자 선여인이 '매우 깊은 반야로 저 언덕에 건너가는 행'을 수행할 때는 마땅히 오온의 성품이 공함을 관해야 한다.

사리불(舍利弗),
색불이공, 공불이색(色不異空, 空不異色),
색즉시공, 공즉시색(色卽是空, 空卽是色).
수상행식, 역부여시(受想行識, 亦復如是).

사리불이여,
물질의 쌓임은 공성과 다르지 않으며,
공성은 물질의 쌓임과 다르지 않으니,
물질의 쌓임은 곧 공성이요,
공성은 곧 물질의 쌓임이다.
감수의 쌓임, 상상의 쌓임, 의지의 쌓임,
심식의 쌓임도 또한 다시 이와 같다.

사리불(舍利弗), 시제법공상(是諸法空相),
불생불멸(不生不滅), 불구부정(不垢不淨), 부증불감(不增不減).
사리불이여, 이 모든 법의 공성의 모습은
생겨나지도 않고, 소멸하지도 않으며,
더럽지도 않고, 깨끗하지도 않으며,
늘어나지도 않고, 줄어들지도 않는다.

시고, 공중무색(是故, 空中無色), 무수상행식(無受想行識).
무안이비설신의(無眼耳鼻舌身意),
무색성향미촉법(無色聲香味觸法).
무안계, 내지 무의식계(無眼界, 乃至 無意識界).
무무명 역무무명진(無無明, 亦無無明盡),
내지 무노사 역무노사진(乃至 無老死, 亦無老死盡).
무고집멸도(無苦集滅道). 무지 역무득(無智 亦無得).
그러므로 공성 가운데는 물질이라 할 것이 없고,
감수, 상상, 의지, 심식이라 할 것이 없다.

눈, 귀, 코, 혀, 몸, 마음이라 할 것이 없고,
물질, 소리, 냄새, 맛, 촉감, 법이라 할 것이 없다.
눈의 경계라 할 것이 없고, 내지 심식의 경계라 할 것이 없다.
무명이라 할 것이 없으니, 또한 무명이 다할 것도 없고,
내지 늙고 죽음이라 할 것이 없으니,
또한 늙고 죽음이 다할 것도 없다.
괴로움, 괴로움의 원인, 열반, 열반의 도라 할 것이 없다.
지혜라 할 것이 없으니, 또한 얻을 것도 없다.

이무소득고(以無所得故),
보리살타(菩提薩埵), 의반야바라밀다고(依般若波羅蜜多故),
심무가애(心無罣碍).
무가애고 무유공포(無罣礙故 無有恐怖),
원리전도몽상(遠離顛倒夢想) 구경열반(究竟涅槃).
얻을 것이 없기 때문에,
보리살타는 '반야로 저 언덕에 건너감'에 의지하므로
마음에 걸림이 없다.
걸림이 없으므로 두려움이 없고,
전도와 몽상을 멀리 떠나 궁극의 열반에 들어간다.

삼세제불(三世諸佛), 의반야바라밀다고(依般若波羅蜜多故),
득아뇩다라삼먁삼보리(得阿耨多羅三藐三菩提).

삼세의 모든 부처님도 '반야로 저 언덕에 건너감'에 의지하므로
위없는 보리를 증득하신다.

고지(故知), 반야바라밀다주(般若波羅蜜多呪),
시대신주(是大神呪), 시대명주(是大明呪),
시무상주(是無上呪), 무등등명주(無等等明呪),
능제일체고, 진실불허(能除一切苦, 眞實不虛).
그러므로 알아야 한다.
'반야바라밀다'의 주문은 제일 신령한 주문이며,
제일 밝은 주문이며, 위없는 주문이며,
견줄 것이 없고 평등한 밝은 주문이어서,
일체 중생의 괴로움을 없애주니,
진실하여 헛되지 않은 것이다.

고설 반야바라밀다주(故說 般若波羅蜜多呪), 즉설주왈(卽說呪曰).
아제아제(揭諦揭諦) 바라아제(波羅揭諦)
바라승아제(波羅僧揭諦) 보리사바하(菩提娑婆訶).
끝으로 '반야바라밀다'의 주문을 찬탄하니,
바로 설하여 게송으로 말하겠다.
아제아제, 바라아제 바라승아제, 보리사바하.

유통분(流通分)

여시(如是), 사리불(舍利弗), 제보살마하살(諸菩薩摩訶薩), 어심심반야바라밀다행(於甚深般若波羅蜜多行), 응여시행(應如是行).

이와 같으니, 사리불이여, 모든 보살 대보살들은 '매우 깊은 반야로 저 언덕에 건너가는 행'을 마땅히 이와 같이 수행해야 한다.

여시설이(如是說已), 즉시, 세존(卽時, 世尊), 종광대심심삼마지기(從廣大甚深三摩地起), 찬관자재보살마하살언(讚觀自在菩薩摩訶薩言), 선재선재(善哉善哉), 선남자(善男子), 여시여시(如是如是), 여여소설(如汝所說), 심심반야바라밀다행(甚深般若波羅蜜多行), 응여시행 (應如是行). 여시행시(如是行時), 일체여래 개실수희(一切如來 皆悉隨喜).

이와 같이 설하고 마치시자, 곧 부처님께서 '넓고 크고 매우 깊은 삼매'로부터 일어나시어, 관자재보살 대보살을 칭찬하며 말씀하시기를, "착하고 착하다. 선남자여, 이와 같고 이와 같은 것이다. 그대가 말한 바와 같이 '매우 깊은 반야로 저 언덕에 건너가는 행'은 마땅히 이와 같이 수행해야 한다. 이와 같이 수행할 때 일체의 부처님도 모두 다 따라서 기뻐하실 것이다."라고 하셨다.

이시, 세존설시어이(爾時, 世尊說是語已), 구수 사리불 대희충변(具壽 舍利弗 大喜充遍), 관자재보살마하살 역대환희(觀自在菩薩摩

訶薩 亦大歡喜). 시피중회(時彼衆會) 천인 아수라 건달바 등 문불소설 (天人 阿修羅 乾闥婆 等 聞佛所說), 개대환희 신수봉행(皆大歡喜 信受奉行).

  그때 부처님께서 이러한 말씀을 설하여 마치시니, 비구 사리불은 큰 기쁨으로 충만하였고, 관자재보살 대보살도 크게 기뻐하셨다. 당시 저 대중에 모인 하늘사람, 인간, 아수라, 건달바 등은 부처님께서 말씀하신 것을 듣고, 모두가 크게 기뻐하며 신심으로 받아 지니고 받들어 실천하였다.

제2편

반야심경 오가해

[해설 서문]

『반야심경』은 연기의 세계관에 의한 세계와 인간의 존재방식, 모든 법에 대한 바른 지혜, 부처님의 지혜와 그 가치관의 실현 등을 명료하게 밝혔다. 「반야심경 오가해(五家解)」는 삼가(三家)의 번역본과 이가(二家: 원측과 원효)의 논설을 해설하여 다음과 같이 서술하였다.

첫째, 반야와 이언의 공동번역본에 의해 서분, 정종분, 유통분의 삼분과(三分科)를 따라 해설하였다. 정종분은 제1장 관하는 지혜, 제2장 보살이 관할 경계, 제3장 얻을 바의 과보로 구성되었다. 이 정종분은 구마라집과 현장의 번역본을 함께 실어 뛰어난 조사들의 번역을 한 눈에 보고 서로 비교할 수 있도록 하였다.

둘째, 정종분의 해설은 원측(613~696, 신라)이 현장의 번역본을 저본으로 삼아 해설한 『불설반야바라밀다심경찬』을 인용하여 이해하기 쉽도록 풀이하였다.

셋째, 원효의 『대혜도경종요』 『무량수경종요』 『아미타경소』 등을 인용하여 관조반야와 염불수행을 이해하는데 도움이 되도록 해설하였다.

모든 해설은 불자가 어떤 수행문을 선택하여 닦든지 그 귀결은 '상구보리 하화중생'이라는 대승의 정신을 실천하는 데 있음을 밝히려고 노력하였다. 그것이 곧 지혜의 완성과 다 함께 안락한 삶을 이루는 유일한 길이기 때문이다.

서분(序分)

제1절 육성취

여시아문(如是我聞), 일시, 불재왕사성기사굴산중(一時, 佛在王舍城耆闍崛山中), 여대비구중 급보살중구(與大比丘衆 及菩薩衆俱).

이와 같이 나는 들었다. 한 때 부처님께서 왕사성 기사굴산에 계셨는데, 큰 비구 대중 및 보살 대중과 함께 하셨다.

제2절 부처님의 광대심심삼매

시, 불세존(時, 佛世尊), 즉입삼매, 명광대심심(卽入三昧, 名廣大甚深).

그때 부처님께서 곧 삼매에 들어가시니, '넓고 크고 매우 깊은 삼매'라고 이름한다.

〖원측〗

현장의 번역본에는 서분과 유통분이 없다. 이는 모든 반야경에서 요점만을 가려서 모았기 때문에 정종분만 번역하고, 서분과 유통분은 번역하지 않은 것이다. 이는 『관음경』이 삼분을 갖추지 않은 것과 같은 것이다.

〖해설〗

위 경문은 『반야심경』의 서분에 해당한다. 구마라집과 현장의 번역본(649년 번역)에는 서분과 유통분은 없고 정종분만 있다. 반야와 이

언(彌言)의 공동번역본(790년 번역)에는 서분과 유통분이 갖추어져 있다. 원측(圓測 : 613~696, 신라)은 공동번역 이전에 『불설반야바라밀다심경찬』을 저술하였는데, 해설에서 "현장은 반야경의 핵심만을 전하기 위해 정종분의 260자만 가려서 번역하였다."라고 하셨다.

경전을 서분(序分), 정종분(正宗分), 유통분(流通分), 이 세 부문으로 나누는 방식을 삼분과경(三分科經)이라 한다. 삼분과경은 진(秦)나라의 도안스님(道安 : 314~385)이 창안한 이후로 하나의 전통이 되었다. 서분은 육성취 및 경을 설하시게 된 인연을 서술한 것이다. 정종분은 경의 근본과 사상을 말씀하신 것이다. 유통분은 부처님께서 불법과 제자들을 칭찬하시며 가르침대로 수행할 것을 권하시고, 제자들이 불법을 후대에 널리 유통할 것을 다짐하는 글이다. 『반야심경』의 서분에는 육성취(六成就)와 부처님의 삼매를 말씀하셨다. 육성취의 해설은 원효의 『아미타경소』를 인용하였다.

제1절 육성취

여시아문(如是我聞).
일시, 불재왕사성기사굴산중(一時, 佛在王舍城耆闍崛山中),
여대비구중 급보살중구(與大比丘衆 及菩薩衆俱).
이와 같이 나는 들었다.
한 때 부처님께서 왕사성 기사굴산에 계셨는데,
큰 비구 대중 및 보살 대중과 함께 하셨다.

〖원효〗

서분 중에 여섯 구절이 있는데, 앞의 두 구절은 그 표시한 구절이 바르다는 것이고, 뒤의 네 가지 사실은 앞의 두 구절을 증명하여 갖춘 것이다.

'이와 같이'라고 말한 것은, 들은 바 법을 통틀어 들어서 믿고 따르겠다는 마음이 있음을 표시한 것이다.

'나는 들었다.'라고 말한 것은, 법문을 들은 사람을 따로 가리켜 위배되거나 어기는 뜻이 없음을 표시한 것이다.

아래의 네 구절은 둘씩 상대되는 것을 이끌어 증명하고 갖춘 것이다. 즉 법문을 들은 때와 장소를 분명하게 기억하여 들은 자의 오류가 없음을 갖춘 것이며, 이미 부처님과 대중이 있었으니 말씀하신 것을 믿어야 한다고 증명하는 것이다. 그 가운데 자세한 것은 모두 상식적으로 알 수 있을 것이다.

〖해설〗 **서분 가운데 여섯 구절**

서분 여섯 구절이란 '① 이와 같이 ② 나는 들었다 ③ 한 때 ④ 부처님 ⑤ 왕사성 기사굴산 ⑥ 큰 비구 대중 및 보살 대중'을 말한다. 이 여섯 구절은 믿음(信), 들음(聞), 때(時), 부처님(主), 장소(處), 대중(衆)을 가리키며, 법을 전하는데 반드시 갖추어야 할 형식이므로 육성취(六成就)라고 한다. 그 중에 앞의 '① 이와 같이 ② 나는 들었다'라는 두 구절은, 그 표시한 구절이 바르다는 것이고, 뒤의 ③ ④ ⑤ ⑥ 네 가지 사실은, 앞의 두 구절을 증명하여 갖춘 것이다.

〖해설〗 **이와 같이**

"이와 같이"라고 말한 것은, 부처님이 말씀하신 법문을 듣고, 들은 법을 한 마디도 보태거나 빼지 않고 그대로 전하는 것이며, 진실로 믿고 따르겠다는 마음이 있음을 표시한 것이다. 또한, 믿고 따를 것을 권하는 마음도 포함되어 있다. 그러므로 '이와 같이'를 강조하여 말머리에 두었다.

〖해설〗 **나는 들었다**

"나는 들었다"라고 말한 데서 '나'는 아난(阿難)이다. 아난은 부처님이 불법을 전하신 45년 가운데 가장 오랫동안 가까이서 모시며 모든 법문을 직접 들었다. 그래서 부처님의 십대제자 가운데 다문제일(多聞第一)이라 부른다. 이와 같은 위치에 있는 아난존자가 부처님의 말씀을 전하는 것이니 그 내용이 사실과 틀림없다는 뜻을 나타내기 위해 '나는 들었다'라고 말한 것이다. 또한 경을 읽는 모든 불자들이 믿음을 일으킬 수 있도록 들은 자를 분명히 밝힌 것이다.

〖해설〗 **네 구절은 둘씩 상대되는 것을 이끌어 증명함**

아래의 '③ 한 때 ④ 부처님 ⑤ 왕사성 기사굴산 ⑥ 큰 비구 대중 및 보살 대중' 이 네 구절은 때와 장소, 부처님과 대중으로 둘씩 상대를 이루고 있다. 이와 같이 갖추어 보인 뜻은 역사적 사실과 틀림없음을 증명하며 부처님의 말씀을 의심하지 말고 진실로 믿어야 함을 말하는 것이다.

[해설] **왕사성 기사굴산**

　왕사성(王舍城)은 중인도 마갈타국(Magadha : 摩竭陀國)의 수도이다. 지금의 퍼트나시 남방 비하르 지방의 라지기르가 그 옛터라고 하며, 부처님의 많은 설법이 여기서 이루어졌다. 기사굴산(耆闍崛山)은 영취산(靈鷲山)이라고 번역하는데, 산의 남쪽에 사람의 시체를 두면 독수리들이 와서 먹고 간다고 해서 영취산이라고 이름한 것이다. 또, 산의 모양이 독수리와 닮았다는 뜻에서 유래한 이름이라고도 한다.

[해설] **비구 대중**

　'비구(bhikku : 比丘)'는 인도 말이며 걸사(乞士)라고 번역하는데, 위로는 법을 빌어 지혜를 기르고 아래로는 밥을 빌어 몸을 기른다는 뜻이다. 포마(怖魔)라고 번역하는 경우는 온갖 마군을 두렵게 한다는 뜻이며, 파악(破惡)이라고 번역할 때는 온갖 애욕과 삿된 견해를 깨뜨리고 깨달음을 구한다는 뜻이다.

　여러 경전에 소개되는 큰 비구스님들은 1250명이다. 이들은 가섭의 삼형제와 그 제자들 1000명, 사리불과 목건련 및 그 제자들 200명, 야사와 그 제자들 50명이 집단으로 부처님의 법에 귀의하여 모인 수행자들이다. 부처님이 세상에 계실 때에 그 가르침을 따르는 제자들이 수없이 많았지만 출가한 비구스님들이 부처님을 모시며, 법문하시는 장소에는 항상 함께 하였다.

　대중(大衆)은 3인 이상의 많은 사람들이 모인 것을 말한다. 대승불교에서는 승가를 사부대중의 공동체라고 부른다. 사부대중이란 출가자인 비구(남자스님)와 비구니(여자스님) 및 재가자인 우바새

(선남자)와 우바이(선여인)를 일컫는다. 대승불교는 사부대중 모두가 자리이타의 보살도를 실천해야 한다고 역설한다. 그러므로 소승불교를 결정하고 대승으로 향하도록 가르치는 『반야심경』의 설법장소에 많은 비구 대중이 등장하는 것이다. 이러한 광경은 모든 출가수행자는 자신의 열반만을 추구하는 소승적 수행에서 벗어나 자리이타의 보살도를 실천해야 함을 보여주는 것이다.

〚해설〛 **보살 대중**

범어 보디사트바(Bodhisattva)를 보리살타(菩提薩埵)라고 음역한다. '보리살타'는 각유정(覺有情)이라고 번역하니, '위로 지혜를 구하고 아래로 중생을 교화한다.'는 뜻이다. 보리살타의 준말이 보살이다. 보살은 아공(我空)과 법공(法空)을 통찰하고 발심하여 대승의 근본정신(정체성)인 상구보리 하화중생의 자리이타를 실천하는 수행자이다. 이처럼 보살이라는 이름에는 발심과 실천의 뜻을 포함하고 있다.

『무량수경종요』에서 "발심이란, 번뇌가 무수하지만 모두 끊기를 원하고, 선법이 무량하지만 모두 닦기를 원하고, 중생이 무변하지만 모두 제도하기를 원하는 것"이라고 하였다.

「종요」에서 밝힌 발심은 사홍서원과 다르며, 새롭게 신심을 일으키는 것을 말하는 것도 아니다. 이 발심은 삼신의 지혜를 증득하는 바른 씨앗(正因)이 되는 대승의 마음을 말한다. 그러므로 대승의 수행자는 위대한 조사가 말씀하신 발심의 중요성을 깊이 인식하고 그와 같은 마음을 일으켜야 한다. 보살의 깨달음과 지위 및 삶에 대해서는 아래 글에서 또 자세하게 설명할 것이다.

제2절 부처님의 광대심심삼매

시, 불세존(時, 佛世尊),
즉입삼매, 명광대심심(卽入三昧, 名廣大甚深).
그때 부처님께서 곧 삼매에 들어가시니,
'넓고 크고 매우 깊은 삼매'라고 이름한다.

〖해설〗
'광대심심삼매(廣大甚深三昧)'는 '넓고 크고 매우 깊은 삼매'이며 부처님만이 성취하신 삼매이다. 일체 세계와 중생계를 모두 비추어 다 알기 때문에 '넓고 크다'고 말한 것이다. 일체 중생이 일으키는 심행의 차별 및 근기와 욕망과 성품을 모두 비추어 다 알기 때문에 '매우 깊다'고 말한 것이다.

광대심심삼매는 부처님의 마음이다. 부처님은 이 삼매 중에서 대원경지로 모든 경계의 실상과 중생의 마음을 낱낱이 비추어 보시고 자세히 다 아신다.

부처님의 삼매는 해인삼매(海印三昧)라고 하니, 넓고 크고 깊은 고요한 바다에 일체 세계와 중생계의 현상이 모두 비추어 나타나는 것과 같기 때문이다.

정종분(正宗分)

제1장 관하는 지혜
제1절 관하는 사람과 관하는 지혜의 체

이시, 중중유 보살마하살(爾時, 衆中有 菩薩摩訶薩), 명관자재(名 觀自在), 행심반야바라밀다시(行深般若波羅蜜多時),

그때 대중 가운데 대보살이 계셨는데, 관자재라고 이름하며, '깊은 반야로 저 언덕에 건너감'을 수행할 때,

제2절 지혜의 작용

조견오온개공(照見五蘊皆空), 이제고액(離諸苦厄).

오온이 모두 공성임을 관조하여 깨닫고, 모든 중생의 괴로움과 멍에를 벗어나게 하셨다.

제2장 보살이 관할 경계
제1절 법문을 설하신 인연

즉시, 사리불(卽時, 舍利弗), 승불위력(承佛威力), 합장공경(合掌恭敬), 백관자재보살마하살언(白觀自在菩薩摩訶薩言), 선남자(善男子), 약유욕학 심심반야바라밀다행자(若有欲學 甚深般若波羅蜜多行者), 운하수행(云何修行).

곧 사리불이, 부처님의 위신력을 이어받아, 합장하고 공경하며 관자재 대보살께 여쭈어 말하기를, "선남자가 '매우 깊은 반야로 저 언

덕에 건너가는 행'을 배우려고 한다면 어떻게 수행해야겠습니까?"라고 하였다.

여시문이(如是問已), 이시, 관자재보살마하살(爾時, 觀自在菩薩摩訶薩), 고구수 사리불언(告具壽 舍利弗言), 사리불(舍利弗), 약선남자 선여인(若善男子 善女人), 행심심반야바라밀다행시(行甚深般若波羅蜜多行時), 응관오온성공(應觀五蘊性空).

이와 같이 질문을 마치자, 그때 관자재 대보살이 구수 사리불에게 일러 말씀하셨다. 사리불이여, 선남자 선여인이 '매우 깊은 반야로 저 언덕에 건너가는 행'을 수행할 때는 마땅히 오온의 성품이 공함을 관해야 한다.

제2절 오온의 공성

사리불(舍利弗), 색불이공, 공불이색(色不異空, 空不異色), 색즉시공, 공즉시색(色卽是空, 空卽是色). 수상행식, 역부여시(受想行識, 亦復如是).

사리불이여, 물질의 쌓임은 공성과 다르지 않으며, 공성은 물질의 쌓임과 다르지 않으니, 물질의 쌓임은 곧 공성이요, 공성은 곧 물질의 쌓임이다. 감수의 쌓임, 상상의 쌓임, 의지의 쌓임, 심식의 쌓임도 또한 다시 이와 같다.

제3절 공성의 모습

사리불(舍利弗), 시제법공상(是諸法空相), 불생불멸(不生不滅),

불구부정(不垢不淨), 부증불감(不增不減).

　사리불이여, 이 모든 법의 공성의 모습은 생겨나지도 않고, 소멸하지도 않으며, 더럽지도 않고, 깨끗하지도 않으며, 늘어나지도 않고, 줄어들지도 않는다.

　시고, 공중무색(是故, 空中無色), 무수상행식(無受想行識). 무안이비설신의(無眼耳鼻舌身意), 무색성향미촉법(無色聲香味觸法). 무안계, 내지 무의식계(無眼界, 乃至 無意識界). 무무명 역무무명진(無無明, 亦無無明盡), 내지 무노사 역무노사진(乃至 無老死, 亦無老死盡). 무고집멸도(無苦集滅道). 무지 역무득(無智 亦無得).

　그러므로 공성 가운데는 물질이라 할 것이 없고, 감수, 상상, 의지, 심식이라 할 것이 없다. 눈, 귀, 코, 혀, 몸, 마음이라 할 것이 없고, 물질, 소리, 냄새, 맛, 촉감, 법이라 할 것이 없다. 눈의 경계라 할 것이 없고, 내지 심식의 경계라 할 것이 없다. 무명이라 할 것이 없으니, 또한 무명이 다할 것도 없고, 내지 늙고 죽음이라 할 것이 없으니, 또한 늙고 죽음이 다할 것도 없다. 괴로움, 괴로움의 원인, 열반, 열반의 도라 할 것이 없다. 지혜라 할 것이 없으니, 또한 얻을 것도 없다.

제3장 보살이 얻는 과보

제1절 얻는 과보를 바로 밝힘

　이무소득고(以無所得故), 보리살타(菩提薩埵), 의반야바라밀다고(依般若波羅蜜多故), 심무가애(心無罣碍).

　무가애고 무유공포(無罣礙故 無有恐怖), 원리전도몽상(遠離顚倒

夢想) 구경열반(究竟涅槃).

얻을 것이 없기 때문에, 보리살타는 '반야로 저 언덕에 건너감'에 의지하므로 마음에 걸림이 없다.

걸림이 없으므로 두려움이 없고, 전도와 몽상을 멀리 떠나 궁극의 열반에 들어간다.

제2절 예를 들어 성취함을 증명함

삼세제불(三世諸佛), 의반야바라밀다고(依般若波羅蜜多故), 득아뇩다라삼먁삼보리(得阿耨多羅三藐三菩提).

삼세의 모든 부처님도 '반야로 저 언덕에 건너감'에 의지하므로 위없는 보리를 증득하신다.

고지(故知), 반야바라밀다주(般若波羅蜜多呪), 시대신주(是大神呪), 시대명주(是大明呪), 시무상주(是無上呪), 무등등명주(無等等明呪), 능제일체고, 진실불허(能除一切苦, 眞實不虛).

그러므로 알아야 한다. '반야바라밀다'의 주문은 제일 신령한 주문이며, 제일 밝은 주문이며, 위없는 주문이며, 견줄 것이 없고 평등한 밝은 주문이어서, 일체 중생의 괴로움을 없애주니, 진실하여 헛되지 않은 것이다.

고설 반야바라밀다주(故說 般若波羅蜜多呪), 즉설주왈(卽說呪曰).
아제아제(揭諦揭諦) 바라아제(波羅揭諦)
바라승아제(波羅僧揭諦) 보리사바하(菩提娑婆訶).

끝으로 '반야바라밀다'의 주문을 찬탄하니,
바로 설하여 게송으로 말하겠다.
아제아제 바라아제 바라승아제 보리사바하.

〖해설〗
　정종분은 경의 근본과 사상을 담은 말씀으로 3장으로 구성되었다. 제1장은 관하는 지혜, 제2장은 보살이 관할 경계, 제3장은 보살이 얻는 과보이다. 정종분은 연기의 세계관에 의한 세계와 인간의 존재 방식(存在方式 : 객관적으로 증명되는 일, 현상의 방식), 모든 법에 대한 바른 지혜, 부처님의 지혜와 그 가치관의 실현 등을 명료하게 밝혔다. 그것은 오온과 모든 법의 공성을 깨달아 묘관찰지를 얻어 발심하고 자리이타의 보살도를 실천하며 무상보리를 증득하는 가르침을 보인 것이다.

제1장 관하는 지혜
- 묘관찰지 -

제1절 관하는 사람과 관하는 지혜의 체
  1. 관하는 사람
  2. 관하는 지혜의 체

제2절 지혜의 작용
  1. 자신에게 이로운 지혜의 작용
  2. 남을 이롭게 하는 지혜의 작용

제1장 관하는 지혜
- 묘관찰지 -

제1절 관하는 사람과 관하는 지혜의 체
그때 대중 가운데 대보살이 계셨는데,
관자재라고 이름하며,
'깊은 반야로 저 언덕에 건너감'을 수행할 때,

제2절 지혜의 작용
오온이 모두 공성임을 관조하여 깨닫고,
모든 중생의 괴로움과 멍에를 벗어나게 하셨다.

〖원측〗

　이 경문 이하는 『반야심경』의 정종분에 해당한다. 제1장은 관하는 지혜를 밝혔다. 이 중에 제1절은 관하는 사람과 관하는 지혜의 체를 분명히 하였다. 제2절은 지혜의 작용을 밝혔다. 여기에 둘이 있으니, 하나는 자신에게 이로운 지혜의 작용이며, 둘은 남에게 이로운 지혜의 작용이다.

[해설]

'제1장 관하는 지혜'는 연기의 세계관에 의한 세계와 인간의 존재방식, 모든 법에 대한 바른 지혜, 묘관찰지와 그 가치관의 실현에 대하여 총체적으로 밝힌 것이다. 즉 세계와 인간의 존재방식의 근본은 오온이며, 오온이 공성임을 관하는 것이 바른 지혜이며, 묘관찰지의 가치관은 자리이타를 실천하는 것이다.

제1절 관하는 사람과 관하는 지혜의 체

그때 대중 가운데 대보살이 계셨는데, 관자재라고 이름하며, '깊은 반야로 저 언덕에 건너감'을 수행할 때,

〖원측〗

이 경문은 관하는 사람과 관하는 지혜의 체(體:몸체)를 밝힌 것이다. 때는 시기, 시간을 일컫는다. 『지도론(智度論)』에서 "유위법에 의지하여 때나 시간의 숫자 등을 임시로 말하는 것이며, 오온, 십이처 등에서 모든 수(數)는 섭수하는 바의 법이 아니다."라고 하였다. 『사문론(沙門論)』에서 "법을 인하여 시간을 임시로 이름하는 것이며, 법을 떠나서는 따로 시간이란 없는 것이다."라고 하였다. 『유가론(瑜伽論)』에서 "유위법 상에서 앞뒤로 자리를 나누어 시간을 임시로 세우는 것이며, 불상응법(不相應法)의 행온(行蘊)에 섭수되는 것이다."라고 하였다.

〖해설〗 **일체의 세계는 5위 100법**

대승불교는 세계와 인간의 존재방식, 즉 정신적 물리적 일체의 법을 5위 100법으로 분류하여 설명한다. 5위는 다음과 같다.

첫째, 심법(心法)이니 대상을 분별하고 인식하는 마음으로 전5식과 제6식 제7식 제8식을 포함한다.

둘째, 색법(色法)이니 사대와 사대의 쌓임으로 이루어진 물질이다.

셋째, 심소유법(心所有法)이니 심법에 의해 일어나는 마음의 작용으로 감수, 상상, 의지, 탐욕, 성냄, 어리석음 등을 말한다.

넷째, 불상응법(不相應法)이니 심법과 색법에 소속되지 않는 법으로 태어남, 늙음, 숫자, 방위 등을 말하며, 때 및 시간은 여기에 속한다. 위의 넷은 인연으로 생멸하는 유위법(有爲法)이다.

다섯째, 무위법(無爲法)이니 생멸하지 않는 상주불변의 법으로 허공, 열반, 본래적멸, 진여 등을 말한다.

〖해설〗 동일한 세계를 근기에 따라 관함

동일한 세계를 네 부류의 사람이 근기에 따라 관한다(四人觀世).

범부는 삼계의 즐거움을 관하여 환희심을 내고 그것을 즐기면서 괴로움과 공성의 이치를 깨닫지 못한다.

성문과 연각은 삼계의 괴로움을 관하여 불난 집과 같으므로 일체 중생은 불안한 상태에 있음을 깨닫는다.

보살은 삼계의 공성과 그 인연을 관하여 모든 법은 다 허공의 꽃과 같아서 실답지 않음을 상상하여 본다.

부처님은 삼계를 관하여 일체는 마음이 변현한 것이며, 세간의 모든 물건은 다 묘하며, 일체 중생은 본래 맑고 밝은 성품을 갖추고 있다고 분명히 아신다.

동일한 세계를 근기에 따라 관하는 것은 마치 물을 네 부류의 중생이 아래와 같이 다르게 보는 것(一水四見)과 같다.

　물을 아귀는 피고름으로 보고,
　물고기는 자신들의 거처로 보고,
　천인은 유리로 장엄한 땅으로 보고,
　사람은 마시는 음식물로 본다.

〖해설〗 **염불인의 화신관**

염불인 중에 아공법공을 이해하는 정도의 사람은 화신관(化身觀)을 행한다. 화신관은 자연과 생명의 일체 경계가 자신을 깨달음으로 인도하기 위해 가르침을 설하는 아미타부처님의 화신이라고 관찰하는 것을 말한다.

화신관은 일체의 법이 공성임을 관찰하는 공관(空觀)이다. 화신관은 모든 법을 비유비무로 관찰하는 중도관(中道觀)이다. 화신관은 만물과 만인의 다양성을 긍정하고 다툼을 화해하는 화쟁관(和諍觀)이다. 이와 같은 화신관으로 묘관찰지를 얻는다.

'다툼을 화해하는 화쟁'의 첫 번째는 모든 사람들의 업력과 다양성을 긍정하도록 하는 것이다. 두 번째는 일체의 법이 공성임을 이해시키는 것이다. 세 번째는 일심의 도리를 알게 하는 것이니, 곧 일체 경계가 마음의 반영임을 깨닫게 하는 것이다.

1. 관하는 사람

〖라집〗 관세음보살(觀世音菩薩)
〖현장〗 관자재보살(觀自在菩薩)
〖공역〗
　이시, 중중유 보살마하살(爾時, 衆中有 菩薩摩訶薩), 명관자재(名觀自在),

　그때 대중 가운데 대보살이 계셨는데, 관자재라고 이름하며,

〖해설〗 번역의 다름

구마라집은 '관세음보살', 현장과 공역본은 '관자재보살'이라고 번역하였다. 그 이유는 아래서 설명할 것이다. 공역본에서 관자재보살에 대한 긴 글은 이 경의 서분과 정종분과 유통분을 빠짐없이 모두 실어 자세하게 전하는 때문일 것이다.

범어(梵語 : 싼스크리트어)의 불교경전을 한문으로 번역하는 데는 많은 조사들이 담당하였는데, 크게 두 시대로 나눈다. 하나는 구마라집(Kumārajīva : 344~413, 인도)의 주도 아래 번역한 시대로 구역(舊譯)이라 부르고, 다른 하나는 현장(玄奘 : 602~ 664, 唐)의 주도 아래 번역한 시대로 신역(新譯)이라 부른다.

전자는 대개 운문으로 번역하여 독송하기에 좋지만(금강경, 아미타경 등) 함축된 뜻을 잘 파악해야 한다. 후자는 대개 산문으로 번역하여 독송하는 데 운율이 고르지 않지만 비교적 자세한 뜻을 전하고 있다. 그러나 『반야심경』은 이와 같은 일반적인 번역의 예와 다르다. 구마라집은 오온의 공성에 대한 내용을 추가하여 300자로 번역하였고, 현장은 260자로 번역하였다. 우리는 지금 현장의 번역본을 독송하고 있다.

〖원측〗 관세음보살과 관자재보살

관자재보살은 관하는 사람을 밝힌 것이다. 구마라집의 번역본에서 '관세음'이라고 이름한 것은, 모든 세간에서 보살의 명호를 부르고 음성으로 말하는 구업을 관하여 모든 어려움을 구제하는 까닭에 명호를 세운 것이다. '관세음'이라고 이름한 뜻에는 신업과 의업을 관한다는 것은 아직 나타나 있지 않은 것이다. 현장의 번역본에서는

'관자재'라고 하였으니, 안으로 아공법공을 증득하고 밖으로 삼업을 관찰하여, 공용(功用)에 의지하여 마음대로 자재하는 까닭에 '관자재'라고 이름한 것이다.

〖해설〗
보살은 발심하여 '상구보리 하화중생'이라는 대승의 근본정신을 실천하는 사람이다. 보살은 본래 출가자와 재가자 및 남녀를 불문하고 대승의 가르침에 귀의하여 실천하는 불자를 통칭하는 말이다. '보살마하살'이라고 부르는 경우에 '마하살'은 지혜와 복덕이 수승한 대보살이라는 뜻이다. 관세음보살은 고통 받는 중생의 음성을 듣고 모든 어려움을 구제하고 교화하신다. 관자재보살은 아공법공을 증득한 지혜로 걸림이 없으며, 중생의 삼업을 관하여 모든 어려움을 구제하고 교화하신다.

〖원측〗 **관세음이라는 이름은 같으나 다른 사람**
지금 이 보살은 실제로 인위(因位)의 일생보처 보살이다. 이미 성불하여 베푸는 것이니, 이것이 무슨 어떤 허물이겠는가. 만약 보살이라고 한다면, 우리가 『관음삼매경』을 어떻게 이해하고 풀어야겠는가. 저 경에서 부처님이 아난에게 말씀하시기를 "내가 지금 진실을 말하니, 그 일은 헛되지 않은 것이다. 내가 생각하기로는 관세음보살은 나보다 앞에 성불하여 명호를 정법명여래, 응공, 정변지, 명행족, 선서, 세간해, 무상사, 조어장부, 천인사, 불, 세존이라고 불렀다. 나는 저 때에 저 부처님의 아래에서 고행하는 제자가 되었다."라고 하셨다.

만일 부처님이라고 한다면, 우리가 『관음수기경』을 어떻게 이해하고 풀어야겠는가. 저 경에서 부처님이 말씀하시기를, "선남자야, 아미타불의 수명은 무량 백 천 억겁이라고 하지만 마땅히 끝이 있고 마땅히 반열반(완전한 열반, 대열반)할 것이다."라고 하셨다. 다시 말씀하시기를, "선남자야, 아미타불의 정법이 멸한 뒤 한밤중을 지나서 밝은 별이 뜰 때에, 관세음보살이 칠보의 보리수 아래서 결가부좌를 하시고 등정각(等正覺 : 무상정등정각)을 이루시니, 명호를 '보광공덕산왕여래'라고 하시고 십호를 갖출 것이다. 그리고 나라 이름을 '중보장엄' 이라고 부를 것이다."라고 하셨다. 또한 『무량수경』에서 말씀하시기를 "관세음보살은 이 국토에서 보살의 행을 닦고 목숨이 마칠 때에 저 불국토에 나아가 화생한다."라고 하셨다.

풀이하기를, '관세음'이라는 이름은 같지만 다른 사람이므로 이 경과 저 경의 말씀을 비교하면 서로 어긋나지 않는다고 한다. 『법화경』에서 여러 부처님은 다같이 '일월등명'이라고 부르는 것과 같다는 것이다.

또 풀이하기를, 관세음보살은 자연히 두 가지가 있으니, 첫 번째는 실재의 몸이요, 두 번째는 변화한 몸이라고 한다. 첫 번째의 실재의 몸은 『관음경』에서 설하는 바와 같고, 두 번째의 변화한 몸은 『무량수경』에서 설하는 바와 같다고 한다. 『법화론』에서 "석가여래는 성도한 지가 이미 오래되었지만, 변화의 모습을 취하는 것이다."라고 말씀하신 것과 같기 때문이라는 것이다.

지금 이렇게 두 가지 해석이 있지만 후자를 낫다고 하겠다. 여러 가지 부처님의 가르침에 맞아 이치에 어긋나지 않기 때문이다.

[해설] **동명이인의 관세음보살**

관세음보살은 이미 성불하였으나 방편으로 몸을 변화하여 세상에 출현하여 보살행을 실천하는 경우가 있다. 또 예토에서 보살행을 실천하고 정토에 화생하여 성불하는 경우도 있다. 관세음보살이 수행의 과보로 부처가 되었다거나 부처가 될 것이라고 하는 것은 실재의 몸을 말하는 것이다. 관세음보살이 이미 성불하였지만 보살의 몸으로 출현하여 수행의 모범을 보이는 것은 변화의 몸(방편)을 보이는 것이다.

이와 같이 경전마다 관세음보살이 출현하여 중생을 교화하지만 동일한 인물이 아니다. 즉 관세음이라는 이름은 같으나 다른 사람이며(同名異人), 중생교화도 예토에 태어나거나 혹은 정토에 태어나서 행하므로 머무는 국토도 다른 것이다.

[해설] **여래십호**

여래(如來)는 '본래 그러한 진리를 깨달아 오신 분'이라는 뜻이다. 『관음삼매경』에서는 관세음보살이 과거에 부처가 되셨을 때의 명호를 '정법명여래(正法明如來 : 정법의 밝은 여래)'라고 하였고, 『법화경』에서는 모든 부처님을 '일월등명여래(日月燈明如來 : 해와 달과 등불과 같이 밝은 여래)'라고 하였다. 여래이신 부처님이 성취하신 공덕을 열 가지 별명으로 찬탄한 것을 여래십호라고 한다. 여래십호는 다음과 같다.

하나, 응공(應供)은 사람과 천신의 공양을 마땅히 받을만하신 분이다.

둘, 정변지(正遍知)는 일체의 법에 대하여 바른 견해로 널리 분명하게 아시는 분이다.

셋, 명행족(明行足)은 세계와 인간사의 미래를 밝게 아시는 천안명과 과거의 일을 밝게 아시는 숙명명과 괴로움의 원인인 번뇌를 밝게 알아 끊어버려 누진명을 얻으시고, 몸과 말의 행업이 바르고 원만하신 분이다.

넷, 선서(善逝)는 일체종지를 큰 수레로 삼고, 바른 도를 행하여 열반에 들어가신 분이다.

다섯, 세간해(世間解)는 세간의 성주괴공, 생주이멸, 생로병사의 법과 출세간의 도를 다 아시는 분이다.

여섯, 무상사(無上士)는 일체 중생 가운데 가장 위대한 분이다.

일곱, 조어장부(調御丈夫)는 지혜와 자비로 갖가지 방편을 써서 수행자를 잘 다스려 열반으로 인도하시는 분이다.

여덟, 천인사(天人師)는 천신과 사람 등 일체 중생을 다 같이 번뇌로부터 해탈케 하시는 스승이다.

아홉, 불(佛)은 삼신의 지혜를 성취하시어 남도 깨닫게 하시니 지혜와 자비가 원만하신 분이다.

열, 세존(世尊)은 갖가지 덕을 갖추시어 세상 사람들이 존중하고 공경하는 분이다.

2. 관하는 지혜의 체

〖라집〗 행심반야바라밀시(行深般若波羅蜜時),
〖현장〗〖공역〗
행심반야바라밀다시(行深般若波羅蜜多時),
'깊은 반야로 저 언덕에 건너감'을 수행할 때,

〖해설〗 **번역의 다름**
구마라집은 '반야바라밀'이라고 번역하고, 현장과 공동번역본은 '반야바라밀다'로 번역하였다. 뒤의 글에서도 모두 이와 같다. 바라밀은 바라밀다의 준말이다. '바라밀다'는 앞에서 설명한 것처럼 '저 언덕에 건너가다(이르다)'라는 뜻이다. 저 언덕은 정정취의 언덕, 열반의 언덕, 정토의 언덕이다.

〖원측〗 **관하는 지혜의 체는 '반야바라밀다'**
이 경문은 관하는 지혜의 체를 밝힌 것이다. 이 경은 '반야바라밀다'를 지혜의 체로 삼았다. 반야에는 세 가지가 있는데, 문자반야(文字般若)와 관조반야(觀照般若)와 실상반야(實相般若)이다. 관조반야를 나타내기 위해 실상반야는 간략하게 하였다. 그러므로 '행심반야바라밀다시'라고 말한 것이다.

【해설】 세 가지 반야 중에 관조반야

'관하는 지혜의 체'란 교법의 몸체(법체) 또는 지혜의 뜻을 전체적으로 밝힌 것이다. 이 경은 반야를 지혜(근본)로 삼고, 반야바라밀(반야로 저 언덕에 건너감)을 관하는 지혜의 체로 삼았다.

반야에는 세 가지가 있다. 문자반야는 문자로 모든 법의 실상(공, 무상)에 대하여 그 뜻을 설명하는 것이다. 관조반야는 모든 법의 실상을 관조(관하여 비추어 봄)하는 것이다. 실상반야는 모든 법의 실상 자체를 말한다. 그러므로 반야는 지(智) 자체이면서 대상을 관조하여 분명하게 아는 혜(慧)이기도 하다. 이 경은 실상반야는 조금만 말씀하시고, 문자반야에 의해 관조반야를 수행하는 것을 중심으로 설하셨다. 그러므로 '행심반야바라밀다시'라고 한 것이며, 이는 깊은 관조반야를 수행하는 때를 말씀하신 것이다.

【원효】 문자반야, 실상반야, 관조반야

『대혜도경종요』에서 "반야경은 바로 반야를 근본으로 삼는다. 통틀어 말하면 반야에는 세 가지가 있다. 문자반야와 실상반야와 관조반야이다. 반야경은 뒤의 둘로 근본을 삼는다. 왜냐하면, 문자반야는 단지 능히 설명하는 글의 가르침이기 때문이며, 뒤의 둘은 그 설명하는 바의 뜻이기 때문이다.

평등함 가운데서 상분(객관)이 없음을 상분으로 삼고, 견분(주관)이 없음을 견분으로 삼으며, 지증분(본성)이 따로 없으면서 자증분이 아닌 것도 없는 것이다. 이 자증분은 지혜를 증득하지 않음이 없으니, 모든 법의 실상은 자증분이 아닌 것이 없기 때문이다. 따라서 이 자증분도 모두가 견분이어서 실상을 보면 보는 것이 없는 것이다. 보는 것이 있으면 실상을 보지 못하기 때문이다. 그러므로 이 견분도 실상이 아닌 것이 없는 것이다."라고 하였다.

[해설]
　일심의 근원에 돌아가서 보면 일체의 법은 진여의 실상으로 평등하다. 그러나 실상을 증득하도록 하기 위해서는 방편을 쓰는 수밖에 없다. 인식의 대상(상분)이라 할 것이 없는 것이지만 상분을 세우고, 인식하는 주관(견분)이라 할 것이 없는 것이지만 견분을 세워서 관조반야를 수행하여 실상반야(자증분 : 본성)를 증득하도록 하는 것이다.
　실상도 일정한 모습이 없는 것이지만 실상을 증득하면 지혜를 얻으니 없는 것도 아니다. 모든 법의 실상은 자증분이니 견분도 그 본성은 자증분인 것이다. 실상을 증득하면 견분도 실상이요, 일체 경계가 진여의 실상이 아닌 것이 없는 줄을 알 것이다.

[원효] **관조반야의 지위**
　『대혜도경종요』에서 "반야바라밀은 관조반야를 밝힌 것이다. 이것은 『대지도론』에서 '모든 보살은 처음 발심한 때부터 일체종지(一切種智)를 구하면서 그 중간에 모든 법의 실상을 알아야 하는데, 그 지혜가 반야바라밀이다.'라고 한 것과 같다."라고 하셨다.

〚해설〛
　대승불교는 부처님의 지혜를 믿고, 안심을 얻어 발심하고 수행하여, 정정취에 올라서 일심의 진여를 증득하고 삼신의 지혜인 일체종지를 구하는 선오후수문(먼저 이치를 깨닫고 뒤에 닦음)의 신행체계이다.
　이러한 수행의 중간에 모든 법의 실상을 알아야 하는데 이것이 곧 관조반야이다. 이 경은 부처님이 증득하신 도에 발심하여 수행하는 중간 과정, 즉 보살계위로 말하면 십해 초발심주 이상에 해당하는 지위에서 모든 법의 실상인 반야를 관조하여 깨달아 저 언덕으로 건너가게 하는 가르침이다. '관조반야로 저 언덕에 건너간다.'는 것은 정정취의 언덕, 열반의 언덕, 정토의 언덕에 건너가는 것을 말한다.

　〚원측〛 **행심반야바라밀다**
　'행심반야바라밀다'에서 행(行 : 수행)은 진행(進行 : 앞으로 나아감)을 뜻하며, 능히 관찰하는 지혜를 일컫는다. 심(深)은 곧 '매우 깊다'는 뜻인데, '깊다'는 것은 두 가지 의미가 있다.
　하나는 '관찰하는 경계가 깊다.'는 것이다. 아공법공(空, 無相)의 도리는 유와 무의 모습을 멀리하고, 모든 쓸데없는 논쟁을 끊었음을 일컫는 것이다. 이처럼 무분별의 지혜(주객이 없음을 깊이 이해하는 차원)로 깊은 경계를 깨닫는 까닭에 행심(行深)이라고 말한 것이다.
　둘은 '행위의 모습이 깊다.'는 것이다. 무분별의 지혜는 아공법공을 깨달아 주객이 없는 관계에서 일을 행한다. 이렇듯 주객이 없음을 인식하고 행하는 까닭에 행심(行深)이라고 말한 것이다. 그러므로 『대품반야경』에서 "행하는 것도 보지 않고 행하지 않는 것도 보지 않으니, 이를 '보살이 깊은 반야를 수행함'이라고 이름한다."라고 하셨다.

〖해설〗 **위없는 보리의 첫 번째 깨달음**

이 경은 '반야'를 근본으로 삼고, '반야로 저 언덕에 건너감'을 지혜의 체로 삼아 '깊은 반야'를 행하도록 한다. '행'은 수행이며, 깊은 반야로 저 언덕으로 건너가기 때문에 진행의 의미를 담고 있다. 수행이란 과보를 향하여 나아가는 힘이 있어야 함을 말하는 것이다. 이 경은 반야를 관조하는 데 머물지 않고 '깊은 반야'를 행하여 저 언덕으로 나가야 함을 역설하신 것이다.

'깊은 반야'는 두 가지 뜻이 있다. 첫째, 오온의 몸체가 공함을 관하는 것이 아니라 오온의 성품이 공함(空性 : 공, 무상)을 관한다는 것이다. 그러므로 '관찰하는 경계가 깊다.'고 말한 것이다. 둘째, 공과 무상의 이치에 따라 발심하여 무원(바라는 바가 없음)으로 행한다는 것이다. 그러므로 '행위의 모습이 깊다.'고 말한 것이다. '깊은 반야'는 아공법공의 경계를 관하는 것, 주객이 없음을 깨달아 무원(無願)으로 실천하는 것, 이 두 가지를 함께 행하는 것을 일컫는다. 아공법공을 깨달아 이치에 따라 발심하고 실천하는 것, 이것이 곧 위없는 보리(아녹다라삼먁삼보리)의 첫 번째 깨달음이다.

〖원효〗 **묘관찰지와 순리발심**

『무량수경종요』에서 "발심이란 번뇌가 무수하지만 모두 끊기를 원하고, 선법이 무량하지만 모두 닦기를 원하고, 중생이 끝없지만 모두 제도하기를 원하는 것"이라고 하였다.

또, "묘관찰지(妙觀察智)는 말할 수 없는 경계를 관찰한다. 일체의 법은 모두 허깨비와 같고 꿈과 같아서, 있는 것이 아니지만 없는 것도 아니므로, 말을 떠나고 생각이 끊어져 말을 따르는 자가 말하거나 헤아릴 수 있는 것이 아님을 일컫는다. 그러므로 불가칭지(不可稱智 : 가히 말할 수 없는 지혜)라고 이름한다."라고 하였다.

또한, "순리발심이란 일체의 법은 다 허깨비 같고 꿈같아서, 유가 아니지만 무도 아니므로, 말을 떠나고 생각이 끊어진 경계임을 믿고 이해하여, 이 믿음과 이해에 의해 광대한 마음(발심)을 일으키는 것이다. 이와 같이 발심한 사람은 비록 번뇌와 선법이 있음을 보지 못하지만 가히 끊고 닦을 것이 없다고 버리지 않는다. 이러한 까닭에 비록 모두 끊고 모두 닦기를 원하지만 무원(無願)삼매를 어기지 않는다. 비록 무량한 중생을 모두 제도하기를 원하지만 제도하는 자와 제도 받는 자를 두지 않는다. 그러므로 능히 공(空)과 무상(無相)의 이치를 따르는 것이다. 『금강경』에서 '이와 같이 무량한 중생을 제도하지만 실은 한 중생도 제도된 자가 없느니라.'고 하시며, 자세히 말씀하신 것과 같다."라고 하였다.

[해설] '깊은 반야'는 대승의 깨달음

이 경에서 말씀하신 '깊은 반야'는 곧 '깊은 관조반야'이며, 관조반야를 깊이 행하는 것이다. '깊은 반야'는 '묘관찰지를 깨달아 이치에 따라 발심하고 공, 무상, 무원의 삼매를 어기지 않고 상구보리 하화중생의 보살도를 실천하는 것을 말한다. 이것은 곧 대승의 깨달음이다. 이 경은 '깊은 반야로 저 언덕에 건너가는 행법'을 말씀하시니, 대승의 깨달음에 들어가는 길을 밝힌 것이다.

〖해설〗 행심반야바라밀다는 정정취에 들어가는 수행

『무량수경종요』에서 "어떤 지위를 나누어 정정취(正定聚)에 들어갔다고 하는가. 어떤 뜻에 의하여 정정취라고 이름하는가. 선근을 끊는 자리(삼악도)로 물러나 떨어지지 않는다고 결정하면, 이와 같은 것을 정정취의 뜻이라고 이름한다."라고 하였다.

범어 '아비발치(또는 아유월치)'를 불퇴전지(不退轉地)라 번역하고 이를 정정취라 한다. 정정취의 지위는 소승에서는 수다원, 대승에서는 보살계위 십해 이상의 지위에 해당한다.

십해는 아공을 깨달아 무생법인(無生法忍)을 얻어 발심한 자리(自利)의 지위이다. 십행은 아공법공을 깨닫고 발심하여 자리이타의 육바라밀을 행하는 지위이다. 십회향은 이타행을 실천하는 지위이다. 일심의 진여를 증득한 초지보살도 정정취에 해당한다.

'행심반야바라밀다(깊은 반야로 저 언덕에 건너감)'는 묘관찰지를 깨달아 발심하고 상구보리 하화중생을 실천하여 열반의 저 언덕에 건너가는 것을 말하니, 이는 정정취에 들어가는 수행이다. 또, 염불로 정토에 태어나는 사람은 모두 다 정정취에 들어간다.

제2절 지혜의 작용

오온이 모두 공성임을 관조하여 깨닫고,
모든 중생의 괴로움과 멍에를 벗어나게 하셨다.

[원측] **보살의 자리이타**

지혜의 용(用 : 지혜의 작용)에는 두 가지가 있다. 첫째, '오온이 모두 공함을 비추어 본다.'는 것은 자신에게 이로운 지혜의 작용이다. 둘째, '일체 중생의 괴로움과 멍에를 벗어나게 하셨다.'는 것은 남을 이롭게 하는 지혜의 작용이다.

[해설] **대승의 근본정시은 상구보리 하화중생**

대승은 부처님이 증득하신 도에 발심하여 상구보리(上求菩提 : 위로 위없는 보리를 구함) 하화중생(下化衆生 : 아래로 중생을 교화함)하는 것을 근본정신(正體性)으로 삼아 수행한다. 그 뜻은 지혜를 완성하고 다 함께 안락한 삶을 이루는 데 있다. 이 경은 대승의 근본정신을 실현하는 중간에 묘관찰지의 두 가지 작용을 일으키도록 인도하는 가르침이다.

[해설] **묘관찰지의 작용**

지혜의 작용이란 모든 존재의 근본인 오온이 공성임을 관하여, 묘관찰지(妙觀察智)를 얻고 이 지혜의 가치관을 실현하는 것을 말한다. 여기에는 두 가지 작용이 있다. 하나는 자신에게 이로운 것이고, 다른 하나는 남을 이롭게 하는 것이다. 그러므로 깊은 관조반야로 묘관찰지를 성취하여 괴로움의 근원을 소멸할 뿐만 아니라 정적인 관조를 뛰어넘어 자리이타의 보살행을 실천할 것을 강조한 것이다.

원측은 보살이 부처님의 지혜를 구하며 수행하는 것은 자신에게 이익이 될 뿐만 아니라 발심하여 남도 이롭게 하는 자리이타의 실현에 있음을 분명히 하고 있다. 이것이 바로 공사상을 설하는 『반야심경』의 교법을 대승의 근본정신(정체성 : 상구보리 하화중생)이 실현되도록 인도하신 위대한 조사의 뛰어난 지혜인 것이다.

보살은 부처님이 증득하신 도에 발심하여 상구보리 하화중생의 자리이타를 실현하는 수행자이다. 그러므로 보살은 오온을 관조하여 묘관찰지를 깨달아 스스로 안심을 얻고, 일체 중생의 괴로움과 그 멍에를 벗어나게 하신다. 이처럼 자리이타가 원만하게 이루어지는 것을 저 언덕에 건너감이라 일컫고, 반야바라밀의 완성이라고 할 것이다.

[해설] **성소작지의 작용**

정토경은 성소작지(成所作智 : 불가사의한 변화를 성취한 지혜)의 작용을 설하여 그 대비력을 믿고 염불을 수행하도록 한다. 성소작지를 믿고 염불을 행하면 괴로움의 근원이 소멸되지 않은 채 모든 괴로움이 없는 정토에 태어나게 된다는 것이다. 정토에 태어난 뒤에 자비광명에 의지해 묘관찰지를 깨달아 괴로움의 근원을 소멸한다. 그러므로 스스로 생사해탈이 어려운 사람은 누구든지 성소작지를 믿고 염불수행으로 정토에 태어나 윤회를 벗어나고 묘관찰지를 성취한다. 이와 같은 일은 모두 부처님의 불가사의한 대비의 힘을 입기 때문이다.

1. 자신에게 이로운 지혜의 작용

〖라집〗 조견오음공(照見五陰空),
  오음이 공성임을 관조하여 깨닫고,
〖현장〗〖공역〗
  조견오온개공(照見五蘊皆空),
  오온이 모두 공성임을 관조하여 깨닫고,

〖해설〗 **번역의 다름**

구마라집은 '조견오음공(照見五陰空)', 현장과 공역본은 '조견오온개공(照見五蘊皆空)'이라고 번역하였다. 오음(五陰)과 오온(五蘊)은 같은 뜻이다. '개(皆)'가 첨가 된 것은 특별한 뜻이 없는 것으로 보인다. 이는 앞에서 설명한 구역과 신역의 차이 때문이다. 이처럼 같은 뜻을 다른 말로 번역한 예는 수없이 많다.

〖원측〗 **오온**

오온(五蘊)은 색(色), 수(受), 상(想), 행(行), 식(識)이다.

색(色)은 물질로서 걸림이 있다는 뜻이다. 색은 근(根)과 경(境)과 법처색(法處色)을 이루며, 방향과 장소를 알 수 있다.

수(受)는 괴로움(苦)과 즐거움(樂)과 버림(捨)의 느낌이다. 위의 차례대로 어긋나거나, 순조롭거나, 그 중간 느낌의 경계로 받아들이는 것을 말한다.

상(想)은 여러 가지 아는 것들을 모아 상상하는 것이다. 경계의 나눔을 취하고 남녀 등 여러 가지 주장을 일으키는 것을 말한다.

행(行)은 사유하는 등의 심법이 마음을 부려 선한 일 등을 짓게 하는 것이다.

식(識)은 안식(眼識) 등의 여러 가지 식이 경계를 분별하고 인식하는 것이다. 이 다섯 가지는 모두 '쌓아져 있다'는 뜻으로 온(蘊)이라고 이름한다.

[해설] **오온은 색온, 수온, 상온, 행온, 식온**

오온은 세계와 인간을 존재하게 하는 근본이다. 오온은 색(色), 수(受), 상(想), 행(行), 식(識)이다. 오온이란 이 다섯 가지가 각각 쌓인 것을 일컫는다. 따라서 '오온은 색, 수, 상, 행, 식이다.'라고 말하더라도 '오온은 색온, 수온, 상온, 행온, 식온'을 뜻하는 것으로 알아야 한다.

색(色)은 지수화풍인 사대와 사대가 화합한 물질을 말한다. 색온(色蘊)은 물질의 쌓임이다. 색온은 오근(五根), 오경(五境), 법처색의 11가지를 이룬다. 사물은 사대의 물질, 냄새, 맛, 촉감의 사진(四塵)의 쌓임으로 이루어진다.

수(受)는 대상을 세 가지 느낌으로 받아들이는 마음의 감수(感受) 작용을 말한다. 세 가지 느낌이란, 첫째, 자신의 뜻과 어긋나면 괴로움(苦)을 느끼면서 받아들이는 것이다. 둘째, 자신의 뜻과 같으면 즐거움(樂)을 느끼면서 받아들이는 것이다. 셋째, 괴로움도 즐거움도 아닌(捨) 경계를 느끼면서 받아들이는 것이다. 수온(受蘊)은 이와 같은 감수의 쌓임이다.

상(想)은 이미 알고 있는 정보들을 모아 마음으로 영상을 짓는 상상(想像)의 작용을 말한다. 대상을 인식하고 좋고 나쁜 경계를 나누고 남자와 여자 등의 이름을 지어 분별하는 생각을 일으키는 것이다. 상온(想蘊)은 상상의 쌓임이다.

행(行)은 어떤 행동을 하려고 마음을 일으키는 의지(意志)의 작용이다. 감수와 상상을 제외한 모든 마음의 작용(心所有法)이며, 선업 또는 악업을 행하려고 마음을 일으키는 것이다. 행온(行蘊)은 이와 같은 의지의 쌓임이다.

식(識)은 여러 식이 대상 경계를 분별하고 인식하는 심식(心識)을 말한다. 여기의 심식은 전5식과 제6식(識)과 제7식(意)과 제8식(心)을 포함한 마음의 총체를 일컫는다. 소승은 전5식과 제6식(識)으로 체를 삼고, 대승은 제7식(意)과 제8식(心)까지를 포함한다. 식온(識蘊)은 이와 같은 심식(心識)의 쌓임이다.

[해설] 오온을 말씀하신 뜻

세계와 인간의 존재방식을 물질, 감수, 상상, 의지, 심식의 쌓임인 오온으로 분석하여 말씀하신 뜻은 무엇인가. 색법과 심법의 모든 법은 여러 가지 조건으로 이루어져 실체가 없는 공성임을 알게 하는 것이다. 또 물질의 경계를 보고, 감수와 상상과 의지가 차례대로 일어나 의식을 일으키고 그 과보가 제8식에 저장되니 그로 인하여 자아의식을 일으키게 되는 것이므로 우리는 실로 무아의 존재임을 깨닫게 하는 것이다. 『반야심경』은 세계와 인간의 존재방식은 공, 무상임을 증명하여 무아를 깨닫게 하고 그 지혜로 자리이타의 보살도를 실천해야 한다는 당위성을 역설하고 있다.

〖원측〗 **오온의 세 가지 성질**

　오온에는 세 가지의 성질이 있다. 첫째는 변계소집성(遍計所執性)이니 망령된 생각은 있지만 실체란 없는 것이다. 둘째는 의타기성(依他起性)이니 인연의 화합에 의해 임시로 있는 것이다. 셋째는 원성실성(圓成實性)이니 만물이 갖춘 성품의 실상(실상의 성품)이다. 오온의 삼성(三性)은 모두 공하다. 그러므로 논에서 "무위도 있지 않아서 실제로 일어나지 않으니 허공의 꽃과 같은 것이다."라고 한 것이다. 이것으로써 원성실성도 또한 공성으로 보낸다는 것을 알 것이다.

〖해설〗 **오온과 오온의 성품이 모두 공함**

　오온의 세 가지 성질은 유식삼성설(唯識三性說)에 의하여 해설한 것이다. 오온과 오온의 성품이 모두 공하다. 왜 그러한가. 첫째, 모든 법은 연기즉공(緣起卽空)이니 오온도 실체가 없어서 환(幻)과 같지만 이름을 지어 분별하고 집착하는 것은 실재하는 법으로 착각하는 것이다(변계소집성). 둘째, 오온은 여러 가지 인연으로 화합하여 임시로 쌓인 것이니 실재하는 자성이 없는 것이다(의타기성). 셋째, 오온이 공할 뿐 아니라 그 성품도 공하여 실재하지 않는 것이다(원성실성). 만약 오온은 공하여도 그 성품은 실재한다고 말하면 그것은 눈이 아픈 사람이 허공에서 꽃을 보는 것과 같은 것이다.

〖해설〗 **오취온**

　오온은 모든 존재의 근본으로 위에서 설명한 것과 같다. 오취온(五取蘊)은 오온 중에 인간의 존재방식을 말하는 것이다. 취(取)는 일체의 번뇌를 총칭하는 말이며 집착하고 취한다는 뜻이다. 그러므로 오취온은 '다섯 가지(물질, 감수, 상상, 의지, 심식)의 번뇌로 쌓임'이라는 뜻이다. 범부는 물질의 번뇌로 쌓임, 감수의 번뇌로 쌓임, 상상의 번뇌로 쌓임, 의지의 번뇌로 쌓임, 심식의 번뇌로 쌓임, 이 다섯 가지의 쌓임이 화합한 존재이다. 범부는 이와 같이 오온 중에 오취온의 존재이다.

범부를 오취온의 존재라고 말하는 것은 두 가지 뜻이 있다. 첫째, 범부의 몸과 마음은 번뇌로 가득하다는 것이다. 둘째, 비록 번뇌로 가득한 몸과 마음이지만 그것은 실체가 없다는 것이다. 소승교는 오취온을 쪼개 보여 나(自我)라고 할 만한 실체가 없음을 깨닫게 하였다. 즉 인간의 존재방식을 오온으로 분석한 석공(析空)으로 가르쳐 아공을 깨닫게 한 것이다. 그러나 대승교는 오온 자체가 공하다는 체공(體空)을 알아 아공법공을 동시에 깨닫도록 한다.

[원측] 번역본에 대한 이해

어떤 경본은 오온등개공(五蘊等皆空)이라고 되어 있다. 비록 두 가지 경본이 있지만 뒤의 경본을 바르다고 본다. 범본(梵本)을 살펴보니 등(等)이라는 말이 있기 때문이다.

[해설]

현장은 '오온개공(五蘊皆空)'이라고 번역하였는데, 다른 번역본에는 '오온등개공(五蘊等皆空)'이라고 하여 '등(等)'자가 추가되어 있다. 오온뿐 아니라 오온으로부터 연기한 법 및 모든 법이 공성이기 때문에 이를 설명하기 위해 '등'자를 추가한 것은 옳다. 또 범본에도 '등'으로 번역할만한 말이 있었다는 것이다. 여기서 현장과 다른 번역본을 구마라집의 번역본이라고 단정할 수는 없다. 여러 번역본이 있었을 것이고, 또 이름을 밝히지 않았기 때문이다.

[해설] '조견오온개공'의 번역

'조견오온개공'은 관조반야 중에 자신에게 이로운 지혜의 작용이다. 자신에게 이롭다는 것은 오온이 모두 공성임을 깨닫기 때문에 마음에 걸림이 없고, 걸림이 없으므로 두려움이 없고, 그 지혜로 궁극의 열반에 들어가기 때문이다.

조(照)는 관조(觀照)와 같으며 '관하여 비춘다는 뜻'이다. 견(見)은 '마음에 터득하다' 또는 '깨닫다(예 : 見性成佛)'는 뜻이다. 오온은 물질의 쌓임, 감수의 쌓임, 상상의 쌓임, 의지의 쌓임, 심식의 쌓임이다.

경문의 공(空)이란, 공성(空性)을 말한다. 곧 '성품이 공함'이라는 뜻이니 본래 공적(空寂)하여 실체도 모양도 없고 고요함을 일컫는다. 관조반야는 오온이 공, 무상임을 관하는 것이므로 오온의 성품이 공함을 관하는 것이다. 오온의 몸체도 실체가 없지만 모양이 있고, 인연으로 생멸하며, 갖가지 작용으로 나타나므로(非有非無) 유위법이다. 오온의 성품은 공, 무상이니 무위법이다. 물론 오온의 몸체도 실체가 없는 환(幻)으로 존재하지만 여기서 관하는 대상은 오온의 성품이라는 것이다. 이러한 이유로 '조견오온개공'을 '오온이 모두 공성임을 관조하여 깨닫고'라고 번역하였다.

[해설] **연기란 무엇인가**

연기(緣起)는 불교의 세계관을 이루는 근본교리이다. 연기는 모든 교법의 근본인 까닭에 초기불교로부터 대승경전에 이르는 많은 경론에 그 정의 및 해설이 다양하게 실려 있다. '연기란 무엇인가?'라고 물을 때는 대개 아래와 같은 말씀을 가장 많이 예로 들어 대답한다.

『아함경』에서는 "이것이 있기 때문에 저것이 있고, 이것이 생겨나기 때문에 저것이 생겨난다. 이것이 없으면 저것이 없고, 이것이 소멸하면 저것이 소멸한다. 연기를 보는 자는 법을 보며 법을 보는 자는 연기를 볼 것이다. 법을 보는 자는 나를 보며 나를 보는 자는 법을 볼 것이다. 눈이 있는 자는 와서 보고 귀가 있는 자는 와서 들으라."라고 하셨다.

『초분설경(初分說經)』에서는 "법은 인연으로 생겨나고, 법은 또한 인연으로 소멸한다. 이 생멸하는 인연은 부처님이신 대사문이 말씀하신 것이다."라고 하셨다.

『율장』「출가사(出家事)」에서 "모든 법은 연(緣 : 결과를 내는 조건)으로부터 일어나고, 여래는 이 인(因 : 결과를 내는 원인 또는 근본)을 말씀하신다. 저 법(인과 연의 법)은 인연이 소멸한다. 이것이 대사문의 말씀이다."라고 하셨다.

위에서 말씀하신 연기설을 정리하면, '연기란 인연생기(因緣生起)의 뜻이다. 정신적 물리적 일체의 법은 연의 상호의존 또는 인연의 화합으로 성립된 것이나, 인연으로 생긴 모든 법은 시간이 흐르면서 그 인과 연이 변화하므로 모든 법은 시간의 흐름 중에 항상성이란 없는 것이다(諸行無常). 일체의 법은 끝내 인연이 소멸하게 되어 자성을 지킬 수 없으므로 모든 법은 영원히 변하지 않는 실체란 없는 것이다(諸法無我). 그러므로 연기한 모든 법은 곧 공성이다(緣起卽空).'라는 것이다.

 〖해설〗 **연기의 세계관**

 연기는 부처님께서 깨달으신 내용이지만 깨달으시기 전부터 본래 그러한 법이요, 누구나 알 수 있는 보편적인 진리로서 자연의 법칙과 같은 것이다. 그러므로 부처님은 이 연기를 진리요 법(法)이라고 선언하시고, 역대 조사들은 이를 깨달아 증명하며 지혜의 생명으로 이어오고 있다.

 연기의 법에 의해 세계와 인간의 존재방식, 부처님의 지혜와 가치관, 지혜로운 삶의 방식 등을 체계적이고 통일적으로 밝힌 견해를 '연기의 세계관'이라 한다. 불교는 연기의 철학, 연기의 세계관을 근본으로 성립된 종교이다. 그러므로 과학의 시대에 살면서 합리적인 사고를 요구하는 현대인들에게 설득력을 확보하여 영원한 종교가 될 것이다.

 〖해설〗 **일체는 오온, 십이처, 십팔계**

 세계와 인간의 근본은 물질, 감수, 상상, 의지, 심식, 이 다섯 가지 요소의 각각 쌓임인 오온과 오온의 화합으로 이루어진다. 이 중에 인간은 오취온의 육근(六根)으로 주관의 자아를 형성한다. 세계는 육경(六境)으로 객관의 경계가 건립된다. 육근과 육경을 합하여 십이처라고 이름하며, 십이처에 의해 육식(六識)이 생겨나고 십팔계가 이루어진다. 그러므로 세계와 인간, 정신적 물리적 일체의 법은 오온, 십이처, 십팔계가 전부다. 그 밖에 무엇인가 있다면 그것은 모두 육근과 육경이 연하여 생긴 의식의 산물이다. 따라서 세계와 인간의 존재 방식은 오온 및 십팔계를 벗어나지 않는다. 오온이 공성이기 때문에 그로부터 연기한 십팔계의 모든 법은 공성이다.

[해설] 일체 경계는 마음의 반영

『반야심경』은 서두에서 세계와 인간의 근본인 오온이 공성임을 깨달아야 함을 밝혔다. 그리고 초기불교부터 설명해온 오온, 십이처, 십팔계, 십이연기, 사제 등에 대하여 모든 법은 현상뿐 아니라 그 성품도 공함을 밝혔다. 모든 법은 연기즉공(緣起卽空)이기 때문에 오온 역시 공성인 것이다.

오온이 공성이라고 하는 데는 두 가지 뜻이 있다. 첫째, 오온의 현상과 그 성품은 영원히 변하지 않는 실체가 없다는 뜻을 분명히 나타낸 것이다. 둘째, 일체 경계는 마음의 반영이라는 뜻을 은밀히 나타낸 것이다. 일체 경계는 지수화풍이라는 물질이 화합한 쌓임인데, 그 경계는 감수의 쌓임, 상상의 쌓임, 의지의 쌓임, 의식의 쌓임이라는 마음이 작용할 때 비로소 경계로서 존재하게 된다는 것이다.

인간은 주관과 객관으로 이분화 된 세계에 살고 있지만 어떤 경계를 감수하고, 상상하고, 의지를 일으키고, 분별하고 인식하는 마음이 작용하지 않으면 그 경계는 아무런 의미를 갖지 못한다. '일체는 오온이다.'라고 말하는 것은 곧 '일체 경계는 마음의 반영이다.'라는 뜻을 은밀히게 나디낸 것이다. 법싱교에서 밀하는 '만밉유식 유식무경' 도 '일체는 오온이다'라는 뜻과 같은 맥락에서 설해진 것이다. 최후의 대승은 '일체경계 본래일심'의 도리에 의해 일심을 법으로 삼고,

예토와 정토, 생사와 열반 등 만 가지 경계가 모두 이 마음 안에 있으며, 만상이 마음의 반영이라는 것이다. 그리고 소승으로부터 전개된 모든 교법을 생멸문과 진여문으로 통하게 하여 일심의 근원으로 돌아가게 하였다.

2. 남을 이롭게 하는 지혜의 작용

〖라집〗〖현장〗 도일체고액(度一切苦厄)
  일체 중생의 괴로움과 멍에를 벗어나게 하셨다.
〖공역〗 이제고액(離諸苦厄)
  모든 중생의 괴로움과 멍에를 벗어나게 하셨다.

〖해설〗 **번역의 다름**
  구마라집과 현장은 '도일체고액(度一切苦厄)'이라고 번역하고, 공역본은 '이제고액(離諸苦厄)'이라고 번역하였다. 세 번역에 통하고 원측의 해설에 합당한 한글 번역은 '모든 중생의 괴로움과 멍에를 벗어나게 하셨다.'라고 하는 것이 옳을 것으로 생각한다. 그 이유는 아래 해설을 보면 알 것이다.

〖원측〗
  '도일체고액'은 남을 이롭게 하는 지혜의 작용을 나타낸 것이다.
  고액(苦厄 : 厄은 軛과 동자)을 이해하는 데는 세 가지 해석이 있다.

첫째, '괴로움은 곧 멍에'라는 뜻으로 '고액'이라고 이름한 것이니, 곧 '괴로운 멍에'이다. 이는 괴로움과 멍에(마소의 목에 얹어 수레를 끌게 하는 도구. 행위에 구속을 받음)를 동격으로 이해하고 해석한 것이다. 번뇌가 있는 모든 법은 괴로움이 아닌 것이 없기 때문에 부처님께서 삼계는 모두 괴로움이라고 설하신 것이다. 괴로움의 문에는 대략 말하면 세 가지가 있으니, 고고(苦苦), 괴고(壞苦), 행고(行苦)이다.

넓혀서 말하면 여덟 가지가 있으니 태어남, 늙음, 병듦, 죽음, 싫은 것과 만나는 괴로움, 사랑하는 것과 헤어지는 괴로움, 구하여도 얻지 못하는 괴로움, 오음이 치성한 괴로움이 있다.

자세히 말하면 백 가지 괴로움이니, 25유(有)의 하나하나가 모두 생주이멸(生住異滅)의 네 가지 유위의 모습을 갖고 있으므로 백 가지 괴로움을 이루는 것이다. 25유는 4부류의 사람, 4곳의 악도, 6욕계천, 4선천과 범왕천, 무상천, 아나함천, 4공계천이다.

둘째, '괴로움의 멍에'라는 뜻으로 '고액'이라고 이름한 것이다. 이는 괴로움이 멍에에 의지한 것으로 이해하고 해석한 것이다. 멍에는 네 가지가 있는데, 욕루(欲漏), 유루(有漏), 견루(見漏), 무명(無明)이다. 이 네 가지는 모든 중생들을 묶어 온갖 괴로움을 받게 하니 비유하면 마치 수레의 멍에(車軛)와 같다는 것이다.

셋째, '괴로움과 멍에'라는 뜻으로 '고액'이라고 이름한 것이다. 괴로움과 멍에에 대해서 따로따로 열거한 것이 있기 때문이다. 이는 괴로움과 멍에는 다른 것으로 이해하고 해석한 것이다.

〖해설〗 **'고액'에 대한 이해**

 '도일체고액'과 '이제고액(離諸苦厄)'은 관조반야 중에 남을 이롭게 하는 지혜의 작용이다. 고뇌하는 중생을 버리지 않고 그 괴로움을 제거해 주려고 깊은 반야를 실천하는 것을 말한다. 곧 중생이 번뇌로 인하여 갖가지 괴로움을 받고 있기 때문에 발심하고 비원을 일으켜서 중생의 괴로움과 그 괴로움의 원인을 벗어나게 해주는 것이다.

 위에서 해설한 것처럼 '고액(苦厄)'은 '괴로움과 멍에'라는 두 뜻이 담겨 있다. '고액(苦厄)'은 '괴로운 멍에', '괴로움의 멍에', '괴로움과 멍에'로 번역할 수 있다. 괴로움은 '수레를 끄는 일'과 같고, 멍에는 '수레를 끌게 된 원인'과 같다. 이러한 이유로 필자는 괴로움과 괴로움의 원인을 구별하기 위해서 '괴로움과 멍에'로 번역하였다. 괴로움이란 여덟 가지 괴로움과 백 가지 괴로움이며, 멍에란 네 가지 번뇌를 말하는 것이다.

〖해설〗 **'일체고액' 은 모든 중생의 괴로움과 멍에**

 '도일체고액'과 '이제고액(離諸苦厄)'을 '남을 이롭게 하는 지혜의 작용'이라는 뜻으로 이해하면 '모든 중생의 괴로움과 멍에를 벗어나게 하셨다.'라고 번역하는 것이 적합하다고 생각한다. '일체(一切)' 와 '모두(諸)'를 '모든 중생'으로 이해하면, 모든 괴로움과 괴로움의 원인(멍에)을 포함하여 제도할 대상을 분명하게 나타낼 수 있기 때문이다. 또 '삼계는 모두 괴로움이다.'라고 하셨으니, 괴로움은 모든 중생의 괴로움이다. '멍에는 모든 중생들을 묶어 온갖 괴로움을 받게 한다.'라고 하셨으니, 멍에는 모든 중생의 멍에이다.

'도(度)'와 '이(離)'를 '벗어나게 하셨다.'라고 번역한 것은 두 가지 이유가 있다. 하나는 이 경은 자각의 문을 말씀하신 교법이므로 모든 고액을 스스로 벗어나게 하기 때문이다. 둘은 공동번역본의 '이제고액(離諸苦厄)'을 '모든 중생의 괴로움과 멍에를 벗어나게 하셨다.'라고 번역할 수 있기 때문이다. 이와 같이 번역하면 삼가의 번역본 글의 뜻에 모두 통하게 된다.

[해설] **중생의 뜻**

범어 'sattva'를 구역(구마라집)은 중생(衆生)이라 번역하고, 신역(현장)은 유정(有情)이라 번역하였다. 중생은 넓은 의미로는 사생(태생, 난생, 습생, 화생)의 생명 및 모든 사람을 일컫고, 좁은 의미로는 깨달은 자에 상대하여 미혹한 범부를 일컫는다. 또 물질의 쌓임, 감수의 쌓임, 상상의 쌓임, 의지의 쌓임, 심식의 쌓임이라는 여러 쌓임(오온)의 생명이라는 뜻이며, 오취온의 몸에 집착하고 그것들에 물들기 때문에 중생이라 이름한다. 유정은 인간, 천인, 아귀, 축생, 아수라 등 정식(情識)이 있는 생명을 일컫는다. 이에 반하여 산하대지와 초목 등의 정식이 없는 사물을 무정(無情)이라 부른다.

[해설] **괴로움의 세 가지 성질**

생사윤회를 반복하는 삼계에 살고 있는 한 정신적 육체적 괴로움을 피할 수가 없다. 탐욕, 성냄, 어리석음의 번뇌가 남아 있는 한 모든 행위는 반드시 괴로움의 과보를 받는다. 따라서 삼계의 범부는 괴로움이 그치지 않는다. 모든 괴로움은 대략 세 가지 성질이 있다.

첫째, 고고성(苦苦性)으로 '자연히 괴로움을 받기 때문에 괴로움을 느낀다.'는 것이다. 오탁의 세계에서 배고픔, 질병, 자연재해, 노동, 추위와 더위 등으로 괴로움을 느끼게 되는 것을 말한다. 이는 자신의 뜻과 무관하게 자연히 겪게 되는 수동적인 괴로움이다.

둘째, 괴고성(壞苦性)으로 '모든 것이 끝내 부서지기 때문에 괴로움을 느낀다.'는 것이다. 자신이 애착하는 대상이 영원하지 않고 변하여 끝내 부서지게 된다는 제법무아(諸法無我 : 존재의 공간적 고찰)의 사실을 알고 괴로움을 느끼는 것을 말한다. 이는 자신이 애착한 과보로 인해 겪게 되는 능동적인 괴로움이다.

셋째, 행고성(行苦性)으로 '모든 것이 변해가기 때문에 괴로움을 느낀다.'는 것이다. 정신적 물리적 모든 것들은 시간이 흐르면서 변하게 된다는 제행무상(諸行無常 : 존재의 시간적 고찰)의 사실을 알고 괴로움을 느끼는 것을 말한다. 이는 누구나 느끼는 인간의 원초적인 괴로움이다.

〖해설〗 **여덟 가지 괴로움**

모든 괴로움은 번뇌를 원인으로 일어난다. 번뇌는 미세한 번뇌가 있고 거친 번뇌가 있다. 미세한 번뇌인 무명으로 인해 태어남과 늙음과 병듦과 죽음(生老病死)이라는 괴로움이 일어난다. 이것은 인간이면 누구나 겪게 되는 네 가지 근본 괴로움이다.

거친 번뇌는 탐욕, 성냄, 어리석음의 삼독(三毒)이다. 탐욕은 명예와 이익으로써 자기만을 영화롭게 하려는 것이다. 성냄은 뜻에 어긋나는 경계가 나를 침해할까 두려워하는 것이다. 어리석음은 일마다 잘못 알아서 이치로 헤아리지 않는 것이다.

삼독을 바탕으로 다시 네 가지 괴로움이 일어난다. 첫째, 애별이고 (愛別離苦)이니, 사랑하고 애착하는 것과 이별하는 괴로움이다. 둘째, 원증회고(怨憎會苦)이니, 원망하고 싫어하는 것을 만나는 괴로움이다. 셋째, 구부득고(求不得苦)이니, 구하는 것을 얻지 못하는 괴로움이다. 넷째, 오취온고(五取蘊苦 : 五陰熾盛苦)이니, 오취온의 몸에 애착하여 (어리석음) 욕망이 불길처럼 강렬한 괴로움이다.

위에서 말한 여덟 가지 괴로움은 인간이면 대부분 겪게 되는 괴로움이다. 괴로움은 무명과 삼독에 비례하여 겪게 된다. 무명이 깊으면 생사윤회의 괴로움을 벗어나지 못한다. 삼독이 두터우면 현실에서 괴로움의 인과를 끊지 못한다.

[해설] 백 가지 괴로움

욕계, 색계, 무색계인 삼계에는 25개의 생명계가 있는데, 이를 이십오유(二十五有)라 한다. 이들의 세계와 생명의 일체는 영원하지 않고 태어나서 머물다가 변하여 소멸하기 때문에 이로 인하여 백 가지 괴로움(25 × 생, 주, 이, 멸=100)을 이루게 된다. 25유는 4부류의 사람, 4곳의 악도, 6욕계천, 4선천 및 범왕천과 무상천과 아나함천, 4공계천이다.

4부류의 사람은 우리가 살고 있는 남섬부주의 인간과 동주(불바제) 서주(구야니) 북주(울단월)의 인간들이다. 4곳의 악취(惡趣 : 惡道)는 지옥, 아귀, 축생, 아수라이다. 6욕계천은 사욍천, 도리천, 야마천, 도솔천, 화락천, 타화자재천이다. 4선천은 색계천의 초선천, 제2선천, 제3선천, 제4선천이다. 초선천에 범왕천, 제4선천에 무상천과 아나함천이 따로 있다. 4공계천은 무색계의 공무변처천, 식무변처천, 무소유처천, 비상비비상처천이다.

[해설] 네 가지 멍에

　네 가지 멍에는 모든 괴로움의 근원이 되는 네 가지 번뇌를 말한다. 이들 번뇌는 모든 중생들을 묶어 온갖 괴로움을 받게 하는 근원이 되므로 수레의 멍에에 비유한 것이다. 괴로움의 근원인 네 가지 번뇌는 욕루(欲漏 : 탐욕의 번뇌), 유루(有漏 : 존재에 대한 번뇌), 견루(見漏 : 삿된 견해), 무명(無明 : 모든 법의 실상은 공성임을 모름)이다. 욕루와 유루는 수행하는 데 장애가 되어 괴로움을 받게 하고, 견루와 무명은 바른 견해를 갖는 데 장애가 되어 괴로움을 받게 한다.
　첫째, 욕루는 욕계(欲界)에서 일으키는 오욕(五欲)의 번뇌이다. 오욕이란 재물욕, 명예욕, 수면욕(게으름), 음식욕, 이성욕을 일컫는다. 오욕은 오근(五根 : 눈, 귀, 코, 혀, 몸)이 오경(五境 : 좋은 물건, 듣기 좋은 소리, 향기로움, 맛있는 음식, 부드러운 촉감)을 대하면서 일으키는 욕망을 말한다.
　둘째, 유루는 생명이 단절되지 않고 존재하기를 바라는 욕구의 번뇌이다. 색계(色界)를 상정하여 영원히 살기를 원한다. 색계는 거친 탐욕은 없지만 물질적 존재의 애착이 남아 있는 세계이다. 또, 무색계(無色界)를 상정하여 인간으로서의 존재 자체를 싫어한다. 무색계는 물질적 존재는 없으나 정신적 존재에 대한 관념이 남아 있는 세계이다.
　셋째, 견루는 삼계에 공통된 번뇌로 불교의 이치에 맞지 않는 삿된 견해이다. 사견 중에 가장 심한 것은 인아견(人我見)과 법아견(法我見)이다.
　넷째, 무명은 삼계에 공통된 근본번뇌로 모든 법의 실상은 공성임을 모르는 것이다. 무명 중에 가장 근원적인 것은 '일체경계 본래일심'의 도리를 미혹한 것이다. 일심을 미혹하기 때문에 자아와 경계를 나누어 분별하고 집착하여, 탐욕과 성냄을 일으키고 온갖 괴로움을 일으킨다.

[해설] **내세에 정토에 태어나는 것은 무생의 생**

우리는 본래 실체가 없이 태어나는 것이지만 그것을 모르고 자아는 실체가 있다고 집착하여 온갖 괴로움을 겪게 되는 것이다. 이러한 까닭에 부처님이 갖가지 방편으로 일체의 법은 공, 무상임을 깨닫도록 인도하시는 것이다. 그럼에도 불구하고 범부는 모든 법의 실상을 깨닫지 못하기 때문에 부처님의 대비력에 의지해 내세에 정토에 태어나도록 하신 것이다. 염불수행으로 내세에 정토에 태어나는 것은 자력이 아니다. 정토에는 부처님의 대비의 힘을 입어 태어나는 것이며, 그곳에서 무상(無相), 무생(無生 : 무아의 생, 화생)을 깨달아 예토와 정토가 없는 본래의 고향으로 돌아가게 된다. 그러므로 정토에 태어나는 것(왕생)은 무생의 생(無生生 : 태어남이 없는 태어남)이라고 일컫는 것이다.

[해설] **화신관은 현실에서 정토에 태어나는 법**

염불수행의 화신관은 일체 경계가 허깨비와 같아 공, 무상, 무생임을 깨달아 묘관찰지를 얻게 하는 묘법이다. 그러므로 화신관은 현실에서 정토에 태어나는 법이다. 화신관은 묘관찰지를 뛰어넘어 종교적 신념으로 일체를 이미다 불의 화신으로 관함으로써 사연과 생명의 일체 경계가 자신의 수행을 돕고 깨달음으로 인도하는 스승으로 삼게 하는 법이다.

화신관은 생명의 존엄성을 드높이고, 자연과 인간이 더불어 살며, 대인관계를 원만하게 하는 법이다. 화신관은 모든 인연의 은혜에 감사하고 보은하는 마음을 일으키게 하니 연기의 세계관을 실천하여 복과 지혜가 증장하는 법이다.

화신관이 깊어지면 위에서 말한 세 가지 괴로움의 성질, 여덟 가지 괴로움, 백 가지 괴로움, 네 가지 멍에가 자연히 소멸된다. 그러므로 화신관은 현실에서 일체 고액을 벗어나 정토에 태어나는 묘법이다. 화신관은 행하는 동시에 이익을 얻는 인과동시의 법이다. 경에서 "믿음은 도의 근원이요, 공덕의 어머니다."라고 하셨다. 진실한 믿음으로 발심하여 행하는 자만이 복과 지혜가 증장하는 이익을 얻고 현실정토를 감득하게 될 것이다.

〚해설〛 **정종분 제1장을 맺음**

정종분의 제1장은 세계와 인간의 존재방식에 대한 지혜와 그 가치관의 실현에 대하여 총체적으로 밝힌 것이다. 관자재보살은 깊은 관조반야를 행하여 두 가지 지혜의 작용을 일으킨다. 첫 번째는 세계와 인간의 존재방식의 근본인 오온의 성품이 공함을 관하여 자신에게 이로운 지혜를 깨닫는다. 두 번째는 모든 법이 공, 무상이라는 지혜를 깨달아 그 이치에 따라 보살도를 실천하여 남을 이롭게 한다.

원측은 이 경의 뜻은 모든 법의 공성을 깨달아 대승의 근본정신인 '상구보리 하화중생'을 실천하는 데 있음을 분명하게 밝혔다. 이와 같이 해설한 것은 뛰어난 조사의 혜안이 아니면 불가능한 일이다.

제2장 보살이 관할 경계

― 세계와 인간의 존재방식 ―

제1절 법문을 설하신 인연
 1. 수행법을 물음
 2. 오온의 성품이 공함을 관하라

제2절 오온의 공성
 1. 교화를 받는 사람
 2. 색법과 심법의 공성
  1) 색법의 공성
  2) 심법의 공성

제3절 공성의 모습
 1. 모든 법의 공성의 모습
 2. 여섯 가지 공성의 법문
  1) 오온의 법문
  2) 십이처의 법문
  3) 십팔계의 법문
  4) 십이연기의 법문
  5) 사제의 법문
  6) 지혜와 열반의 법문

제2장 보살이 관할 경계
- 세계와 인간의 존재방식 -

제1절 법문을 설하신 인연

곧 사리불이, 부처님의 위신력을 이어받아, 합장하고 공경하며 관자재 대보살께 여쭈어 말하기를, "선남자가 '매우 깊은 반야로 저 언덕에 건너가는 행'을 배우려고 한다면 어떻게 수행해야겠습니까?"라고 하였다. 이와 같이 질문을 마치자, 그때 관자재 대보살이 구수 사리불에게 일러 말씀하셨다. 사리불이여, 선남자 선여인이 '매우 깊은 반야로 저 언덕에 건너가는 행'을 수행할 때는 마땅히 오온의 성품이 공함을 관해야 한다.

제2절 오온의 공성

사리불이여, 물질의 쌓임은 공성과 다르지 않으며, 공성은 물질의 쌓임과 다르지 않으니, 물질의 쌓임은 곧 공성이요, 공성은 곧 물질의 쌓임이다. 감수의 쌓임, 상상의 쌓임, 의지의 쌓임, 심식의 쌓임도 또한 다시 이와 같다.

제3절 공성의 모습

사리불이여, 이 모든 법의 공성의 모습은 생겨나지도 않고, 소멸하지도 않으며, 더럽지도 않고, 깨끗하지도 않으며, 늘어나지도 않고, 줄어들지도 않는다.

그러므로 공성 가운데는 물질이라 할 것이 없고, 감수, 상상, 의지, 심식이라 할 것이 없다. 눈, 귀, 코, 혀, 몸, 마음이라 할 것이 없고, 물질, 소리, 냄새, 맛, 촉감, 법이라 할 것이 없다. 눈의 경계라 할 것이 없고, 내지 심식의 경계라 할 것이 없다. 무명이라 할 것이 없으니, 또한 무명이 다할 것도 없고, 내지 늙고 죽음이라 할 것이 없으니, 또한 늙고 죽음이 다할 것도 없다. 괴로움, 괴로움의 원인, 열반, 열반의 도라 할 것이 없다. 지혜라 할 것이 없으니, 또한 얻을 것도 없다.

〖해설〗

정종분의 제2장은 보살이 관할 경계를 보인 것이다. 이는 세계와 인간의 존재방식과 모든 법에 대한 바른 지혜를 밝혀 보였다.

제1절은 법문을 설하신 인연을 나타냈다. 제2절은 오온의 공성을 밝혔는데, 이것은 모든 존재의 근본인 오온에 대한 지혜를 나타낸 것이다. 여기에 두 가지가 있다. 먼저는 '교화를 받는 사람'을 표시하고, 뒤에는 '색법과 심법의 공성'을 바로 나타내었다.

제3절은 공성의 모습을 나타냈는데, 여기에 두 가지가 있다. 먼저는 여섯 가지 뜻(義)에 의해서 공성의 모습을 밝히고, 뒤에는 여섯 가지 뜻에 의해 여섯 법문을 공성의 법문으로 보내는 것을 나타낸 것이다. 이것은 세계와 인간의 존재방식과 모든 법에 대한 법문은 모두가 공성의 법문임을 통틀어 밝힌 것이다.

제2장의 번역문은 삼가의 조사가 시로 다르게 번역한 글이 있고, 공통된 글이 있다. 이제 공동번역을 저본으로 삼아 서로 비교하며 해설할 것이다.

제1절 법문을 설하신 인연

곧 사리불이, 부처님의 위신력을 이어받아, 합장하고 공경하며 관자재 대보살께 여쭈어 말하기를, "선남자가 '매우 깊은 반야로 저 언덕에 건너가는 행'을 배우려고 한다면 어떻게 수행해야겠습니까?"라고 하였다.

이와 같이 질문을 마치자, 그때 관자재 대보살이 구수 사리불에게 일러 말씀하셨다. 사리불이여, 선남자 선여인이 '매우 깊은 반야로 저 언덕에 건너가는 행'을 수행할 때는 마땅히 오온의 성품이 공함을 관해야 한다.

1. 수행법을 물음

즉시, 사리불(卽時, 舍利弗), 승불위력(承佛威力), 합장공경(合掌恭敬), 백관자재보살마하살언(白觀自在菩薩摩訶薩言), 선남자(善男子), 약유욕학 심심반야바라밀다행자(若有欲學 甚深般若波羅蜜多行者), 운하수행(云何修行).

곧 사리불이 부처님의 위신력을 이어받아, 합장하고 공경하며 관자재 대보살께 여쭈어 말하기를, "선남자가 '매우 깊은 반야로 저 언덕에 건너가는 행'을 배우려고 한다면 어떻게 수행해야겠습니까?"라고 하였다.

[해설] **우리는 어떻게 수행해야겠습니까?**

사리불은 지혜가 제일이지만 부처님께서 삼매 중에 마음으로 전하신 위신력(위력이 있고 신통한 힘)을 받아 관자재 대보살께(앞의 '관찰하는 사람' 참조) 질문하였다. 부처님께서 사리불에게 위신력을 전하신 것은 어떤 뜻인가. 부처님께서 법회의 대중이 무엇을 궁금해 하는지를 다 아시고, 사리불에게 대중을 대신하여 질문을 하도록 하기 위해서이다.

사리불은 질문의 요지를 곧 바로 알아차리고 부처님께 합장하고 공경하며 은혜에 감사하는 뜻을 표하였다. 그리고 묻는다. "관자재 대보살님은 오온이 모두 공성임을 관조하여 깨달아 생사의 이 언덕에서 열반의 저 언덕으로 건너가셨습니다. 그렇다면 '매우 깊은 반야로 저 언덕에 건너가는 행'을 배우려고 한다면, 우리는 어떻게 수행해야겠습니까?"라고 하신 것이다. 이 물음이 법문을 설하시게 된 인연이 되었다.

2. 오온의 성품이 공함을 관하라

여시문이(如是問已), 이시, 관자재보살마하살(爾時, 觀自在菩薩摩訶薩), 고구수 사리불언(告具壽 舍利弗言). 사리불(舍利弗), 약신남자 선여인(若善男子 善女人), 행심심반야바라밀다행시(行甚深般若波羅蜜多行時), 응관오온성공(應觀五蘊性空).

이와 같이 질문을 마치자, 그때 관자재 대보살이 구수 사리불에게 일러 말씀하셨다. 사리불이여, 선남자 선여인이 '매우 깊은 반야로 저 언덕에 건너가는 행'을 수행할 때는 마땅히 오온의 성품이 공함을 관해야 한다.

〚해설〛 오온이 모두 공성임을 관해야 함

사리불은 부처님의 제자 중에 지혜가 제일이다. 목련존자와 함께 부처님이 열반하시는 것을 보게 되면 참을 수가 없을 것 같아 부처님보다 먼저 열반에 들어갔다고 전한다. '구수(具壽)'는 세간의 수명과 출세간의 혜명을 갖추었다는 뜻으로 부처님 제자나 아라한 등을 존칭하는 말이다. 사리불과 목련존자는 모두 구수의 부처님 제자이다.

사리불이 수행법을 묻자, 관자재 대보살은 "매우 깊은 반야로 저 언덕에 건너가는 행을 수행할 때는 마땅히 오온의 성품이 공함을 관해야 한다."라고 답하셨다. 이는 오온이 모두 공성임을 관해야 한다는 것이다.

이러한즉 『반야심경』에서 관찰할 법으로서의 공은 '성품이 공함'이라는 뜻으로 알고, '공성(空性: 성품이 공함)'이라고 번역해야 그 뜻이 명료해진다. 따라서 '오온개공'은 '오온이 모두 공성'이라는 뜻으로 알아야 한다. '오온이 모두 공하다.'고 해도 틀린 것은 아니지만 이 경에서 말씀하신 '매우 깊은 반야'는 '오온의 성품이 공함'을 말하는 것이기 때문이다.

이와 같이 법계의 성품이 공성임을 관하는 것이 곧 부처님의 마음을 관하는 것이다. 일체의 법이 공성이기 때문에 일체는 마음의 반영이요,

일체는 마음이 짓는 것이다. 그러므로 『화엄경』의 게송에서 다음과 같이 노래하였다.

"약인욕요지 삼세일체불(若人欲了知 三世一切佛)
응관법계성 일체유심조(應觀法界性 一切唯心造)"
"어떤 사람이 삼세의 모든 부처님을 분명하게 알고자 한다면,
마땅히 법계의 성품을 관하라. 일체는 오직 마음이 짓는 것이다."

[해설] **불교는 지혜의 종교**

불교는 부처님의 지혜를 믿고 이해하여 실천하고 증득하는 지혜의 종교이다. 그러므로 우리는 무엇보다 먼저 부처님의 지혜를 알고, 그 지혜를 얻는 수행법을 배워야 한다. 부처님의 지혜 중에 가장 먼저 알아야 할 것은 오온이 모두 공성임을 깨닫는 것이다. 이와 같은 지혜를 묘관찰지라 부른다.

부처님의 지혜를 성취하여 그 지혜로써 자비를 실천하는 것이 불교의 이상적인 삶이다. 그 밖에 다른 것을 구한다면 자칫 불교의 뜻을 저버릴 수 있다. 부처님의 지혜를 얻는 수행법을 배우고 지혜를 얻기 위한 수행의 과정에서 좋은 인연을 만나게 되고 복덕이 늘어나는 줄을 알아야 한다.

제2절 오온의 공성

사리불이여, 물질의 쌓임은 공성과 다르지 않으며, 공성은 물질의 쌓임과 다르지 않으니, 물질의 쌓임은 곧 공성이요, 공성은 곧 물질의 쌓임이다. 감수의 쌓임, 상상의 쌓임, 의지의 쌓임, 심식의 쌓임도 또한 다시 이와 같다.

〖원측〗
이 경문은 오온의 공성을 바로 분별한 것이다. 이 안에 둘이 있다. 처음은 '교화를 받는 사람'을 표시하였다. 다음은 오온의 공성을 분별하였는데, 먼저 색법인 물질의 쌓임(色蘊)에 의해 네 구절로 공성을 분별하고, 뒤에는 심법의 사온도 모두 네 구절이 있음을 예로 들었다.

〖라집〗
사리불(舍利弗),
색공고 무뇌괴상(色空故 無惱壞相).
수공고 무수상(受空故 無受相).
상공고 무지상(想空故 無知相).
행공고 무작상(行空故 無作相).
식공고 무각상(識空故 無覺相).
사리불이여,
물질의 쌓임은 공성이므로 부서짐을 괴로워할 모양이 없는 것이다.
감수의 쌓임은 공성이므로 느낌이라는 모양이 없는 것이다.

상상의 쌓임은 공성이므로 앎이라는 모양이 없는 것이다.
의지의 쌓임은 공성이므로 지음이라는 모양이 없는 것이다.
심식의 쌓임은 공성이므로 깨달음도 모양이 없는 것이다.

〖해설〗 구마라집의 번역본에만 있는 글

위 글은 현장의 번역본과 공역본에는 없고 구마라집의 번역본에만 있는 글이다. 오온은 인연으로 쌓인 법이어서 그 성품이 공하므로 일정한 모양이 없음을 강조한 것이다.

물질의 쌓임은 공성이므로 그것이 변하거나 부서질 때 우리가 괴로워할 만한 일정한 모양이 없는 것이다. 이것은 객관세계의 공성을 통틀어 말한 것이다.

감수는 경계를 접촉하여 느끼는 것인데 그 쌓임은 공성이므로 느낌이라는 모양이 없는 것이다.

상상은 아는 정보들을 모아 마음에 영상을 짓는 것인데 그 쌓임은 공성이므로 앎이라는 모양이 없는 것이다.

의지는 어떤 행위를 하려고 마음을 일으키는 것인데 그 쌓임은 공성이므로 마음을 지음이라는 모양이 없는 것이다.

심식(心, 意, 識)이란 육식(識 : 여섯 가지 식)과 제7말나식(意)과 제8아뢰야식(心王)을 말한다. 이 심식의 쌓임은 공성이므로 심식을 지혜로 전환하여 얻는 깨달음도 모양이 없는 것이다. 망념의 심식을 청정한 지혜로 전환하여 보리(覺)를 얻는다고 말하지만 그 보리도 공성이므로 일정한 모양이 없다는 것이다. 보리란 심식을 지혜로 전환한 것이지, 보리 자체가 따로 존재하는 것이 아니기 때문이다. 위의 네 가지는 주관인 마음의 공성을 말한 것이다.

1. 교화를 받는 사람

〖라집〗 하이고, 사리불(何以故, 舍利弗),
〖현장〗 사리자(舍利子),
〖공역〗 사리불(舍利弗),

〖해설〗 **번역의 다름**
구마라집은 앞에서 오온의 공성에 대하여 설명하고, 지금은 그 이유를 밝히려고 하기 때문에 '왜냐하면(何以故)'이라는 말을 붙였다.

〖원측〗 **사리자와 사리불**
사리자는 범음으로 사리불다라(Sariputra : 舍利弗多羅)이다. 이를 번역하면, '사리'는 구욕새(鸜鵒鳥)를 이름하고, '불다라'는 아들(子)을 뜻한다. 어머니의 눈이 푸르고 깨끗함이 마치 구욕새의 눈과 같았으므로 어머니의 이름을 세워 '구욕'이라고 부른 것이다. 『명도경(明度經)』에서 취로자(鷲鷺子) 또는 우바제사(Upatisya : 優婆提舍)라고 부르는 것은 아버지를 따라 이름한 것이다. 구역(舊譯)에서 신자(身子)라고 번역한 것은 잘못이다.

〖해설〗
'사리자(舍利子)'는 범어와 한문의 복합어로 '사리의 아들'이라는 뜻이다. 사리불은 범어로 '사리의 아들'이라는 뜻이다. 범어 사리(sari)는 사리새(구욕조)를 뜻하고, 사리라(sarira)는 몸(身)을 뜻한다. 그런데 구역의 경우에는 신자(身子)로 번역한 것이 있으니, 이는 '사리'를 '사리라'로 잘못 안 것이다.

〖원측〗 사리불에게 말씀하신 까닭

반야는 보살의 법인데, 왜 부처님께서는 보살에게 말씀하시지 않고 사리불에게 말씀하시는가.『대지도론』에 의하면, 사리불은 일만 가지 삼매를 얻어 모든 부처님의 제자 중에 지혜가 제일이기 때문에, 부처님께서 "부처님을 제외한 일체 중생의 지혜를 이 사리불의 지혜와 학식에 비교한다면 십육 분의 일에도 미치지 못할 것이다."라고 하셨다. 그리고 사리불은 나이 여덟이 되면서 모든 논의 글에서 세운 바 이치를 통달하여 당시의 논사들이 일찍이 없었던 일이라고 탄복하였으며, 어리석은 사람이나 지혜로운 사람이나 어른이나 아이나 모두 굴복하였다고 한다. 그러므로 이곳에서 사리불에게 말씀하시는 것이며, 또한 소승을 이끌어 대승에 나아가도록 하기 위해서이다.

〖해설〗 지혜로운 사람, 어리석은 사람

불교는 근기에 따라 차원이 다른 다양한 법을 설하여 그 분량이 방대하다. 이러한 때문에 그 뜻을 한 눈에 파악하기가 어려운 것이 사실이다. 여기서 근기(根機)란 불법을 이해하는 능력을 말하며, 연기의 법을 이해하는 것이 근본이다.

불교는 연기의 법에 우둔한 사람에게 인천교(人天敎)를 설하여 선악의 업을 근본으로 좋은 곳에 태어나도록 인도한다. 연기의 법을 이해하되 모든 법에 실체가 있다고 집착하면 이는 어리석은 사람이다. 모든 법은 연기즉공이라고 이해하여 발심하고 깊은 반야를 실천하면 이를 지혜로운 사람이라고 부른다.

『반야심경』은 지혜로운 사람이 아니면 이해하거나 수행하기가 쉽지 않다. 경에서 대승보살이 아닌 소승의 성문인 사리불에게 깊은 반야의 교법을 말씀하신 것은 그의 지혜가 중생들 가운데 가장 뛰어나기 때문이며, 소승도 대승으로 나아가야 함을 말씀하시기 위해서이다. 지금 누가 사리불과 대등한 부처님의 제자이겠는가.

[해설] **염불수행을 권하는 뜻**

『무량수경종요』에서 "대승과 소승을 널리 포용하고, 범부와 성인을 아울러 인도하여, 더불어 수승한 곳에 태어나, 다 함께 대승의 도에 나아가게 하려는 때문이다."라고 하셨다. 이는 여러 정토경에서 정토를 보이고 염불수행을 권하는 뜻을 말씀하신 것이다. 부처님과 조사의 뜻이 이러하니 깊은 반야를 실천할 수 없으면서 정토를 버리고 염불수행을 하지 않는 사람은 매우 어리석은 사람이다.

2. 색법과 심법의 공성

물질의 쌓임은 공성과 다르지 않으며, 공성은 물질의 쌓임과 다르지 않으니, 물질의 쌓임은 곧 공성이요, 공성은 곧 물질의 쌓임이다. 감수의 쌓임, 상상의 쌓임, 의지의 쌓임, 심식의 쌓임도 또한 다시 이와 같다.

1) 색법의 공성

〖라집〗
비색이공, 비공이색(非色異空, 非空異色),
색즉시공, 공즉시색(色卽是空, 空卽是色).
물질의 쌓임은 공성과 다르지 않으며,
공성은 물질의 쌓임과 다르지 않으니,
물질의 쌓임은 곧 공성이요,
공성은 곧 물질의 쌓임이다.

〖해설〗 **번역의 다름**

구마라집은 '비색이공, 비공이색(非色異空, 非空異色)'이라고 번역하였다. 공역본과 비교하면 뜻은 같지만 글이 다르다. 이는 번역의 오류나 특별한 의미가 있는 것이 아니라 번역자가 원문을 이해하는 차이점으로 보는 것이 좋겠다.

〖현장〗〖공역〗

색불이공, 공불이색(色不異空, 空不異色),

색즉시공, 공즉시색(色卽是空, 空卽是色).

물질의 쌓임은 공성과 다르지 않으며,

공성은 물질의 쌓임과 다르지 않으니,

물질의 쌓임은 곧 공성이요,

공성은 곧 물질의 쌓임이다.

〖원측〗 **중생공과 법공**

이 경문은 색법에 의해서 네 구절로 공성을 밝힌 것이다. 공에는 두 가지가 있으니, 하나는 중생공(衆生空)이요, 둘은 법공(法空)이다. 중생공에는 네 가지가 있다. 첫째, 집착할 바의 자아가 없음을 설하여 공이라고 한다. 둘째, 중생공에 의해 나타나는 진여는 공성에 의해 설해지는 것이므로 공이라고 한다. 셋째, 고제에 포섭되는 유루(有漏)의 별공(別空)이니, 유루의 오온을 체로 삼기 때문이다. 넷째, 모든 법에 포섭되는 통공(通空)은 자아가 아니며, 그것으로 모든 법의 체성(體性)을 삼기 때문이다. 법공의 네 가지에 대해서는 경문에 없지만 이 치로 미루어 보면 네 구절이 성립될 것이다.

〖해설〗 **무아란 무엇인가**

모든 법의 공성을 설명하는 데는 법공과 중생공이 있다. 중생공은 아공(我空 : 모든 생명의 아공), 인공(人空 : 사람에 한정함), 무아(無我)와 같은 뜻으로 쓰이며, 여기에는 네 가지 뜻이 있다.

첫째, 중생의 몸은 환(幻)과 같아서 집착할 바의 자아가 실재하지 않으므로 무아이다. 둘째, 중생의 성품인 진여는 공성이니 무아이다. 셋째, 중생은 번뇌의 쌓임인 오온의 연으로 화합한 오취온을 몸체로 삼아 변화하므로 무아이다. 넷째, 연기하는 모든 법은 그 성품이 공성이므로 무아이다.

우리는 흔히 '무아다' 또는 '나라는 것은 없다'라고 하지만 그 뜻을 잘 이해해야 한다. 현실에서 탐내고, 성내고, 어리석음을 범하는 인식의 주체가 작용하는데 왜 무아라고 하는가. 위에서 설명하였지만 두 가지 성질로 요약할 수 있다. 하나는 중생이 환과 같고 오취온이 변화하여 중생의 몸 자체가 공하므로 무아라는 것이다. 둘은 중생과 모든 법의 성품은 공성이므로 무아라는 것이다. 지금 경에서는 아공에 대해서만 말씀하시고 법공은 말씀하지 않으셨다. 그러나 아공의 도리를 설한 네 구절에 따라 이해하면 알 수 있을 것이다.

[원측] 변계소집성, 의타기성, 원성실성

여러 경에서 일체의 법에 자아가 없음을 설하는 것은 위에서 설명한 중생공의 네 가지 뜻이 있지만, 유식삼성의 도리로 포섭한다면 세 가지가 된다. 첫 번째는 변계소집성(遍計所執性)이 공하다는 것이요, 두 번째는 의타기성(依他起性)이 공하다는 것이요, 세 번째는 원성실성(圓成實性)이 공하다는 것이니, 그 차례대로 세 가지 성품을 체로 삼는다. 법공이 세 가지에 대해서는 위에 준하면 알 것이다.

[해설] 새끼줄을 뱀으로 오인하는 경우

'물질의 쌓임은 곧 공성이다(色卽是空).'라고 하는 것은 앞에서 설명한 것처럼 중생공(아공)의 네 가지 뜻으로 이해할 수 있지만 또 유식에서 말하는 삼성의 도리로도 설명할 수 있다. 곧 변계소집성, 의타기성, 원성실성을 말하는 것이다.

변계소집성(遍計所執性)은 두루 헤아려(遍計) 집착하는 바(所執)의 성품(性)이라는 뜻이다. 모든 법은 환(幻)과 같아서 본래 없는 것인데 이치에 맞지 않은 생각(妄情)으로 인하여 이리 저리 두루 헤아려 실재하는 법으로 착각하고 이름을 지어 분별하며 집착하는 것을 '변계소집'이라고 한다. 색법(오근과 오경 등)은 이와 같이 변계소집의 성품이므로 공하다는 것이다.

의타기성(依他起性)은 다른 것들에 의지하여(依他) 일어나는(起) 것의 성품이라는 뜻이다. 모든 법은 변계소집으로 분별하고 집착하는 것이지만 그 법도 여러 조건들에 의지해 일어나는 것이므로 '의타기'라고 한다. 색법은 이와 같이 의타기의 성품이므로 공하다는 것이다.

원성실성(圓成實性)은 원만하게(圓) 가득함을 이룬(成實) 성품(性)이라는 뜻이다. 모든 법은 변계소집성과 의타기성에 의해 공성으로 가득하다는 것을 '원성실'이라고 한다. 색법은 이와 같이 원성실의 성품이므로 공성이라는 것이다.

위의 삼성은 새끼줄을 뱀으로 오인하는 경우를 들어 비유한다. 새끼줄을 뱀으로 오인하는 것을 변계소집이라 하고, 그 성품을 변계소집성이라 하니, 이는 실재하지 않는다는 것이다.

뱀으로 오인한 새끼줄은 여러 갈래의 짚을 연하여 이루어진 것이므로 의타기라 하고, 그 성품을 의타기성이라 하니, 이는 실재하지 않는 다는 것이다.

이와 같이 뱀으로 오인하든지(변계소집) 새끼줄이든지(의타기) 모든 물질의 쌓임인 색법은 공성이므로 실재하지 않는다는 뜻으로 원성실성이라 한다.

[원측] 색불이공, 공불이색. 색즉시공, 공즉시색

'물질의 쌓임은 공성과 다르지 않다(色不異空).'는 것은 속됨이 참됨과 다르지 않음을 나타낸 것이다. '공성은 물질의 쌓임과 다르지 않다(空不異色).'는 것은 참됨이 속됨과 다르지 않음을 나타낸 것이다.

뒤에 두 구절은 외부의 의문을 버리도록 한 것이다. 외부 사람들이 의문을 일으켜서 "서로 의지하기 때문에(相互依故) 다르지 않다고 하는가? 서로 따르기 때문에(相卽故) 다르지 않다고 하는가?"라고 묻는다. 그러므로 이 교설을 설하여, "물질의 쌓임은 곧 공성이요(色卽是空), 공성은 곧 물질의 쌓임이다(空卽是色)."라고 답하는 것이다. 이는 서로 의지하기 때문에 다르지 않다고 하는 것이 아니며, 서로 따르기 때문에 다르지 않다고 하는 것이 아니다.

[해설]

물질의 쌓임에 집착하는 것을 속됨이라 하고, 물질의 쌓임은 공성이라고 아는 것을 참됨이라 한다. 그런데 이 물질의 쌓임과 공성은 현상과 성품으로 뜻이 다르지만(不一) 이 둘은 분리할 수 없는 것이니 다르지 않다(不二)고 말씀하신 것이다. 그러나 외부 사람들은 '물질의 쌓임은 공성과 다르지 않으며, 공성은 물질의 쌓임과 다르지 않다.'고 말하는 것을 듣고, '물질과 공성은 둘이지만 의지하거나 따르기 때문에 다르지 않다는 것인가?'라고 의문을 일으킨다.

 물질의 쌓임이란 지수화풍의 쌓임을 말하는 것이고, 공성이란 그 물질의 쌓임의 성품을 말하는 것이다. 따라서 물질의 쌓임과 그 공성은 두 뜻이 다르지만 둘로 분리할 수 없는 관계이다. 물질의 쌓임과 그 공성이 둘이라야 서로 의지한다거나, 서로 따른다고 말할 수 있겠지만 물질의 쌓임과 그 공성은 둘이 아니다. 둘이 아니지만 하나도 아닌 관계이다.

〖해설〗 **비유비무의 중도관**

 물질의 쌓임은 그 성품이 공성이다. 그러므로 '공성은 곧 물질의 쌓임이다.'라고 말씀하신 것이다. 공성에 의해 물질의 쌓임이 이루어진다. 그러므로 '물질의 쌓임은 곧 공성이다.'라고 말씀하신 것이다.

 여기서 물질의 쌓임과 그 공성은 같은 것이라고 하면 하나에 집착하는 것이고, 다른 것이라고 하면 둘에 집착하는 것이다. 같은 것도 아니고 다른 것도 아니라고 둘 다 부정하면 어리석음이다. 모든 법에 있어서도 이와 같다.

 모든 법은 공성이라서 실재하는 것이 아니지만 실제의 현상으로 나타나므로 없는 것도 아니다. 그러므로 모든 법은 비유비무(非有非無)라고 중도로 관해야 한다. 중도관이란 모든 법을 관할 때 유와 무에 치우치지 않고, 중간에도 머물지 않으며, 둘 다 부정하는 어리석음에도 떨어지지 않는 비유비무로 관하는 것을 말한다.

2) 심법의 공성

〖삼가 동일〗
수상행식 역부여시(受想行識, 亦復如是).
감수의 쌓임, 상상의 쌓임, 의지의 쌓임,
심식의 쌓임도 또한 다시 이와 같다.

〖원측〗
이 경문은 심법인 사온도 모두 네 구절이 있음을 밝힌 것이다. 심법에도 네 구절이 서로 따름에 대해서는 색법의 공성에 의하면 이해할 수 있을 것이다.

이 경을 해석하는 데는 두 가지 번역본이 있다. 하나는 위에 소개한 바와 같이 경문에 '수상행식 역부여시(受想行識 亦復如是)'라고 되어 있고, 다른 하나는 경문에 '수상행식 등 역부여시(受想行識 等 亦復如是)'라고 되어 있다.

여기서 말하는 '등'은 아래 경문에 여섯 가지 선교방편이 있다는 것이며, 오온의 법문, 십이처의 법문, 십팔계의 법문, 십이연기(연생)의 법문, 사제의 법문, 지혜와 열반의 법문을 말하는 것이다. 또 지금 '감수의 쌓임, 상상의 쌓임, 의지의 쌓임, 심식의 쌓임 등'이라고 한 것은 나머지 다섯 가지 법문에도 모두 네 구절이 있다는 뜻으로 '등'이라고 말한 것이다.

〖해설〗 **심식의 공성**

　현장의 번역본 외에 다른 번역본은 '등'이라는 글자가 추가되었음을 설명하였다. '등'을 추가한 것은 오온뿐 아니라 아래에서 설명하는 여섯 가지 법문도 모두 공성의 법문임을 말한 것이다. 다른 번역본이란 누구의 것인지 알 수 없다. 구마라집의 번역본이라면 이 밖에 다른 것도 모두 지적해야 하는데 그렇지 않다.

　심법의 공성은 색법의 공성에서 해설한 것에 의하면 이해할 수 있을 것이다. 이 중에 심식의 공성만 해설한다.

　"심식의 쌓임은 공성과 다르지 않으며,

　공성은 심식의 쌓임과 다르지 않으니,

　심식의 쌓임은 곧 공성이요,

　공성은 곧 심식의 쌓임이다."

　심식의 쌓임이란 눈의 인식, 귀의 인식, 코의 인식, 혀의 인식, 몸의 인식, 의식의 쌓임이다. 소승은 이 6식을 몸체로 삼고, 대승은 6식과 더불어 제7말나식, 제8아뢰야식을 몸체로 삼는다. 모든 식은 공성이니 그 쌓임도 또한 공성이다. 모든 법은 비유비무이다. 그러므로 심식의 쌓임이 공성이지만 분별하고 인식하는 작용을 거듭해 나아간다.

　심식은 공성인데 어떻게 분별하고 인식하는가. 심식이란 '본래 신령하게 아는 능력'으로 말미암아 육근이 육경을 연하면서 일어나는 것이다.

제3절 공성의 모습

사리불이여, 이 모든 법의 공성의 모습은 생겨나지도 않고, 소멸하지도 않으며, 더럽지도 않고, 깨끗하지도 않으며, 늘어나지도 않고, 줄어들지도 않는다.

그러므로 공성 가운데는 물질이라 할 것이 없고, 감수, 상상, 의지, 심식이라 할 것이 없다. 눈, 귀, 코, 혀, 몸, 마음이라 할 것이 없고, 물질, 소리, 냄새, 맛, 촉감, 법이라 할 것이 없다. 눈의 경계라 할 것이 없고, 내지 심식의 경계라 할 것이 없다. 무명이라 할 것이 없으니, 또한 무명이 다할 것도 없고, 내지 늙고 죽음이라 할 것이 없으니, 또한 늙고 죽음이 다할 것도 없다. 괴로움, 괴로움의 원인, 열반, 열반의 도라 할 것이 없다. 지혜라 할 것이 없으니, 또한 얻을 것도 없다.

【원측】
이 경문은 여섯 가지 뜻에 의해 공성의 모습을 나타낸 것이다. 그 중에 둘이 있다. 처음은 여섯 가지 뜻에 의해 공성의 모습을 나타내고, 다음은 공성의 모습에 의해 여섯 가지 법문을 공성의 법문으로 보내는 것이다. 여섯 가지 공성의 모습을 나타낸 중에 사리불에게 가르침을 말씀하신 것은 위에서 이미 해설한 것(사리불에게 말씀하신 까닭)과 같다.

1. 모든 법의 공성의 모습

〚라집〛

사리불(舍利弗), 시제법공상(是諸法空相), 불생불멸(不生不滅), 불구부정(不垢不淨), 부증불감(不增不減). 시공법, 비과거 비미래 비현재(是空法, 非過去 非未來 非現在).

〚해설〛 **번역의 다름**

모든 법의 공성의 모습은 본래 공적하여 공간적으로 어떤 모양도 실체도 없다. 또한 시간적으로도 과거, 현재, 미래의 흐름을 따라 변화할 것도 없는 것이다. 구마라집은 이와 같은 뜻을 분명하게 나타내기 위해 아래의 경문을 추가로 번역하였다.

"이 공성이라는 법은 과거도 아니고, 미래도 아니고, 현재도 아니다."

〚현장〛〚공역〛

사리불(舍利弗)(현장은 사리자), 시제법공상(是諸法空相), 불생불멸(不生不滅), 불구부정(不垢不淨), 부증불감(不增不減).

사리불이여, 이 모든 법의 공성의 모습은 생겨나지도 않고, 소멸하지도 않으며, 더럽지도 않고, 깨끗하지도 않으며, 늘어나지도 않고, 줄어들지도 않는다.

〚원측〛

여섯 가지 공성의 모습이란 '생겨나지도 않고, 소멸하지도 않으며,

더럽지도 않고, 깨끗하지도 않으며, 늘어나지도 않고, 줄어들지도 않는다.'라고 하신 것이다. 청변(清辯 : 490~570년경, 삼론종의 조사, 인도)은 여섯 가지 공성의 모습을 다음과 같이 풀이하였다.

"본래 없다가 지금 있게 된 것을 '생겨난다'고 한다.
잠시 있다가 허무로 돌아가는 것을 '소멸한다'고 한다.
성품이 물들어 깨끗하지 않은 것을 '더럽다'고 한다.
물든 것을 여의어 더럽지 않은 것을 '깨끗하다'고 한다.
법에 작용이 있다고 집착하는 것을 '늘어난다'고 한다.
법이 부서진다고 잘못 헤아리는 것을 '줄어든다'고 한다."

[해설] **모든 법의 공성의 모습**

공성의 모습이란 '성품이 공한 모습'이라는 뜻이다. 모든 법은 그 성품이 본래 공적하기 때문에 여섯 가지 모습을 갖추고 있다.

오온은 인연으로 생멸하는 유위법이지만 그 공성은 무위법이다. 깊은 반야는 바로 이 모든 법의 공성의 모습을 관하는 것이다. 공성은 모든 법의 성품을 뜻하는 것이므로 현상과 따로 있는 법이 아니다. 현상에 내재하여 실재하는 법도 아니며, 현상과 본성이라는 상대적 개념을 초월하여 형이상학적으로 존재하는 법도 아니다.

공성은 언어로 표현하거나 생각으로 헤아릴 수 있는 경계가 아니다. 따라서 '공성의 모습'이라 하고, 또 '공성의 모습은 공적하다(空寂).'고 밀하는 것도 논리적으로 맞지 않지만 그 공성이라는 법을 어떻게 표현할 방법이 없어서 임시로 쓴 것일 뿐이다.

2. 여섯 가지 공성의 법문

그러므로 공성 가운데는 물질이라 할 것이 없고, 감수, 상상, 의지, 심식이라 할 것이 없다. 눈, 귀, 코, 혀, 몸, 마음이라 할 것이 없고, 물질, 소리, 냄새, 맛, 촉감, 법이라 할 것이 없다. 눈의 경계라 할 것이 없고, 내지 심식의 경계라 할 것이 없다. 무명이라 할 것이 없으니, 또한 무명이 다할 것도 없고, 내지 늙고 죽음이라 할 것이 없으니, 또한 늙고 죽음이 다할 것도 없다. 괴로움, 괴로움의 원인, 열반, 열반의 도라 할 것이 없다. 지혜라 할 것이 없으니, 또한 얻을 것도 없다.

〖원측〗 **이승을 위한 법문, 보살을 위한 법문**
 이 경문은 앞의 공성의 모습에 의해서 여섯 가지 법문을 모두 공성의 법문으로 보내는 것이다. 여섯 가지 법문은 삼승에 공통된 경계와 별도의 경계를 총체적으로 나타낸 것이다.
 앞의 셋은 모든 법성(法性 : 법의 성품)을 나타내기 때문에 삼승에 공통된 경계라고 부른다. 뒤의 셋은 앞의 법성에 의해 근기에 따라서 별도로 십이연기 등의 법문을 설하였기 때문에 별도의 경계라고 부른다.
 그러므로 『법화경』에서 "성문인을 위해서 사제의 법을 설하시고, 연각인을 위해서 연기(또는 緣生)의 법을 설하시고, 모든 보살을 위해서 육바라밀의 법을 설하신다."라고 말씀하신 것이다.

〚해설〛 **대기설법**

아래의 '여섯 가지 법문'은 오온, 십이처, 십팔계, 십이연기, 사제, 지혜와 열반의 법문'이다. 이 중에 오온, 십이처, 십팔계는 성문승과 연각승과 보살승에게 모두 해당하니 삼승에 공통된 경계이다. 승(乘)이란 교법과 그 교법에 의해 수행하는 사람을 뜻한다. 십이연기는 연각승의 경계, 사제는 성문승의 경계, 지혜와 열반은 보살승의 경계이니, 이들은 별도의 경계이다. 십이연기와 사제는 소승에 보인 별도의 경계이지만 모든 법은 공성임을 전제로 방편으로 말씀하신 것이다.

예를 들면, 소승교의 십이연기나 사제의 법문에서 윤회의 주체를 가정하여 설하기 때문에 법에 실체가 있는 것으로 생각할 수 있다. 그러나 그것은 근기에 따라 받아들이고 그 법에 따라 이익을 얻도록 보이신 방편의 교법이다. 그러므로 모든 법의 성품은 본래 공한 줄을 알아야 한다. 지금 여섯 가지 법문을 설하신 것은 모두가 그 체성(體性)이 공함을 밝혀 공성의 법문으로 보내려는 것이다.

부처님의 교법은 중생의 근기에 잘 맞추어 설하신 법문이라는 뜻으로 대기설법(對機說法)이라고 한다. 또, 시대상과 그 당시 근기에 서로 맞아 어울리도록 말씀하셨다는 뜻으로 시기상응(時機相應)의 교법이라고 한다. 또한, 중생들이 의혹하고 집착하는 병에 따라 처방전으로 말씀하셨다는 뜻으로 응병여약(應病與藥)의 교법이라고 한다.

예를 들면, 소승교는 아공법유의 교법이니 윤회의 주체가 성립되지만 대승교는 아공법공의 교법이니 윤회의 주체가 성립되지 않는다. 이것은 근기에 따라 차원이 다른 교법을 설한 것이므로 두 교법을 비교하여 서로 모순이라고 말하면 대기설법의 뜻을 잘 알지 못하는 것이다. 소승교는 대승교에 들어갈 수 있지만 대승교는 소승교에 들어갈 수 없다. 소승교는 유법(有法)으로 작고 대승교는 공법(空法)으로 크기 때문이다. 대기설법이라 하더라도 연기의 공성을 바탕으로 설하는 것이므로 체계적이고 통일적인 세계관에 어긋나지 않는다.

[해설] **방편이란 어떤 뜻인가**

방편(方便)은 범어 'upaya(우파야)'의 번역어이며, 우파야는 '접근하다' 또는 '도달하다'라는 뜻이다. 방편에서 방(方)은 '방법 또는 수단'을 뜻하고, 편(便)은 '편안함' 또는 '좋은 상태'를 의미한다.

이러한 뜻으로 보면, 방편은 '편안함으로 인도하는 방법'이며, 궁극적으로 '부처님의 진실한 뜻 또는 부처님의 지혜에 도달하도록 인도하는 교법'을 말하는 것이다. 방편은 여러 종류가 있는데 그 뜻을 요약하면 다음과 같다.

첫째, 범부와 이승을 진실의 법으로 인도하기 위해 근기에 맞추어 법문을 설하여 이익 되게 하는 것으로 인천교, 소승교의 교법이다. 둘째, 반야의 지혜를 깨닫도록 인도하는 갖가지 관법이니, 사념처관 및 염불수행에서 지관의 수행법 등을 말한다. 셋째, 부처님이 성소작지의 대비력으로 갖가지 변화의 일을 보이시는 것이다. 넷째, 부처님의 지혜를 증득하도록 인도하는 모든 수행법을 말한다.

방편은 진실에 상대하여 말하는 것이지만 허망한 법이 아니라 진실로 인도하는 방법이다. 그러므로 방편을 믿고 행하면 반드시 이익을 얻고 부처님의 지혜에 가까워진다. 이와 같은 방편의 뜻을 잘 알아서 삿된 법이나 외도의 법과 구별하여 바른 법을 따라야 한다.

부처님이 직접 말씀하신 법문 외에 제자의 설법, 천인의 설법, 신선의 설법, 화신의 설법 등은 모두 부처님의 지혜로 베푸신 방편의 교법이다. 부처님이 보살에게 수기(授記)를 하시는 것도 그들로 하여금 보리심을 일으키게 하는 방편이다. 또한, 부처님의 전생과 탄생 설화 및 부처님의 공덕을 문학적 표현으로 찬탄한 경전들도 모두 신심을 일으키기 위한 방편의 교법에 속한다. 이렇게 보면 대개가 방편의 교법이니, 그것은 진실의 법을 제외하고는 모두가 진실로 인도하는 방편이라고 말하는 까닭이다. 진실의 법, 그것은 모든 법의 공성을 근본으로 말씀하신 부처님의 지혜이다.

〚해설〛 **십념으로 생사를 벗어나는 수승한 방편**
정토교에서 '십념의 염불로 생사를 벗어나는 정토에 태어난다.'라고 말씀하신 것은 수승한 방편의 법이다. 이는 모든 법의 성품은 본래 공성, 본래 무일물(本來 無一物)이라는 공사상에 근거한 수승한 방편이며 진실이다.

정토교는 근기의 상하를 막론하고 일체 중생을 제도하기 위해 논리적 사유보다 종교적 신념으로 생사해탈할 수 있도록 인도한다. 그러므로 성소작지의 대비력을 진실로 믿고 십념의 염불을 행하여 정토에 태어나는 법을 보인 것이다. 이 법이 아니고 어떤 법으로 일체의 법에 실체가 있다고 집착하여 공성을 깨닫지 못하는 중생을 구제할 것인가.

1) 오온의 법문
— 오온의 공성 —

〖삼가 동일〗
시고 공중무색(是故 空中無色), 무수상행식(無受想行識).
그러므로 공성 가운데는 물질이라 할 것이 없고,
감수, 상상, 의지, 심식이라 할 것이 없다.

〖원측〗 **오온의 법문은 공성의 법문**
 이 경문은 첫 번째로 오온의 법문을 공성의 법문으로 보내는 것이다. 모든 법은 여섯 가지 공성의 모습을 갖추고 있다. 따라서 공 가운데는 오온의 법이라 할 것이 없다. 오온의 뜻과 그 다름은 앞에서 이미 설명한 바와 같다.

〖해설〗
 오온은 성문승과 연각승과 보살승에게 모두 적용되므로 삼승에 공통된 경계이다. 즉 오온의 법문은 삼승 모두에게 해당한다는 뜻이다. 오온의 법문은 오온의 존재방식을 나타낸 것이다. 이 경에서 오온을 말씀하신 것은 어떤 뜻인가. 모든 법은 연기즉공(緣起卽空)이므로 오온도 공한 법이다. 또한 모든 법의 성품은 앞에 말한 것처럼 '여섯 가지 공성의 모습'을 갖추고 있기 때문에 공성 가운데는 오온의 법이라 할 것이 없는 것이다. 이와 같이 오온과 오온의 성품이 모두 공하므로 오온의 법문을 공성의 법문으로 보내는 것이다.

오온이란 물질의 쌓임, 감수의 쌓임, 상상의 쌓임, 의지의 쌓임, 심식의 쌓임을 말한다. 오온은 세계와 인간의 존재방식의 근본이다. 오온에 대해서는 '제1장 관하는 지혜'의 '자신에게 이로운 지혜의 작용' 편에 자세하게 설명되어 있다.

2) 십이처의 법문
― 육근과 육경의 존재 ―

〖삼가 동일〗
무안이비설신의(無眼耳鼻舌身意),
무색성향미촉법(無色聲香味觸法).
눈, 귀, 코, 혀, 몸, 마음이라 할 것이 없고,
물질, 소리, 냄새, 맛, 촉감, 법이라 할 것이 없다.

〖원측〗 **십이처의 법문을 말씀하신 뜻**
이 경문은 두 번째로 십이처(十二處)의 법문을 공성의 법문으로 보내는 것이다. 이제 십이처의 뜻을 간략히 설명한다. 세 가지 문으로 설명하니, 첫째는 법문을 말씀하신 뜻을 밝히고, 둘째는 이름을 풀이하고, 셋째는 체성(體性 : 몸체의 성질)을 나타낸 것이다.

십이처를 말씀하신 뜻은 두 가시이다. 중생공(衆生空 : 我空)과 법공에 들어가도록 깨닫게 하려는 것이다. 중생공에 들어간다는 것은 『이십유식론』에서 "육근과 육경의 두 법을 따라서 육식(마음)이 움직임을 분명하게 알아서 보이는 것(육경)과 내지 아는 것(마음)이 없다면, 문득 중생의 무아를 깨달아 들어갈 것이다."라고 설하신 것과 같다. 법공에 들어간다는 것은 곧 이렇게 설한 바로 십이처를 공성의 법문으로 보내고 법공의 이치를 밝게 아는 것이다.

[해설]
 십이처는 육근과 육경의 열 두 곳을 일컫는다. 십이처는 성문과 연각과 보살에게 모두 적용되므로 삼승에 공통된 경계이다. 십이처의 법문은 육근(六根 : 대상을 인식하는 여섯 가지 감각기관)과 육경(六境 : 인식의 대상인 여섯 가지 경계)의 존재를 나타낸 것이다. 이 경에서 십이처를 말씀하신 것은 어떤 뜻인가. 육근과 육경에 의해 육식이 일어나는 것임을 알아 아공과 법공을 깨닫게 하려는 것이다.
 육근은 눈, 귀, 코, 혀, 몸의 감관과 마음이다. 육경은 물질, 소리, 냄새, 맛, 촉감, 법의 경계이다. 앞의 오온의 법문에서 밝힌 것처럼 오온의 성품이 공하므로 오온이 연기한 육근과 육경도 실재하는 법이라 할 것이 없는 것이다.
 마음이란 육근이 육경을 상대하면서 일어난다. 육근과 육경이 공성임을 자각한다면 이 두 법을 따라서 일어나는 육식의 마음 역시 공성임을 알아 무아를 깨달을 것이다. 실재하는 자아가 없다는 무아를 깨달으면 객관도 실재하는 것이 아님을 깨닫게 되고, 십이처도 공함을 알 것이다. 이로써 아공과 법공을 깨닫게 하여 십이처의 법문도 공성의 법문으로 보내는 것이다.

[원측] **십이처의 이름을 풀이함**

이름을 풀이하는 것은 먼저 총체적으로 하고, 뒤에는 개별적으로 하였다. 이름을 총체적으로 밝힌 '십이처'에서 십이(十二)는 수를 든 것이고, 처(處)는 생장의 뜻이다. 육근과 육경은 일체의 마음과 마음에 속한 법을 생장시키기 때문에 처라고 이름하는 것이다. 이름을 개별적으로 밝힌 것은 다음과 같다.

[원측] **육근의 이름**

다시 누차 갖가지 물건을 보고, 본 것을 다시 버리기 때문에 눈(眼)이라 이름한다.

번번이 여기에 소리가 이르면 들을 수 있기 때문에 귀(耳)라고 이름한다.

번번이 이것으로 말미암아 여러 가지 냄새를 맡을 수 있기 때문에 코(鼻)라고 이름한다.

배고픔을 줄일 수 있고, 번번이 말을 내고, 뜻을 나타내고, 부를 수 있기 때문에 혀(舌)라고 이름한다.

오근에 따르는 바로 주변에 쌓아 모으기 때문에 신(身)이라고 이름한다.

어리석은 사람이 긴 밤에 꾸미고 감추고 보호하며, 자기가 있다고 집착하여 나의 것과 나를 헤아린다. 또, 모든 세간에서 이것에 의해 깃가지 이름을 가정하여 세우고 생각한다. 그것을 유정, 사람, 목숨과 함께하는 자, 살아있는 자, 의생(마음이 있는 생명), 어린아이 등으로 일컫기 때문에 마음(意라는 마음)이라고 이름한다.

〚원측〛 **육근의 체**

안근(眼根)은 여러 논에서 설하고 있는 바와 같이 사대로 만들어진 것으로 안식(眼識)이 의지하는 바의 청정한 물질(淨色)을 몸체로 삼는다. 안식을 설하는 것과 같이 내지 신근도 사대로 만들어진 것으로 신식(身識)이 의지하는 바의 청정한 물질을 몸체로 삼는다. 의근(意根)은 팔식(전오식, 제6의식, 제7말나식, 제8아뢰야식)을 모두 써서 체로 삼는다.

〚해설〛 **오근과 의근**

육근은 십이처 중에 안의 육처(內 六處)이다. 육근 중에 오근(五根)은 눈, 귀, 코, 혀, 몸이다. 오근은 물질에 속하지만 단순한 사대의 화합이 아니라 매우 청정한 물질이므로 정색(淨色 : 청정한 물질)이라 한다. 비록 사람의 몸은 물질과 마음의 번뇌로 쌓인 오취온(五取蘊)이지만 그 감관은 매우 청정하다. 범부가 번뇌로 물든 것은 몸이 아니라 마음이기 때문이다. 오근은 눈의 인식, 귀의 인식, 코의 인식, 혀의 인식, 몸의 인식이 의지하는 곳이기 때문에 각각 근(根)이라고 이름 붙인 것이다. 근(根)이란 감관(感官 : 感覺器官)이며, 감각기관과 그 작용을 함께 말하는 것이다. 오근은 눈의 감관, 귀의 감관, 코의 감관, 혀의 감관, 몸의 감관이다.

육근 중에 의(意)는 오근과 달리 마음의 영역에 속한다. 그러므로 의근이라고 말하는 것은 의식의 감관이라는 뜻이 아니라 자아의식인 제7식이 의지하는 곳이라는 뜻으로 알아야 한다. 제7식을 말나식 또는 의(意)라고 이름하는데, 이 말나식인 의식(意識)이 의지하는 곳이기 때문에 의근이라고 이름한 것이다.

〚해설〛 **육근 중에 의는 마음**

육근인 '안이비설신의' 중에 의는 마음의 영역에 속하지만 이해하는 것이 쉽지 않다. 소승에서는 의는 전5식이 통합되는 곳, 제6식이 일어나는 곳으로만 이해되었다. 그러나 대승에서는 여기에 제7식인 자아의식이 의지하는 곳이라는 뜻을 더하여 이해하였다. 자아의식이란 제7식(意)이 제8아뢰야식을 자아로 착각하고 집착하는 것을 말한다. 그러므로 대승의 의는 삼승에 공통된 마음이므로 총체적인 마음을 뜻한다.

이러한 까닭에 위 글에서 '의근(意根)은 팔식(전오식, 제6의식, 제7말나식, 제8아뢰야식)을 모두 써서 체로 삼는다.'고 말한 것이다. 이 중에 성문과 연각은 육식(六識)을 마음으로 삼고, 보살은 여덟 가지의 총체적인 심식(心, 意, 識)을 마음으로 삼는다. 이러한 뜻으로 '의'를 '마음'으로 번역한 것이다.

〚원측〛 **육경의 이름**

번번이 나타내 보이고, 방향과 장소가 있으며, 질적인 걸림이 늘어나기 때문에 물질(色)이라고 이름한다.

번번이 퍼지고, 번번이 사라지며, 늘어남을 따라서 다르게 논하기 때문에 소리(聲)라고 이름한다.

물질적인 것을 떠나 형체를 숨기고, 누차 바람을 따라 움직이기 때문에 냄새(香)라고 이름한다.

혀로 경험해 보고, 누차 질병의 괴로움을 불러오기 때문에 맛(味)이라고 이름한다.

번번이 몸으로 증명하여 체험하는 바가 되기 때문에 촉감(觸)이라고 이름한다.

경계를 두루 맡지만 오직 마음과 기억의 성질이기 때문에 법(法)이라고 이름한다.

〖원측〗**육경의 체**

물질의 경계는 사대로 만들어진 것으로 눈의 근이 행하는 바의 25가지 물질로 자성을 삼는다. 푸름, 노랑, 붉음, 하양, 긴 것과 짧은 것, 모남과 둥글음, 거칠음과 섬세함, 높음과 낮음, 바름과 바르지 않음, 빛과 그림자, 밝음과 어둠, 구름과 연기, 먼지와 안개, 아득한 물질과 드러나는 물질, 허공에 한결같이 나타나는 물질이다.

소리의 경계는 11가지가 있다. 마음에 맞는 소리, 마음에 맞지 않는 소리, 앞의 둘과 다름을 갖춘 소리, 대종(大種 : 지수화풍)의 영향으로 인한 소리, 대종의 영향을 받지 않음으로 인한 소리, 대종을 모두 갖춤으로 인한 소리, 세상이 공동으로 이룬 소리, 자신이 끌어들인 바로 이룬 소리, 두루 헤아려 집착한 바(遍計所執)인 소리, 성인의 말씀에 섭수되는 소리, 성인의 말씀에 섭수되지 않는 소리이다.

냄새의 경계는 6가지가 있다. 좋아하는 냄새, 싫어하는 냄새, 평등한 냄새, 갖가지로 갖춘 냄새, 화합된 냄새, 변질되어 다른 냄새이다.

맛의 경계는 12가지가 있다. 쓴맛, 매운맛, 단맛, 신맛, 짠맛, 담박한 맛, 마음에 맞는 맛, 마음에 맞지 않는 맛, 앞의 둘과 다름을 갖춘 맛, 갖가지로 갖춘 맛, 화합된 맛, 변질되어 다른 맛이다.

촉감의 경계는 26가지가 있다. 흙, 물, 불, 바람, 미끄러움과 뻑뻑함,

가벼움과 무거움, 연함, 느릿함과 급함, 차가움, 배고픔, 목마름, 배부름, 힘참과 약함, 답답함, 가려움, 끈적끈적함, 병듦, 늙음, 죽음, 피곤함, 쉼, 용맹이다.

법의 경계는 100법의 법문(법상교의 5위 100법)에서 82법을 써서 자성을 삼는다(82법이 의근의 대상에 속한다). 심소법 중에 51법이 있다. 물질의 법 중에 1개의 법이 있으니 법처색이다. 불상응법에 24법이 있고, 무위법에 6법이 있다.

〖해설〗
육경은 십이처 중에 바깥의 육처(外 六處)이다. 육경 중에 오경(五境)은 오근의 대상이 되는 물질의 경계, 소리의 경계, 냄새의 경계, 맛의 경계, 촉감의 경계이다. 오경(五境)은 물리학의 관점에서 보면 물질에 속한다.

법의 경계는 의근인 마음의 대상을 말한다. 100법 중에 82법이 여기에 해당하기 때문에 '경계를 두루 맡는다.'고 말한 것이다. 법의 경계는 오근으로 상대할 수 있는 경계가 아니므로 '오직 마음(의근인 마음)과 기억의 성질인 경계이다.'라고 말한 것이다. 마음(意根)의 대상 중에 의식의 영상에 비치는 물질적인 모습(表象)은 색으로 간주하지만 현상으로 나타나지 않기 때문에 무표색 또는 법처색(法處色)이라 한다.

3) 십팔계의 법문
- 육근과 육경과 육식의 공성 -

〖삼가 동일〗
무안계, 내지 무의식계(無眼界, 乃至 無意識界).
눈의 경계라 할 것이 없고, 내지 심식의 경계라 할 것이 없다.

〖원측〗 **십팔계의 법문을 말씀하신 뜻**
이 경문은 세 번째로 십팔계(十八界)의 법문을 공성의 법문으로 보내는 것이다. 부처님께서 십팔계를 말씀하신 뜻은 색심(色心)에 집착하여 자아로 삼는 자와 근기가 낮은 자를 위하여 설하신 것이다.

〖해설〗
십팔계는 육근과 육경과 육식의 경계를 말한다. 십팔계는 성문과 연각과 보살에게 모두 적용되므로 삼승에 공통된 경계이다. 이 경에서 십팔계를 말씀하신 것은 어떤 뜻인가.

첫 번째는 물질과 마음(色心)에 집착하여 자아로 삼는 자를 위하여 설하신 것이다. 색심으로 이루어진 오취온(몸)에 집착하여 자아로 삼거나, 오취온의 몸 중에 심식(識)이 실재한다고 집착하여 자아로 삼는 자를 위하여 말씀하신 것이다. 소승은 눈의 인식, 귀의 인식, 코의 인식, 혀의 인식, 몸의 인식이 통합된 제6식을 자아로 삼는다. 대승은 제7말나식이 제8아뢰야식을 실재하는 법으로 착각하여 자아로 삼는다. 그러나 식이란 육근이 육경을 상대하면서 생기는 것이므로 그 체성이 공하니, 실재의 자아로 삼을 만한 어떤 식도 없는 것이다.

두 번째는 근기가 낮은 자를 위하여 설하신 것이다. 물질과 마음의 모든 법에 실체가 있다고 착각하기 때문이다. 모든 법에 실체가 있다는 교법을 우법(愚法)이라고 부르는데, 근기가 낮은 어리석은 사람들을 위한 가르침이라는 뜻이다.

공성인 십이처의 경계에 의지해 모든 식의 경계가 생겨나는 것이니 모든 식의 경계도 공한 것이다. 눈의 인식, 귀의 인식, 코의 인식, 혀의 인식, 몸의 인식, 제6의식, 제7말나식, 제8아뢰야식의 경계가 모두 공하기 때문에 체로 삼은 어떤 식의 경계도 그 성품이 공한 것이다. 식 자체에 실재하는 법이 없으니 자아도 실재하지 않는다. 이와 같이 육근과 육경과 육식의 경계가 공하므로 십팔계의 법문도 공성의 법문으로 보내는 것이다.

[원측] 이름을 풀이함

이름을 풀이하는 것은 먼저 총체적으로 하고, 뒤에 개별적으로 하였다. 이름을 총체적으로 밝힌 '십팔계'의 십팔(十八)은 수이고, 계(界)는 종족 및 성품별의 뜻이다. 일체의 모든 법은 18가지 종족이나 성품별로 나누어지기 때문이다.

개별적인 이름의 육근과 육경(또는 육진)은 십이처에서 설한 바와 같다. 육식(六識)은 근을 따라서 안식(眼識) 내지 의식(意識)이라 이름한 것이다. 이것은 곧 눈의 인식이기 때문에 안식이라 하고, 내지 의(意)의 식이기 때문에 의식(意識)이라고 이름하는 것이다.

〖해설〗 **십팔계**

 '십팔계'의 십팔(十八)은 육근과 육경과 육식의 경계인 18계를 말한다. 계(界)는 일정한 영역, 동일한 성품끼리 별도로 나타내는 말이다. 계는 이 경에서 "눈의 경계라 할 것이 없고, 내지 심식의 경계라 할 것이 없다."라고 하신 것은 십팔계를 모두 말씀하신 것이다.

 육근의 경계는 눈의 경계(眼界)만 나타내고 그 이하는 생략하였다. '내지'는 물질의 경계(色境) 등 육경과 안식의 경계(眼識界) 등 전5식의 경계를 포함하여 나타내는 말이다. 경에서 말씀하신 '의식계(意識界)'는 앞에서 말한 것처럼 모든 식의 총체를 일컫는다. 따라서 '의식계'는 '심식의 경계'이다. 십팔계를 모두 들어보면 다음과 같다.

 육근의 경계는 눈의 경계, 귀의 경계, 코의 경계, 혀의 경계, 몸의 경계, 마음의 경계이다.

 육경의 경계는 물질의 경계, 소리의 경계, 냄새의 경계, 맛의 경계, 촉감의 경계, 법의 경계이다.

 육식의 경계는 눈이 인식하는 경계, 귀가 인식하는 경계, 코가 인식하는 경계, 혀가 인식하는 경계, 몸이 인식하는 경계, 심식의 경계이다.

〖원측〗 **십팔계의 체**

 체성을 밝히는 데서 십이처는 앞의 '십이처의 법문'에서 설명한 것과 같다. 안식의 경계 등의 육식의 경계는 100법의 법문에서 그 자기 이름과 같이 안식 등의 육식을 경계의 체(자성)로 삼는다.

[해설]

 소승교는 유위법(유위법 : 인연으로 생멸하는 법)과 무위법(無爲法 : 생멸하지 않는 법)의 모든 법을 5위 75법으로 분류하였다. 색법을 우선하여 분석하였으며, 심법에 전오식과 의식의 육식만을 두었다.

 대승의 법상교는 모든 법을 5위 100법으로 분류하였다. 심법을 우선하여 분석하였으며, 심법에 전5식과 제6의식, 제7말나식, 제8아뢰야식을 두었다.

 십팔계에서 안식의 경계 등의 육식의 경계는 다섯 가지 감관의 인식과 심식을 경계의 체로 삼는다. 육식의 경계는 삼승에 공통된 경계이다. 소승은 육식을 경계의 체로 삼고, 대승은 육식에 제7말나식(意)과 제8아뢰야식(心王)을 포함한 총체적인 심식(心, 意, 識)을 경계의 체로 삼는다. 이러한 뜻으로 '의식계'를 '심식의 경계'라고 번역하였다.

4) 십이연기의 법문
- 괴로움의 유전과 환멸 -

〚삼가 동일〛
무무명 역무무명진(無無明, 亦無無明盡),
내지 무노사 역무노사진(乃至 無老死, 亦無老死盡).
무명이라 할 것이 없으니, 또한 무명이 다할 것도 없고,
내지 늙고 죽음이라 할 것이 없으니,
또한 늙고 죽음이 다할 것도 없다.

〚원측〛 **유전과 환멸**
 이 경문은 네 번째로 연기(緣起 : 緣生)의 법문을 공성의 법문으로 보내는 것이다. 연기에는 두 가지가 있다. 첫째는 유전(流轉)이요, 둘째는 환멸(還滅)이다. 무명으로 말미암아 여러 가지 행을 일으키고 내지 태어남으로 말미암아 늙고 죽는 연(緣 : 원인을 도와 결과를 내는 조건)을 맺게 된다. 이와 같이 오취(지옥, 아귀, 축생, 인간, 천인) 사생(태생, 난생, 습생, 화생)을 따라 흐르지만 보름달이 굴러도 시작을 알 수가 없는 것과 같다. 그러므로 유전이라고 이름한다. 공성 중에는 이러한 유전이 없기 때문에 경에서 "무명이라 할 것이 없으니, 내지 늙고 죽음이라 할 것이 없다."라고 말씀하신 것이다.
 관하는 지혜의 힘으로 말미암아 무명이 소멸하면, 무명이 소멸하기 때문에 모든 행이 또한 소멸한다. 이렇게 하여 내지 태어남이 소멸하기 때문에 늙고 죽음이 또한 소멸한다. 이것은 곧 앞으로 굴려

다시 열반으로 돌아가는 것이다. 그러므로 환멸이라고 이름한다. 공성 중에는 이러한 환멸도 없기 때문에 경에서 "또한 무명이 다할 것도 없고, 또한 늙고 죽음이 다할 것도 없다."라고 말씀하신 것이다.

〖해설〗

연기(緣起)는 불교의 근본교리로 세계와 인간의 존재방식을 설명하는 기초이다. 이 중에 십이연기는 사람이 무명으로 인하여 몸과 말과 뜻으로 업을 지어서 생사윤회를 반복하는 과정을 보인 것이니, 범부의 존재방식인 생사의 인과를 밝힌 것이다. 십이연기에서 무명으로 업을 짓고 순차적으로 상속하여 노사에 이르는 인연관계를 유전문(流轉門 : 고제와 집제)이라 하고, 이를 관하는 것을 순관(順觀)이라 한다. 또 노사부터 역행하는 관계를 환멸문(還滅門 : 멸제와 도제)이라 하고, 이를 관하는 것을 역관(逆觀)이라 한다. 역관은 열두 가지 인연관계를 반대로 관하여 아공진여(我空眞如)를 증득함으로써 삼독과 모든 괴로움이 소멸된 열반에 들어가는 관법이다.

〖원측〗 **십이연기의 법문을 말씀하신 뜻**

왜 이 법문을 말씀하셨는가. 경에서 법문을 일으키는 것은 『법화경』에서 "연각승을 구하는 자를 위해서 연생(연기)을 설하는 것이다."라고 말씀하신 것과 같다. 그러나 지금 여기의 연은 법공을 나타내기 위한 때문에 이 법문을 말씀하신 것이다.

〖해설〗
　부처님은 보리수나무 아래서 칠일칠야의 정진 끝에 일체종지를 성취하셨다. 그 후 삼칠일 동안의 사유를 마치고 전법의 길을 떠나셨다. 맨 처음 바라나시 녹야원에서 교진여 등 다섯 비구들(아야교진여, 아습비, 마하마남, 바제, 바루)에게 법을 설하셨으니, 이를 초전법륜(初轉法輪)이라 한다.
　초전법륜 중에 주로 연각승(緣覺乘 : 연기법에 의해 깨달음을 구하는 사람)을 위하여 말씀하신 것이 십이연기(또는 십이인연) 법문이다. 연각승들은 대개 홀로 수행하기 때문에 대중의 법회에 동참하는 일이 많지 않다. 그러므로 불교의 근본교리이며 생사해탈과 직결된 십이연기를 말씀하신 것이다.
　십이연기 법문은 유전문에서 생사의 인과가 반복되는 윤회의 과정을 열 두 계열의 지분으로 보이고, 환멸문에서 아공을 깨달아 열반을 증득하도록 보이신 것이다. 그러나 지금 이 경에서는 십이연기의 각 지분, 곧 무명 내지 노사의 연은 모두 공성임을 밝히고 십이연기의 법문도 공성의 법문으로 보내는 것이다.
　십이연기는 연각승을 위한 별도의 경계이다. 그러므로 대승의 보살에게도 적용되는 공통된 경계가 아니다. 보살은 이미 생사를 벗어났으므로 생사해탈과 열반에 들어가도록 말씀하신 십이연기의 경계가 해당되지 않기 때문이다.

〖원측〗 **이름을 풀이함**
　이름을 풀이하는 것은 먼저 총체적으로 하고, 뒤에는 개별적으로 하였다. 이름을 총체적으로 밝힌 '십이연기'에서 '십이(十二)'는 그 수를 전체적으로 표시한 것이다. 연기(緣起)는 『연기경』에서 "이러한 모든 지분은 각각 자기의 연과 화합하여 빠짐없이 상속하여 일어나기 때문에 연기라고 이름한다."라고 하신 것과 같다. 이 이름 중에는 수를 들고 종지를 나타낸 것이다. 이름을 개별적으로 풀이하겠다.

① 무명(無明)은 삼세 중에 경계에 어리석어 분명하게 알지 못하는 것이다.
② 행(行)은 복을 짓는 등의 삼업으로 바꾸어가며 짓는 것이다.
③ 식(識)은 안식 등의 팔식으로 경계를 분별하고 인식하는 것이다.
④ 명색(名色)은 모양과 물질 등에 이름을 불러 표하고 물질적 걸림이 있는 것이다.
⑤ 육입(六入)은 눈 등의 육근이며 마음 등을 생장시키는 것이다.
⑥ 촉(觸)은 괴로움 등의 세 가지 촉감으로 앞의 경계를 상대하는 것이다.
⑦ 수(受)는 괴로움 등의 세 가지 느낌을 받아들이는 것이다.
⑧ 애(愛)는 자체 등의 탐욕으로 자신의 경계를 물들이는 것이다.
⑨ 취(取)는 탐욕 등의 사취로 경계를 집착하여 취하는 것이다.
⑩ 유(有)는 행, 식 등의 종자가 태어남 등을 부르는 것이다.
⑪ 생(生)은 식 등의 다섯 법은 본래 없는데 지금 있게 된 것이다.
⑫ 노사(老死)는 저 다섯 법이 쇠약하고 변하고 마모되어 부서지는 것이다.

〖해설〗 무명이란 무엇인가

"무명(無明)은 삼세 중에 경계에 어리석어 분명하게 알지 못하는 것이다."라고 하였다. 이는 '세계와 인간의 존재방식에 대한 무지'를 일컫는다. 『대혜도경종요』에서 "모든 법의 실상은 어떠한가, 모든 법은 있는 바가 없는 것이다. 이와 같은 사실을 모르는 것을 무명이라고 한다."라고 하였다. 위의 두 글을 묶어서 말하면, '제법실상 연기즉공, 일체경계 본래일심'이다. 불교는 이 뜻을 바로 전하기 위하여 얕은 법으로부터 깊은 법에 이르기까지 다양한 교법을 전개한 것이다.

인연의 도리를 모르는 사람들을 위하여 인천교를 말씀하셨다. 오온의 연기를 모르는 사람들을 위하여 소승교를 말씀하셨다. 만법유식의 도리를 모르는 사람들을 위하여 법상교를 말씀하셨다. 모든 법의 공, 무상의 이치를 밝히기 위해 파상교를 말씀하셨다. 일체경계 본래일심의 도리에 의해 일심교를 말씀하셨다.

〖원측〗 십이연기의 체

태어남을 이끄는 것으로 체성을 밝히면 다음과 같다. ①의 무명과 ②의 행은 능인(能引)이라 이름하니, 식 등의 다섯 가지 과보의 종자를 능히 이끌기 때문이다. ③의 식 이하 다섯 가지 종자를 소인(所引)이라 이름하니, 이들은 앞의 두 지분에 의해 이끌려 나타나는 바이기 때문이다. ⑧의 애, ⑨의 취, ⑩의 유, 이 셋은 능생(能生)이라 이름하니, 미래의 생과 노사를 가까이서 내기 때문이다. ⑪의 생, ⑫의 노사는 곧 소생(所生)이니, 이들은 애와 취와 유가 가까이서 생하게 한 것이기 때문이다.

〖해설〗

 십이연기의 과정에서 원인은 과보를 안고 있으며, 과보는 다시 원인이 된다. 소승교의 십이연기는 과거의 원인과 현재의 과보 및 현재의 원인과 미래의 과보를 해설하였으므로 삼세양중인과(三世兩重因果)라 한다. 대승의 유식에서는 십이연기의 생과 노사만을 내생으로 하여 이세일중인과(二世一重因果 : 현재의 원인과 미래의 과보)로 이해한다. 이세일중(二世一重)이 거듭되면 삼세양중이 된다는 것이다. 십이연기를 이와 같이 말씀하신 것은 모든 법은 실체가 있다는 관념을 해소하지 못한 이승을 위한 법문임을 알아야 한다.

〖해설〗 **태생연기와 일심연기**

 십이연기설은 본래 모든 법은 실체가 있다고 집착하는 사람들에게 말씀하신 것이다. 십이연기의 각각 지분은 과거에 최초의 무명을 원인으로 업을 짓고 그 업의 과보가 식(識)에 저장되어 모태에 의지해 태어나 업의 과보를 감득하는 업감연기(業感緣起)의 과정을 12가지 연기계열로 해설한 것이다. 이와 같이 업의 인과가 모태에 의지해 과거와 현재와 미래로 이어가며 연기하는 과정을 설한 것을 태생연기(胎生緣起)라고 부른다. 그러나 일심사상에서의 십이연기는 일심을 미혹한 현재 이 마음의 연기계열로 이해하니, 이를 일심연기(一心緣起)라고 부르겠다. 태생연기와 일심연기를 비교하며 해설하면 아래와 같다. ㉮는 태생연기이고, ㉯는 일심연기이다.

① **무명**

 ㉮ 무명(無明)은 근본번뇌이며, 지혜가 없다는 뜻이다. 무명은 '경계에

어리석어 분명하게 알지 못하는 것'이다. 또 무명은 '모든 법의 실상은 공성임을 모르는 것'이다.

㉯ 「기신론소」에서 "무명이 자신의 일심을 미혹하여 모든 물결을 일으키고 육도에 유전한다. 비록 육도의 물결을 일으키지만 일심의 바다를 벗어나지 않는다."라고 하였다.

중생은 '경계에 어리석어 분명하게 알지 못하는 무명'으로 인하여 '일체경계 본래일심'이라는 일심의 도리를 깨닫지 못한다. 삼계육도에 윤회하며 온갖 괴로움을 받는다고 말하지만 육도와 괴로움은 모두 자신의 일심이 만들어낸 것이다. 이러한 이유로 일심사상에서는 일심의 도리를 모르는 것이 곧 무명이며 지혜를 얻지 못하는 근본이라고 한다.

② **행**

㉮ 행(行)은 무명으로 짓는 신구의 삼업이다. 선과 악과 무기의 삼업을 몸과 입과 뜻으로 번갈아 짓는 것을 말한다. ①과 ②는 과거에 지은 업이다.

㉯ 행은 무명의 업상(業相 : 無明業識)이다. 진심과 망심이 화합한 아뢰야식 가운데 무명에 의해 최초에 한 생각이 움직인 것을 말한다. 일심을 미혹한 상태로 희미한 주관과 객관 사이에서 마음의 작용이 반복되기 때문에 행이라고 이름한 것이다.

③ **식**

㉮ 식(識)은 과거에 지은 무명의 업을 모두 안고 현세의 모태에 들어가는 종자식이다.

㉯ 식은 분별하고 인식하는 마음이다. 무명의 업상으로 인하여

주관의 식(能見相 : 轉識)을 이루는 것을 말한다. 이 때 바깥 경계(境界相 : 現識)가 나타나니 자아와 경계로 이분화된다. 식은 여덟 가지(전5식, 제6의식, 제7말나식, 제8아뢰야식)로 이루어진다.

④ **명색**

㉮ 명색(名色)은 모태에서 종자식으로 인하여 최초에 정신(名 : 모양은 없고 이름만 있음)과 물질(色)의 화합으로 태아가 형성된 것이다.

㉯ 명색은 사물에 이름을 지은 것이다. 식으로 인하여 사물에 그 무엇이라는 이름을 붙인 경계의 모습을 명색이라 한다. 명색이라는 경계상이 성립되니 이를 분별하고 집착한다.

⑤ **육입**

㉮ 육입(六入)은 태아의 명색을 모체로 삼아 형성된 육근이다.

㉯ 육입은 지금 육경을 받아들이는 눈, 귀 등의 여섯 가지 감각기관이다.

⑥ **촉**

㉮ 촉(觸)은 태어난 후에 처음 육근으로 경계를 접촉하여 괴로움, 즐거움, 그 중간 등으로 어렴풋이 느끼는 감각 작용이다.

㉯ 촉은 육근, 육경, 육식이 화합하여 접촉할 때 괴로움, 즐거움, 그 중간 등으로 어렴풋이 느끼는 감각 작용이다.

⑦ **수**

㉮와 ㉯가 동일함. 수(受)는 촉으로 인하여 고수(苦受), 낙수(樂受), 사수(捨受 : 괴로움이나 즐거움으로 느끼시 않음) 등의 느낌을 받아들이는 감수 작용이다. 태생연기에서 ③부터 ⑦까지는 과거에 지은 무명의 삼업으로 인하여 현세에 받는 과보이다.

⑧ 애

㉮와 ㉯가 동일함. 애(愛)는 갈애이다. 갈애는 사제의 집제에 해당하며 괴로움의 원인이다. 갈애는 감수 작용으로 인하여 자신을 애착하고, 자신이 좋아하는 것을 구하기 위해 갈망하는 것이다.

⑨ 취

㉮와 ㉯가 동일함. 취(取)는 취착하는 것이다. 갈애로 인하여 자신이 좋아하는 것을 취하여 가지는 것을 말한다. 자신이 욕구하는 대상을 취착하는 욕취(欲取), 자신의 견해만 취착하는 견취(見取), 특정한 학설만 옳다고 여기며 취착하는 계금취(戒禁取), 아집으로 인해 자신의 말만 바르다고 취착하는 아어취(我語取)가 있다.

⑩ 유

㉮ 유(有)는 ①의 무명으로부터 ⑨의 취까지 업의 종자가 남아 있어서 다음 생에 태어나게 되는 것이다. ⑧부터 ⑩까지는 현세에 짓는 업이며, 미래세에 삼계 가운데 태어나는 원인이 된다.

㉯ 유는 무명으로 인하여 모든 법은 실재한다는 관념이 식(識)에 남아 있는 것이다.

⑪ 생

㉮ 생(生)은 다음 생에 삼계 가운데 어떤 생명으로 태어나는 것이다.

㉯ 모든 법은 실재한다는 관념이 식에 남아 있기 때문에 그 식이 태어난다고 여기는 것이다.

⑫ 노사

㉮ 노사(老死)는 늙고 죽음이다. 다시 태어남으로 인하여 몸이 변하여 늙고 갖가지 괴로움을 겪다가 죽게 되는 것을 말한다. ⑪과 ⑫는

현세에 지은 업을 원인으로 미래에 태어나서 과보를 받는 것이다.
⑭ 모든 법의 성품이 공한 줄을 모르고 실체로서의 생명이 태어난다고 착각하기 때문에 늙고 죽음이 있다고 여기는 것이다.

태생연기와 일심연기는 모두 불교의 근본교리에 어긋나지 않으며 다 함께 관하고 행하는 데에 따라 이익을 얻는다. 실제의 생사윤회를 믿고 좋은 곳에 태어나기 위해 선업을 쌓는 만큼 현세에 복덕의 과보를 얻는다. 일심의 도리를 깨달아 대아의 삶으로 자리이타의 보살행을 실천하면 지혜와 복덕이 증장한다.
 근기에 따라 생사의 인과를 이와 같이 정밀하고 합리적으로 밝힌 것은 모든 종교 중에 오직 불교뿐이다. 그러므로 우리는 불법을 만나게 된 인연에 감사하며 불자로서의 자긍심을 가지고 진실한 믿음으로 능력에 따라 이해하고 실천하면 모두가 이익을 얻을 것이다.

 〖해설〗 **십이연기를 화신관으로 관함**
 십이연기를 일심정토 염불수행의 화신관으로 순관하면 일심연기의 뜻을 깊이 이해할 수 있고 관상염불의 효과를 극대화할 수 있다. 일체경계 본래일심의 도리를 믿고 이해하면 무명이 소멸된다. 화신관으로 신구의 삼업을 행하면 지혜와 복덕이 증장하여 심식을 청정하게 한다. 모든 명색을 화신의 다른 이름으로 믿고 마주하면 촉의 감각과 느끼는 바의 감수도 즐거움으로 바뀌며, 갈애를 소멸하고 취착하지 않게 된다. 업의 종자가 화생하여 정토에 태어나면 늙고 죽음을 불안해하거나 두려워할 것이 없게 된다.

5) 사제의 법문
- 괴로움과 괴로움의 원인, 열반과 열반의 도 -

〖삼가 동일〗
무고집멸도(無苦集滅道).
괴로움, 괴로움의 원인, 열반, 열반의 도라 할 것이 없다.

〖원측〗 **사제의 법문을 말씀하신 뜻**
이 경문은 다섯 번째로 사제 법문을 공성의 법문으로 보내는 것이다. 왜 사제 법문을 말씀하셨는가.『법화경』에서 "성문승을 구하는 자를 위해 사제를 설하는 것이다."라고 하신 것과 같다. 그러나 지금 이 경에서는 법공을 나타내어 사제의 법문을 공성의 법문으로 보내기 위한 것이다.

〖해설〗
사제(四諦)는 네 가지 진리라는 뜻이며, 사성제(四聖諦 : 네 가지 성스런 진리)라고도 한다. 사제는 고제, 집제, 멸제, 도제이며 통상 고집멸도라 하며, 불교의 신행원리이다. 사제의 법문은 초전법륜 중에 주로 성문승(聲聞乘 : 부처님의 말씀을 듣고 깨달음을 구하는 사람)을 위해 말씀하신 것이다. 성문승들은 대중의 법회에 빠짐없이 참석하기 때문에 불교의 신행원리인 사제를 맨 처음 설하여 교법의 기초를 튼튼히 하시려는 부처님의 뜻이 담겨 있다고 하겠다.
사제의 법문은 괴로움과 괴로움의 원인, 열반과 열반의 도를 총체적으로 밝힌 것이다. 범부가 겪는 괴로움과 괴로움의 원인 그리고 열반과 열반에 들어가는 도를 말씀하시고, 아공진여를 증득하여 열반에 들어가도록 하셨다. 그러나 지금 이 경에서는 자아의 공성뿐 아니라 모든 법도 공성임을 밝혀서 사제의 법문도 공성의 법문으로 보내는 것이다.

사제의 법문은 십이연기의 법문과 마찬가지로 모든 법의 공성을 깨닫지 못한 이들이 아공진여를 깨달아 열반에 들어가도록 말씀하신 것이다. 사제는 성문승을 위한 별도의 경계이다. 그러므로 대승의 보살에게도 적용되는 공통된 경계가 아니다. 보살은 이미 아공법공을 증득하였으므로 사제의 법문이 해당되지 않기 때문이다.

〖원측〗 **이름을 풀이함**

이름을 풀이하는 데는 먼저 총체적으로 하고, 뒤에는 개별적으로 하였다. 총체적인 이름인 '사제'에서 사(四)는 수를 표시한 것이다. 제(諦)는 두 가지 뜻이 있다. 『유가론』에서 "하나는 설하는 바의 모습에서 서로 떨어지지 않는다는 뜻이고, 둘은 이것을 떠나기 때문에 궁극의 뜻인 곳에 이른다는 뜻이다."라고 하였다.

개별적인 이름은 진리에 네 가지가 있으니, 고, 집, 멸, 도(苦, 集, 滅, 道)이다. 세 가지 괴로움(괴로움의 세 가지 성질)으로 이루어진 것을 고라고 한다. 뒤의 과보를 부르기 때문에 집이라고 한다. 저 괴로움과 괴로움의 원인이 소멸하기 때문에 멸이라고 한다. 제거하고 통할 수 있기 때문에 도라고 한다.

또, 번뇌장 및 업을 일으킨 바로 분단으로 태어나니(윤회) 저 감득한 바의 과보를 괴로움의 진리라고 한다. 미혹의 업을 감득하기 때문에 괴로움의 원인인 진리라고 한다. 저 괴로움과 괴로움의 원인이 소멸되니 열반의 진리라고 한다. 공관의 지혜를 내는 것을 도의 진리라고 한다.

[해설] **고제, 집제, 멸제, 도제**

사제는 고제, 집제, 멸제, 도제이며, 이를 진리(諦)라고 말한 것은 두 가지 뜻이 있다. 첫째, 괴로움과 괴로움의 원인은 반드시 깊이 관계되어 있다는 것이다. 둘째, 도를 닦아 괴로움과 괴로움의 원인을 소멸하기 때문에 반드시 열반에 이르게 된다는 것이다. 고제와 집제는 세간의 진리(俗諦)이고, 멸제와 도제는 출세간의 진리(眞諦)이다.

① **고제**

고제(苦諦)는 괴로움이라는 진리이다. 괴로움이란 고뇌를 말한다. 고(苦)란 물리적으로 고통을 받는 것이고, 뇌(惱)란 정신적으로 혼란하고 핍박을 받는 것을 말한다. 고제는 범부의 삶이란 정신적 육체적으로 괴로움이라는 진리이다. 범부의 삶을 괴로움이라고 말하는 것은 대략 두 가지 이유가 있다.

첫째, 세 가지 괴로움을 느끼게 되니 괴로움이라고 한다. 첫 번째는 고고성(苦苦性)으로 자연히 괴로움을 받기 때문에 괴로움을 느낀다는 것이다. 두 번째는 괴고성(壞苦性)으로 모든 것이 끝내 부서지기 때문에 괴로움을 느낀다는 것이다. 세 번째는 행고성(行苦性)으로 모든 것이 변해가기 때문에 괴로움을 느낀다는 것이다. 이것은 현실의 괴로움을 말한 것이다.

둘째, 번뇌장 및 업을 일으킨 바로 분단으로 태어나니(윤회) 저 감득한 바의 과보를 괴로움의 진리라고 한다. 현실에서 번뇌의 장애로 인하여 갖가지 업을 지으면 다음 생에 삼악도에 떨어져서 반드시 괴로움을 받게 된다. 그러므로 업을 지으면 윤회하고 저 괴로움을 받는 것은 진리이다. 이것은 내세의 괴로움을 말한 것이다.

이와 같이 괴로움은 현실에서 겪는 세 가지 성질의 괴로움, 내세의 괴로움, 그밖에 누구나 겪게 되는 네 가지 근원적인 괴로움, 대부분 사람들이 겪는 괴로움 등 다양한 모습의 괴로움이 있다. (앞의 '남을 이롭게 하는 지혜의 작용' 해설 참조)

고제는 진리를 깨닫지 못하면 현실이나 내세에서 정신적으로나 물리적으로 모든 삶에서 괴로움을 겪을 수밖에 없음을 밝힌 것이다. 지혜가 없는 범부는 탐욕과 성냄과 어리석음의 삼독이 끊임없이 일어나니 삶 자체가 괴로움일 수밖에 없다. 그러므로 고제는 세간의 진리이다.

② 집제

집제는 고집제(苦集諦)이니, 괴로움의 원인이라는 진리이다. 여기의 집(集)은 '함께 하다'라는 뜻인데, 무엇과 함께 하느냐 하면, '갈애(渴愛)와 함께 한다'는 것이다. 갈애는 범부가 목마를 때 물을 구하듯 이익과 욕망을 구하기 위해 애착하는 마음이며, 이는 곧 거친 번뇌이다. 괴로움의 원인을 말하는 것은 대략 두 가지가 있다.

첫째, 뒤의 과보를 부르기 때문에 괴로움의 원인이라고 한다. 갈애는 반드시 괴로움이라는 과보를 부르기 때문에 괴로움의 원인이 된다는 것이다.

둘째, 미혹의 업을 감득하기 때문에 괴로움의 원인이라고 한다. 모든 존재의 실상을 미혹하여 업을 지으면 반드시 그 괴로움의 과보를 감득하게 된다. 그러므로 미혹이 괴로움의 원인이라는 것은 진리이다. 집제는 모든 괴로움을 일으키는 원인이 갈애와 미혹이며, 이 원인으로 인해 반드시 괴로움을 겪게 됨을 밝힌 것이다. 그러므로 집제는 세간의 진리이다.

소승교의 집제는 괴로움의 원인 중에 가장 거친 번뇌인 갈애만을 밝혔다. 그러나 대승교에서는 괴로움의 원인을 더 깊고 넓게 파악하였다. 대승교는 욕루(欲漏 : 탐욕의 번뇌), 유루(有漏 : 존재에 대한 번뇌), 견루(見漏 : 삿된 견해), 무명(無明 : 모든 법의 실상은 공성임을 모름)을 괴로움의 원인이라고 하였기 때문이다. (앞의 '남을 이롭게 하는 지혜의 작용' 참조) 이러한 뜻으로 사제는 성문을 위하여 별도의 경계를 보인 것이라고 말하는 것이다.

③ 멸제

멸제는 고멸제(苦滅諦)이니, 괴로움이 소멸된 열반의 진리이다. '열반'은 범어 'nirvana'의 음역으로 '불이 꺼진 상태'를 뜻하며, 번뇌의 불길이 소멸된 적정, 진여의 마음상태 혹은 고뇌가 없는 안락한 경지를 일컫는다. 열반을 말하는 것은 대략 두 가지가 있다.

첫째, 저 괴로움의 원인과 괴로움이 소멸하기 때문에 열반이라고 한다. 바른 수행을 하면 괴로움의 원인과 괴로움이 반드시 소멸하기 때문에 열반이라고 한다.

둘째, 저 괴로움과 괴로움의 원인이 소멸하니 열반의 진리라고 한다. 수행의 과보로 괴로움의 원인과 괴로움이 반드시 소멸하므로 열반은 진리이다. 멸제는 수행을 통해 반드시 괴로움의 원인과 괴로움을 소멸한 열반에 들어가야 함을 밝힌 것이다. 그러므로 멸제는 출세간의 진리이다.

④ **도제**

도제는 고멸도제(苦滅道諦)이니, 괴로움이 소멸되는 도의 진리이다. 도제는 열반의 도를 밝힌 것이다. 소승교에서 도는 아공을 관하는 것이 근본이며, 도로서 일곱 가지 범주의 37가지 도(삼십칠조도품)를 말씀하셨는데 이 가운데 팔정도가 핵심이다. 열반의 도를 말하는 것은 대략 두 가지 뜻이 있다.

첫째, 제거하고 통할 수 있기 때문에 도라고 한다. 수행의 장애와 바른 견해의 장애를 제거하고 열반의 길로 통할 수 있기 때문에 열반의 도라고 한다.

둘째, 공관의 지혜를 내는 것을 도의 진리라고 한다. 수행 길의 첫 번째 관문은 모든 존재의 실상은 아공과 법공이라고 관하여 지혜를 얻는 것이다. 여기의 도제는 공관의 지혜를 내는 것이므로 도제는 진리이다. 도제는 바른 도를 닦아 괴로움의 원인과 괴로움이 소멸된 열반에 들어가는 길을 밝힌 것이다. 그러므로 도제는 출세간의 진리이다.

소승교의 도제는 무아관의 지혜를 닦아 아공진여를 증득하고 열반에 들어가는 길을 밝혔다. 그러나 대승교에서 열반의 도는 모든 법이 공성임을 깨달아 괴로움과 괴로움의 원인(괴로움의 멍에)을 모조리 소멸하고 열반에 들어가는 길을 보인 것이다. 이러한 뜻으로 사제는 성문을 위하여 별도의 경계를 보인 것이라고 말하는 것이다.

[원측] **사제의 체**

고제의 체(體)는 곧 유루(번뇌)의 오온이다. 집제의 체는 미혹의 업을 감득하는 것이다. 멸제의 체는 택멸(열반의 다른 이름 : 지혜로써 열반을 얻음)의 무위이다. 도제의 체는 정도인 무루의 성도(聖道)이다.

[해설]

괴로움의 체(체성 : 근본의 성질)는 번뇌의 오온이니, 세계(오온)와 몸(오취온)이 모두 번뇌로 물든 때문이다. 괴로움의 원인의 체는 모든 존재의 실상을 미혹함으로 인하여 번뇌의 업을 감득하는 것이다. 열반의 체는 번뇌가 소멸된 것이니 무위법이다. 열반으로 향한 도의 체는 정도(正道)이니 번뇌가 없는 성스런 도이다.

[해설] **열반의 도인 팔정도**

성문을 위하여 말씀하신 사제의 법문에서 도제는 팔정도(八正道 : 八聖道分, 여덟 가지 성스런 도의 지분)이다. 팔정도를 중도(中道 : 양변의 극단에 치우치지 않음)라 하는데, 이는 선정과 고행에 치우치지 않는 바른 견해의 도라는 뜻이다. 팔정도는 열반의 도(열반에 들어가는 길)이며, 바른 견해로 열반을 구하여 나아가는 데 여덟 가지 바른 길을 보인 것이다.

① 정견(正見)은 바른 견해이다.
② 정사유(正思惟)는 바른 뜻을 지니고 자신이 마음으로 짓는 업을

살피는 것이다.
③ 정어(正語)는 바르게 말하고 자신이 입으로 짓는 업을 살피는 것이다.
④ 정업(正業)은 바르게 행동하고 자신이 몸으로 짓는 업을 살피는 것이다.
⑤ 정명(正命)은 자신의 삶뿐만 아니라 자신과 타인과의 관계를 살피는 것이다. 의복, 음식, 주거, 의약 등의 모든 생활 도구를 부정하게 얻으려 해서는 안 되며, 분수에 맞고 여법하게 구하는 것이다.
⑥ 정정진(正精進)은 바른 방편의 수행문을 구하여 정밀하게 부지런히 닦으며 살피는 것이다.
⑦ 정념(正念)은 부처님이 말씀하신 법상을 분별하여 고요하게 생각하는 것이다. 이를 마음 집중 또는 마음 챙김이라 한다. 여기의 정념(正念 : samma sati)은 지관(止觀 : 사마타 위빠사나)이지만 소승이 행하는 세간의 법상관이다.
⑧ 정정(正定)은 바른 삼매 또는 바른 선정이다. 인천교에 의지하는 세속 사람들은 초선정 내지 사선정을 성취하여 내세에는 더 좋은 곳에 태어난다.

[해설] **팔정도의 정견**

팔정도의 첫 번째는 정견으로 바른 견해를 말한다. 도를 닦는 데 있어서 가장 먼저 바른 견해를 갖추도록 한 것이다. 그것은 사세의 법문을 바르게 살펴 아는 것을 일컫는다. 이를 『팔성도경』에서 다음과 같이 말씀하셨다.

"괴로움을 괴로움이라고 알아야 한다. 갈애를 갈애라고 알아야 한다. 열반을 열반이라고 알아야 한다. 정도를 정도라고 알아야 한다. 선업과 악업이 있고 선업과 악업의 과보가 있음을 알아야 한다. 괴로움의 세계가 있고 열반의 세계가 있음을 알아야 한다. 이 세계에서 스스로 깨닫고 저 세계에서 스스로 증득할 것이 있음을 알아야 한다."라고 하셨다.

정견은 선악의 인과와 괴로움과 열반의 인과 및 자각하고 자증할 것이 있음을 바르게 살펴 알아야 한다는 것이다. 이와 같이 정견은 수행의 당위성과 깨달아야 할 것을 바르게 아는 것이므로 팔정도의 맨 앞에 둔 것이다.

〖해설〗 **고집멸도와 염불수행**

고집멸도를 말씀하신 사제의 법문은 본래 성문을 위한 것이지만 모든 수행문에 대입하여 이해할 수 있다. 그것은 부처님께서 성도하신 후 세상에 나오시어 최초로 전하신 법문이며, 신행원리를 말씀하신 것이기 때문이다. 고집멸도를 염불수행에 대입하여 해설하면 다음과 같다.

고제와 집제는 세간의 진리를 말씀하신 것으로 소승과 대승에 모두 적용된다. 멸제인 열반은 대승의 정토이며, 정토에 들어가는 도제는 염불수행이다. 정토는 괴로움이 없는 국토이다. 염불수행은 바로 괴로움의 원인을 소멸하는 것이 아니라 괴로움이 없는 정토에 태어나기 위한 수행법이다. 염불수행은 성소작지의 대비력에 힘입어 괴로움이 없는 정토에 태어나 괴로움의 원인을 소멸하고 부처님의 지혜를 깨달아 실천하는 수행법이다. 소승의 신행원리인 고집멸도는 자각의 문에 해당하고, 대승의 염불수행은 자비광명의 문에 해당한다.

[해설] 이 시대에 가장 필요한 수행법

대승불교는 대승경전의 뜻에 따라 수행법이 보완되고 발전적으로 창안되었으니, 그것이 곧 염불, 육바라밀, 참선, 간경, 주력 등이다. 불교의 수행문은 장구한 역사가 보여주듯이 위대한 연기의 세계관과 부처님의 지혜를 바탕으로 실천되어 왔다. 그러므로 수행법은 유행을 따르거나 현실의 이익을 위한 것이 아니라 반드시 연기의 세계관과 부처님의 지혜에 의해 실천되어야 한다. 또한, 시대상과 근기에 적합하면서 실천 가능한 수행이라야 대중의 호응을 얻고 시대의 고뇌를 해결하는 희망의 종교가 될 것이다. 이런 뜻에서 염불수행은 이 시대에 가장 필요한 수행법이다. 그 이유를 들면 다음과 같다.

첫째, 염불수행은 대승불교의 여러 수행문 중에 그 전통이 가장 오래되고 부처님의 말씀과 조사의 논서에 의해 신행체계가 정립되어 있다. 둘째, 염불수행은 오탁악세(278쪽 해설)에서 불확실한 미래를 살아가며 고뇌하는 중생들이 안심을 얻는 최상의 법이다. 셋째, 염불수행은 유상유념(有相有念)의 도로써 지혜를 얻고 자리이타의 보살도를 실천하는 지름길이다.

6) 지혜와 열반의 법문
– 지혜와 열반의 공성 –

〖삼가 동일〗
무지 역무득(無智 亦無得).
지혜라 할 것이 없으니, 또한 얻을 것도 없다.

〖원측〗 **지혜와 열반의 법문을 말씀하신 뜻**
이 경문은 여섯 번째로 지혜와 열반의 법문(智斷門)을 공성의 법문으로 보내는 것이다. 어찌하여 이 지혜와 열반의 법문을 말씀하셨는가. 『법화경』에서 "모든 보살을 위하여 육바라밀의 법을 말씀하신 것이다."라고 하신 것과 같다. 그러나 지금 이 경에서는 법공을 나타내어 지혜와 열반의 법문을 공성의 법문으로 보내기 위한 것이다.

〖해설〗
지혜와 열반의 법문은 육바라밀과 마찬가지로 모든 보살을 위한 것이다. 육바라밀이란 보시, 지계, 인욕, 정진, 선정, 지혜의 여섯 가지 법을 닦아 생사의 이 언덕에서 열반의 저 언덕으로 건너가기 때문에 '육바라밀'이라고 부른다. 그렇다면 이 경에서는 어떤 뜻으로 지혜와 열반의 법문을 말씀하신 것인가. 이 경은 모든 법의 공성을 말씀하신 것이다. 그러므로 지혜와 열반도 공성임을 깨닫고 육바라밀을 실천해야 한다는 뜻으로 말씀하신 것이다. 이러한 법문은 보살을 위한 별도의 경계이지, 성문승이나 연각승에게 해당하는 경계가 아니다.

〖원측〗 '지혜'와 '얻을 것'에 대한 해석

지혜와 열반은 두 가지 해석이 있다. 첫째, 인(因)에 있는 것을 지혜라고 이름하니 이것은 반야이다. 과(果)의 지위를 '얻을 것(得)'이라고 이름하니 이것은 보리이다. 둘째, 보리를 지혜라 하고, 열반을 '얻을 것'이라고 하는 것이다. 이와 같이 두 가지 해석이 있지만 뒤에 설명한 것이 더 낫다고 여긴다. 모든 반야경은 보리와 열반을 모두 공성으로 보내기 때문이다. 보리와 열반은 뒤에서 마땅히 분별할 것이다.

〖해설〗

경에서 "지혜라 할 것이 없으니, 또한 얻을 것도 없다."라고 말씀하셨는데, 여기의 '지혜'와 '얻을 것'에 대해서는 두 가지 해석이 있다.

첫째, 앞의 '지혜'는 육바라밀 등의 선법을 실천할 때(因)의 지혜이며, 이것은 반야라고 한다. 뒤의 '얻을 것'은 보리이며, 이것은 얻게 되는 과보로 무상보리(아뇩다라삼먁삼보리)라고 한다.

둘째, 앞의 '지혜'는 무상보리이고, 뒤의 '얻을 것'은 열반이라고 한다.

두 가지 해석은 도리가 있지만 뒤의 것이 뛰어나다고 하였다. 그 이유는 모든 반야경은 보리와 열반이 모두 공성임을 말씀하시기 때문이다. 그리고 보리와 열반은 뒤에서 마땅히 분별하여 설명할 것이라고 하였다.

[해설] **지혜와 보리**

　지혜(智慧)는 연기의 세계관으로 경계를 관조하는 것을 일컫는다. 보리(菩提)는 범어 'Bodhi'의 음역어이며, '각(覺 : 깨달음)'이라고 번역한다. 깨달음은 아공과 법공을 증득하는 것을 체로 삼는다. 그러나 삼승의 지혜도 깨달음이라고 말하는 경우가 있으며, 큰 깨달음은 본각(本覺)과 시각(始覺)을 말한다. 본각은 마음의 본성인 진여의 청정광명을 일컫고, 시각은 수행을 통해 본각과 하나가 되는 것을 말한다. 아뇩다라삼먁삼보리를 줄여서 무상보리라고 한다. 부처님의 깨달음은 소승과 보살의 지혜를 뛰어넘기 때문에 '위없는 보리(無上菩提)'라고 이름하는 것이다.

[해설] **정종분 제2장을 맺음**

　지금까지 보인 정종분의 제2장은 세계와 인간의 존재방식을 밝혔다. 물리적인 경계 및 정신적인 인식과 지혜와 열반 등, 일체의 법은 공성임을 밝혀 보였다. 이는 모든 법에 대한 바른 지혜를 갖도록 한 것이다. 이 중에 필자의 견해로 반야경과 정토경의 교법을 서로 비교하며 불법의 넓고 깊은 뜻을 이해하는 데 도움이 되도록 노력하였다. 이것으로 제2장을 마친다.

제3장 보살이 얻는 과보
- 부처님의 지혜와 가치관의 실현 -

제1절 얻는 과보를 바로 밝힘
1. 지관에 공능이 있음을 밝힘
  1) 공성은 모습이 없음을 안다
  2) 관하는 사람은 발심한다
  3) 마음에 걸림이 없다
2. 보살이 얻는 네 가지 과보
  1) 걸림이 없으므로 두려움이 없다
  2) 전도를 멀리 떠난다
  3) 몽상을 멀리 떠난다
  4) 궁극의 열반에 들어간다

제2절 예를 들어 성취함을 증명함
1. 얻는 과보를 바로 밝힘
  1) 삼세의 모든 부처님
  2) 반야로 저 언덕에 건너감에 의지하므로
  3) 위없는 보리를 증득하신다
2. 지혜의 작용이 수승함을 찬탄함
  1) 긴 글로 해설하여 찬탄함
  2) 게송을 들어 찬탄함을 맺음

제3장 보살이 얻는 과보
- 부처님의 지혜와 가치관의 실현 -

제1절 얻는 과보를 바로 밝힘

얻을 것이 없기 때문에, 보리살타는 '반야로 저 언덕에 건너감'에 의지하므로 마음에 걸림이 없다. 걸림이 없으므로 두려움이 없고, 전도와 몽상을 멀리 떠나 궁극의 열반에 들어간다.

제2절 예를 들어 성취함을 증명함

그러므로 알아야 한다. '반야바라밀다'의 주문은 제일 신령한 주문이며, 제일 밝은 주문이며, 위없는 주문이며, 견줄 것이 없고 평등한 밝은 주문이어서, 일체 중생의 괴로움을 없애주니, 진실하여 헛되지 않은 것이다.

끝으로 '반야바라밀다'의 주문을 찬탄하니,

바로 설하여 게송으로 말하겠다.

아제아제 바라아제 바라승아제 보리사바하.

[원측]

이 경의 제3장은 보살이 얻는 과보를 나타낸 것이다. 이 중에 두 가지가 있다. 제1절은 얻는 과보를 바로 밝히고, 제2절은 예를 들어 성취함을 증명하였다.

〖해설〗

제3장 '보살이 얻는 과보'란 부처님의 지혜와 그 가치관의 실현에 대하여 밝힌 것이다. 제1절은 수행으로 얻는 과보를 바로 밝히고, 제2절은 예를 들어서 부처님의 지혜를 성취함을 증명하였다. 불교는 부처님의 지혜를 우러러 믿고 이해하여 실천하고 증득하는 지혜의 종교이다. 부처님이 증득하신 지혜는 대원경지, 평등성지, 묘관찰지, 성소작지이다.

제1절 얻는 과보를 바로 밝힘

얻을 것이 없기 때문에,
보리살타는 '반야로 저 언덕에 건너감'에 의지하므로
마음에 걸림이 없다.
걸림이 없으므로 두려움이 없고,
전도와 몽상을 멀리 떠나 궁극의 열반에 들어간다.

〖원측〗
이 경문은 제1절 얻는 과보를 바로 밝힌 것이다. 여기에 둘이 있으니, 첫째는 지관에 공능이 있음을 밝히고, 둘째는 보살이 얻는 네 가지 과보를 나타낸 것이다.

1. 지관에 공능이 있음을 밝힘

얻을 것이 없기 때문에,
보리살타는 '반야로 저 언덕에 건너감'에 의지하므로
마음에 걸림이 없다.

〖원측〗
이 경문은 지관에 공능이 있음을 밝힌 것이다. 여기에 세 가지가 있다. 첫 번째는 공성은 모습이 없음을 알고, 두 번째는 관하는 사람은 발의(發意 : 發心)하고, 세 번째는 마음에 걸림이 없는 것이다.

〖해설〗

'지관에 공능이 있다.'는 것은 지행(止行)을 닦아 삼매를 성취하여 관행(觀行)을 일으키면 그 공덕이 작용하여 과보가 나타나는 것을 말한다. 그 과보는 아래서 차례로 설명할 것이다.

〖원효〗 **지관이란 무엇인가**

대승의 수행문에서 의혹하는 두 가지 문제가 있는데 법과 교문이다. 대승은 일심을 법으로 삼고 지관을 닦아야 한다. 지관이란 무엇인가. 「기신론소」에서 "여러 가지 교문(가르침의 법에 들어가는 문)이 많지만 처음 수행에 들어가는 데는 두 문을 벗어나지 않는다. 진여문에 의하여 지행을 닦고, 생멸문에 의하여 관행을 일으키는 것이다. 지행과 관행을 쌍으로 운용하면 만행이 이에 갖추어진다. 이 두 문에 들어가면 모든 교문은 다 통하게 된다. 이와 같이 의혹을 제거해야 수행을 일으킬 수 있다."라고 하였다. 지관에 대해서는 「제1편 대승불교 입문」 '수행의 요체' 편에 자세히 실어 두었다.

1) 공성은 모습이 없음을 안다

〖삼가 동일〗 이무소득고(以無所得故),
얻을 것이 없기 때문에,

〖원측〗
이 경문은 지관에 공능이 있음을 밝힌 중에 첫 번째로 공성은 모습이 없음을 아는 것이다. 이치의 실제 공성은 앞에서 말한 것처럼 여섯 가지 법문으로 보냈지만, 맨 뒤의 것을 들어 앞 것을 나타내어 오직 얻을 것이 없음을 말한 것이다.

〖해설〗 **보살은 모든 법이 공성이므로 모습이 없음을 안다**
제2장에서 오온, 십이처, 십팔계, 십이연기, 사제, 지혜와 열반의 경계는 모두 그 성품이 공성임을 밝혔다. 보살은 이와 같이 모든 법이 공성이므로 얻을 것이 없으며, 얻을 것이 없기 때문에 모습이 없음을 안다.
"얻을 것이 없기 때문에"라고 말한 것은 이미 모든 법은 공성임을 밝혔지만 앞장의 '6) 지혜와 열반의 법문' 중에 "또한 얻을 것도 없다."는 말씀을 들어 앞의 오온 내지 사제의 다섯 가지 경계까지도 오직 얻을 것이 없음을 다시 한 번 강조한 것이다. 보살이 모든 법은 공성임을 깨달아 얻을만한 모습이 없음을 분명하게 아는 것은 지관의 공능이다.

2) 관하는 사람은 발심한다

〖라집〗 보살(菩薩)

〖현장〗〖공역〗 보리살타(菩提薩埵)

〖원측〗
이 경문은 지관의 공능 중에 두 번째로 관하는 사람이 발의(發意)한 것을 밝혔다. '보리살타'란 관하는 사람이 발의한 것이니, 앞에서 설명한 바와 같다. (제1장의 제1절 '관찰하는 사람과 지혜의 체' 참조)

보리(Bodhi)는 깨달음(覺)을 이름하고, 살타(sattva)는 교화할 바의 유정(有情 : 衆生)을 이름하는 것이니, 위로 보리(覺 : 깨달음)를 구하고 아래로 유정을 교화하는 것을 뜻한다. 이러한 지혜와 자비를 일으키므로 보살이라고 이름하는 것이다.

〖해설〗 **보리살타, 보살의 뜻**
지관을 행하는 사람은 발심하게 되며, 발심한 사람을 보리살타라고 이름한다. 보리살타는 범어 'Bodhi-sattva'의 음역이다. 한문으로 번역하면 '각유정(覺有情)'이며, '위로 보리를 구하고 아래로 중생을 교화한다.'는 뜻이다. 이와 같이 지혜와 자비를 일으킨 사람을 보리살타라고 이름한다. 지관을 행하여 공성을 깨달은 사람은 그 이치에 따라 발심(순리발심)하고 보살도를 실천한다. 공성을 깨낟은 사람이 발심하는 것은 지관의 공능이다.

발의(發意)는 발심(發心)과 같은 뜻이니, 초발의보살을 초발심보살이라고 부르는 것과 같다. '보리살타'를 줄여서 '보살'이라고 부르며, 이는 발심한 사람에게 붙이는 이름이다. '중생'은 구역이고 '유정'은 신역이다.

[원효] 수사발심과 순리발심

『무량수경종요』에서 다음과 같이 설하셨다. "무상보리심을 일으킨다는 것은 세간의 부와 즐거움 및 이승의 열반을 돌아보지 않고 한결같이 삼신의 지혜에 뜻을 두고 원하는 것이니, 이를 '무상보리(위없는 보리)로 가는 마음(無上菩提之心)'이라고 이름한다. 전체적으로 나타내면 비록 그러하지만 여기에 둘이 있다. 첫째는 수사발심(隨事發心)이요, 둘째는 순리발심(順理發心)이다.

수사발심

말한바 해야 할 일을 따른다는 것은, 번뇌가 무수하지만 모두 끊기를 원하고, 선법이 무량하지만 모두 닦기를 원하고, 중생이 무변하지만 모두 제도하기를 원하는 것이다.

이 세 가지 일을 결정하여 기약하고 원하는 것이다. 처음의 마음은 여래의 단덕정인이요, 두 번째 마음은 여래의 지덕정인이요, 세 번째 마음은 여래의 은덕정인이다.

삼덕이 합하여 무상보리의 열매가 되니, 곧 이 세 가지 마음은 모두 무상보리의 씨앗이 된다. 씨앗과 열매가 비록 다르지만 넓고 긴 양은 나란히 같으니, 버리는 바가 없고 포용하지 않음이 없기 때문이다. 『열반경』에서 '발심과 필경의 둘은 차별이 없으나, 이와 같은 두 마음에서 앞의 마음이 더 어려우니, 자신은 제도하지 못했지만 남을 먼저 제도하는 것이다. 그러므로 나는 초발심에 경의를 표한다.'라고 말씀하신 것과 같다.

이 발심의 열매는 비록 지혜이지만 그 꽃이 피는 과보는 정토에 있다. 왜 그런가하면, 보리심의 양은 넓고 커서 끝이 없고, 길이 멀어 무한하다. 그러므로 광대하여 끝이 없는 자연의 정토와 길이 멀어 무한한 중생의 수명을 감득한다. 보리심을 제외하면 저 자연과 중생을 감당할 수 없다. 그러므로 이 마음을 설하여 왕생의 정인으로 삼았다. 이것이 수사발심의 모습을 밝힌 것이다.

순리발심

말한바 이치에 따라 발심한다는 것은, 모든 법이 다 허깨비 같고 꿈같아서, 유도 아니고 무도 아니므로 말을 떠나고 생각이 끊어진 경계임을 믿고 이해하여, 이 믿음과 이해에 의해 광대한 마음을 일으키는 것이다.

비록 번뇌와 선법이 있음을 보지 못하지만 가히 끊고 닦을 것이 없다고 버리지 않는다. 이러한 까닭에 비록 모두 끊고 모두 닦기를 원하지만 무원삼매를 어기지 않는다. 비록 무량한 중생을 모두 제도하기를 원하지만 제도하는 자와 제도 받는 자를 두지 않는다. 그러므로 능히 공과 무상의 이치를 따르는 것이다.

『금강경』에서 '이와 같이 무량한 중생을 제도하지만 실은 한 중생도 제도된 자가 없느니라.'고 하시며, 자세히 말씀하신 것과 같다. 이와 같은 발심은 불가사의하다. 이것이 순리발심의 모습을 밝힌 것이다.

두 가지 발심이 다른 점

수사발심은 물러나는 뜻이 있으므로 부정종성인도 발심할 수 있다. 순리발심은 물러남이 없으므로 보살종성인이라야 일으킬 수 있다. 이와 같은 발심은 공덕이 끝이 없어서 설사 모든 부처님이 겁이 다하도록 저 모든 공덕을 연설하다 하여도 오히려 다하지 못하신다. 정인의 모습은 대략 이와 같이 설하였다."

[해설] 발심은 대승의 근본정신을 실천하려는 큰 마음

발심은 대승의 근본정신(정체성)인 '상구보리 하화중생'을 실천하려고 큰 마음을 일으키는 것이다. 대승은 발심하고 실천하여 지혜의 완성과 다 함께 안락한 삶을 이루는 것을 목적으로 삼는다.

그러하지만 『반야심경』 중에는 발심이라는 말이 없다. 그러나 원측은 이 경에서 말씀하신 '보리살타'는 발심한 사람을 부르는 이름이니, '보살(보리살타)'이라는 이름 자체에 발심이 포함되어 되어 있다는 것이다. 따라서 이 경도 관조반야에 그치지 않고 발심하고 실천하는 교법임을 분명히 하고 있다.

『아미타경』에서도 이러한 예를 볼 수 있다. 이 경에는 발심이라는 말이 없다. 그러나 원효는 "경에서 '적은 선근복덕 인연으로는 저 국토에 태어날 수 없다.'라고 하신 말씀에 발심이 포함되어 있다."고 하셨기 때문이다. 위대한 조사의 혜안이 이와 같은 것이다. 이러한 예를 보더라도 대승경전은 모두가 발심하여 '상구보리 하화중생'이라는 자리이타의 보살도를 실천하는 교법임을 알아야 한다.

3) 마음에 걸림이 없다

【라집】
의반야바라밀고(依般若波羅蜜故), 심무가애(心無罣碍).* '반야바라밀'
【현장】【공역】
의반야바라밀다고(依般若波羅蜜多故), 심무가애(心無罣碍).
'반야로 저 언덕에 건너감'에 의지하므로
마음에 걸림이 없다.

【원측】
이 경문은 지관의 공능 중에 세 번째로 마음에 걸림이 없음을 밝힌 것이다. '반야바라밀'이라는 이름을 번역하고 그 뜻을 해석한 것은 위에서 설명한 바와 같다. 마땅히 알아야 한다. '반야'는 지(智)라고 이름하지만, 별경(別境 : 일정한 대상경계) 중에 혜(慧)이다.

'마음'이라는 말은 곧 혜와 함께 하는 마음을 나타내는 것이다. 마음에는 두 가지가 있다. 이른바 성(性)과 상(相)이다. '걸림'은 곧 혹장과 지장의 두 가지 장애이다.

총체적으로 뜻을 풀이해 말한다면, 진성인 공성의 이치는 여섯 가지 모습을 떠났기 때문에 발심한 보살은 저 관하는 지혜(觀智)에 의하여 혜가 마음과 함께 하도록 하여, 공성을 증득하고 장애를 끊는 것이다. 이는 유에 집착하는 범부나 이승이 안으로 아공법공을 증득하고 그 두 가지 장애를 끊는 것과는 다른 것이다.

[해설] 보살은 번뇌도 없고 아는 바도 없다

지관의 공능 중에 '반야로 저 언덕에 건너감'에 의지하므로 마음에 걸림이 없다.'는 것을 설명하면서, 반야와 마음과 걸림에 대해 해설한 것이다.

첫 번째, '반야'를 지혜(智慧)라고 번역한다. 지는 반야(공, 무상)를 이름하는 것이고, 혜는 일정한 대상을 관하는 마음작용을 일컫는다. 일반적으로 '반야는 모든 법의 실상을 공, 무상이라고 통찰하여 분명히 아는 지혜'를 말하니, 반야의 깊은 뜻은 혜(慧)에 있는 것이다.

두 번째, '마음에 걸림이 없다.'라고 하신 말씀 중에 이 '마음'은 반야의 지혜 중에 혜(慧)가 함께 하는 혜심을 말하는 것이다. 마음에는 본성과 본성의 작용이 있으니 혜심이란 바로 본성의 작용을 일컫는 것이다.

세 번째, '걸림'이란 탐진치 삼독의 걸림인 번뇌장과 세계와 인간의 존재방식에 대한 그릇된 앎의 걸림인 소지장을 말하는 것이다.

보살은 지관을 행한 반야지(觀智)의 혜가 마음과 함께 하도록 하여, 공성을 증득하고 두 가지 장애를 끊는다. 이는 유에 집착하는 범부나 이승이 아공법공을 증득하고 아집과 법집의 두 가지 장애를 끊는 것과는 다른 것이다. 보살은 모든 법의 공성을 증득하고 번뇌장과 소지장까지 끊어버리니 번뇌도 없고 아는 바도 없기 때문이다. 아는 바가 없기 때문에 모르는 바도 없는 것이다.

2. 보살이 얻는 네 가지 과보

〖라집〗

무가애고 무유공포(無罣礙故 無有恐怖),

이일체전도몽상고뇌(離一切顚倒夢想苦惱) 구경열반(究竟涅槃).

걸림이 없으므로 두려움이 없고,

일체의 전도와 몽상과 고뇌를 멀리 떠나 궁극의 열반에 들어간다.

〖현장〗〖공역〗

무가애고 무유공포(無罣礙故 無有恐怖),

원리전도몽상(遠離顚倒夢想) 구경열반(究竟涅槃).

걸림이 없으므로 두려움이 없고,

전도와 몽상을 멀리 떠나 궁극의 열반에 들어간다.

〖원측〗

이 경문은 보살이 얻는 과보를 나타낸 것이다. 어떤 경본에는 원리일체전도몽상(遠離一切顚倒夢想)이라고 번역되어 있는데, 후자(현장의 번역본)가 더 낫다고 할 것이다. 보살이 얻는 과보는 네 가지가 있다.

〖해설〗 **번역의 다름**

세 번역을 비교하면 구마라집의 번역은 뒤의 두 번역에 없는 '일체'와 '고뇌'가 추가되었다. 원측은 현장의 번역이 낫다고 하였다. 그리고 보살이 얻는 과보를 아래와 같이 네 가지로 해설하였다.

1) 걸림이 없으므로 두려움이 없다

〖원측〗

'걸림이 없으므로 두려움이 없다.'는 것은 모든 두려움에서 멀리 떠나는 것이다. 두려움에는 다섯 가지가 있으니, 『불지론(佛地論)』 제2권에서 설한 것과 같다.

첫째, 살지 못할까 하는 두려움(不活畏)이다.
둘째, 나쁘다는 소문이나 평판을 듣게 되는 두려움(惡名畏)이다.
셋째, 죽음에 대한 두려움(死畏)이다.
넷째, 악취(삼악도)에 대한 두려움(惡趣畏)이다.
다섯째, 겁이 많은 두려움(怯衆畏)이다.
이와 같은 다섯 가지 두려움은 청정한 의락지(意樂地 : 십지 중에 초지)를 증득하는 때에 모두 그치고 멀리 떠난다.

〖해설〗 **보살은 걸림이 없으므로 두려움이 없다**

보살은 반야의 지혜로 모든 법의 공성을 깨달아 묘관찰지를 성취하여 마음에 걸림이 없으므로 어떤 경계를 상대해도 두려움이 없다.

첫째, 보살은 오래 살지 못할까 두려워하지 않는다. 사리에 밝고 인과의 도리를 믿기 때문이다.

둘째, 자신을 나쁘게 평판하고 모욕하는 일을 당해도 상관하지 않는다. 모두가 자신이 지은 업을 갚는 것으로 알기 때문이다.

셋째, 죽음에 대한 불안감이 없다. 생사 여부를 연기법계의 이치에 맡겨버리기 때문이다.

넷째, 지옥, 아귀, 축생에 떨어질 것을 두려워하지 않는다. 자신의 과보를 거부하지 않기 때문이다.

다섯째, 대중 앞에서 언제나 당당하다. 바른 법에 의해 행동하기 때문이다.

범부가 느끼는 다섯 가지의 두려움은 정정취에 들어가면서부터 소멸되며, 일심의 근원(의락지)에 돌아가면 완전히 소멸한다.

〚해설〛 **염불인은 두려움이 없고 안심을 얻는다**

아미타를 법으로 삼아 정토에 태어나는 염불의 묘법을 진실로 깊이 믿는 사람은 두려움이 없고 안심을 얻는다.

첫째, 염불인은 생사 여부를 아미타부처님께 맡겨버리기 때문에 '살지 못할까 하는 두려움'이 없다.

둘째, 염불인은 부처님의 명호를 부르기 때문에 '나쁘다는 소문이나 평판을 듣게 되는 두려움'이 없다.

셋째, 염불인은 무량수 무량광의 정토에 태어나기 때문에 '죽음에 대한 두려움'이 없다.

넷째, 염불인은 삼악도에 떨어지지 않기 때문에 '악취에 대한 두려움'이 없다.

다섯째, 염불인은 정토에서 부처님을 뵐 수 있기 때문에 '겁이 많은 두려움'이 없다.

염불인은 이와 같이 누려움이 없기 때뷴에 안심을 얻으며, 성토에 태어나 묘관찰지를 깨달아 정정취에 들어간다. 염불인 중에 보살의 선근을 심은 사람은 단박에 무량광명의 뜻을 알아차리고 믿음(信)을 성취하여, 기쁨(喜)을 얻고, 태어남이 없는 법(無生法忍)을 깨달아 안심을 얻는다. 염불인은 이 땅에서든지 내세든지 묘관찰지를 깨달아 정정취에 들어간다. 그러므로 두려움이 없고 안심입명(安心立命)의 경지에 들어간다.

2) 전도를 멀리 떠난다

〖원측〗
'전도를 멀리 떠난다.'는 것은 과보가 전도(顚倒 : 뒤바뀌어 거꾸로 됨)됨을 멀리 떠나는 것이다.
첫째, 상상과 삿된 견해와 분별하는 마음을 멀리 떠나는 것이다.
둘째, 무상(無常)을 상이라고 하고, 괴로움(苦)을 즐거움이라고 하고, 깨끗하지 않음(不淨)을 깨끗함이라고 하고, 무아(無我)를 아라고 하는 것을 멀리 떠난다.
셋째, 이치의 진실인 부처님의 과보는 상락아정(常樂我淨)인데, 집착하여 무상, 고, 무아, 부정이라고 하는 것을 멀리 떠난다.

〖해설〗
전도의 첫 번째는 마음에 영상을 지어 경계의 나눔을 취하는 상상, 이치에 맞지 않은 삿된 견해, 주관과 객관을 분별하고 경계를 선악 등의 상대적 개념으로 분별하는 마음이다. 두 번째는 세간에서 법을 거꾸로 생각하는 것이다. 세 번째는 부처님의 세계를 거꾸로 생각하는 것이다.

3) 몽상을 멀리 떠난다

[원측]

'몽상을 멀리 떠난다.'는 것은 몽상(夢想 : 꿈같은 헛된 생각)의 과보를 멀리 떠나는 것이다. 여덟 가지 망상(妄想 : 이치에 맞지 않은 생각)은 상상하는 것이 꿈과 같으므로 몽상이라고 이름하는 것이다.

『유가론(瑜伽論)』에서는 그 이름을 여덟 가지로 분별하였다. 그 뜻을 풀이하면, 모든 중생은 진여 공성을 분명하게 알지 못함으로 말미암아, 이 인연으로 세 가지 일을 생겨나게 한다. 첫째는 육근과 육경이요, 둘째는 아견과 아만이요, 셋째는 탐욕과 성냄과 어리석음이다.

탐욕 등으로 말미암아 갖가지 업을 짓고 중생(인간)과 기세간(세계)을 생겨나게 하며, 이로 말미암아 오랫동안 생사에 윤회한다. 그러므로 심사(尋思 : 자세하게 분별하고 살피는 정신작용, 깊은 사유) 등으로 중생공과 법공을 관(觀)하여 미혹의 업을 끊어 소멸하고 대 보리를 증득해야 한다.

[해설]

여덟 가지 몽상이란 어리석은 범부가 모든 법의 진여 공성을 분명하게 알지 못하기 때문에 여러 가지 색법을 자성으로 분별하고, 중생과 세계, 나와 나의 것으로 분별하는 것 등을 말한다. 이로 말미암아 세 가지 일을 생겨나게 하여 업을 짓고 삼계육도에 윤회하게 된다. 그러므로 깊은 사유와 지관으로 아공과 법공을 깨달아야 한다.

4) 궁극의 열반에 들어간다

[원측]

'궁극의 열반에 들어간다.'는 것은 열반의 과보를 증득하는 것이다. 옛날에는 범음으로 '열반'이라 하고, 혹은 '니원(泥洹)'이라고 말하였는데, 이 땅의 말로 번역하면 적멸(寂滅)이다. 또, 궁극에는 장애와 생사와 시끄럽게 움직임을 멀리 떠나기 때문에 원적(圓寂)이라고 한다. 그러나 옛 이름을 남겨두려고 하니 열반이라고 하는 것이다. 열반의 뜻을 분별하면 대략 네 가지가 있다.

첫째, 본래 자성청정열반이다. 비록 바깥으로 물듦이 있어도 본성은 청정하여 한량없는 미묘한 공덕을 갖춘 것이다. 오직 참다운 성자가 자기 안으로 증득한 바의 그 성품은 본래 고요하므로 열반이라고 이름한다.

둘째, 유여의(有餘依)열반이다. 진여가 번뇌의 장애(번뇌장)를 벗어난 것이다. 비록 미세한 괴로움이 있어서 의지하는 바가 아직 소멸하지는 않았지만 장애는 영원히 고요하므로 열반이라고 이름한다.

셋째, 무여의(無餘依)열반이다. 진여가 생사의 괴로움을 벗어난 것이다. 번뇌가 이미 다하여 나머지 의지함도 또한 소멸하니 모든 괴로움이 영원히 고요하므로 열반이라고 이름한다.

넷째, 무주처(無住處)열반이다. 진여가 아는 바의 장애(소지장)도 벗어나 대비와 반야가 항상 돕는 바가 되는 것이다. 이로 말미암아 열반에 머물지 않고 중생들을 이익 되고 즐겁게 하며 미래세가 다하도록 쓰되 항상 고요하므로 열반이라고 이름한다.

일체 중생은 모두 본래자성청정정열반이 있다. 이승의 아라한은 앞의 셋을 갖출 수 있다. 오직 우리 세존만이 넷을 다 갖추고 있다.

[해설] 소승은 열반, 대승은 보리를 구함

열반(涅槃)은 범어 'nirvana'의 음역어이다. 니원(泥洹)이라고도 음역한다. 여기서는 적멸(寂滅), 멸도(滅度), 원적(圓寂) 등으로 번역한다. 여기서 번역한 말을 사용하지 않고 열반이라고 하는 것은 옛 이름을 따르는 것이지만 그 뜻도 소승이 구하는 열반의 개념으로 이해하고 있다. 열반은 대개 모든 괴로움이 소멸된 마음의 경지라고 말하기 때문이다.

열반과 보리는 어떻게 다른가. 열반에도 지혜의 덕이 있고, 보리에도 열반의 덕이 있다. 또 소승의 열반과 대승의 열반, 소승의 지혜와 대승의 지혜는 그 뜻이 다르다. 네 가지 열반은 모두 진여가 장애를 떠나서 괴로움이 없는 것에 의해서 세워진 것이다. 교법의 큰 뜻으로 말하면 소승은 열반을 구하기 위해 수행하고, 대승은 '상구보리 하화중생'을 근본정신으로 삼아 실천한다.

제2절 예를 들어 성취함을 증명함

삼세의 모든 부처님도 '반야로 저 언덕에 건너감'에 의지하므로 위없는 보리를 증득하신다.

그러므로 알아야 한다. '반야바라밀다'의 주문은 제일 신령한 주문이며, 제일 밝은 주문이며, 위없는 주문이며, 견줄 것이 없고 평등한 밝은 주문이어서, 일체 중생의 괴로움을 없애주니 진실하여 헛되지 않은 것이다.

끝으로 '반야바라밀다'의 주문을 찬탄하니, 바로 설하여 게송으로 말하겠다. 아제아제 바라아제 바라승아제 보리사바하.

〖원측〗
이 경문은 제2절 예를 들어 부처님의 지혜를 성취함을 증명하는 것이다. 여기에 둘이 있다. 처음은 얻는 과보를 바로 밝히고, 다음은 지혜의 작용을 들어 수승함을 찬탄하였다.

〖해설〗
처음의 '얻는 과보를 바로 밝힌다.'는 것은 삼세의 모든 부처님이 위없는 보리를 증득하시는 것을 밝힌 것이다. 이 글은 세 구절이 있다. 첫 번째 구절은 '삼세의 모든 부처님', 두 번째 구절은 '반야바라밀다에 의지함'을 해설하였다. 세 번째 구절은 '위없는 보리의 증득'인데 부처님의 네 가지 지혜, 지혜의 몸, 지혜의 몸이 머무는 정토를 밝혀 보였으니, 실로 불교의 궁극을 나타낸 것이다.

1. 얻는 과보를 바로 밝힘

〖라집〗
삼세제불(三世諸佛), 의반야바라밀고(依般若波羅蜜故),
득아뇩다라삼먁삼보리(得阿耨多羅三藐三菩提).* '반야바라밀'
〖현장〗〖공역〗
삼세제불(三世諸佛), 의반야바라밀다고(依般若波羅蜜多故),
득아뇩다라삼먁삼보리(得阿耨多羅三藐三菩提).
삼세의 모든 부처님도 '반야로 저 언덕에 건너감'에 의지하므로 위없는 보리를 증득하신다.

1) 삼세의 모든 부처님

〖삼가 동일〗 삼세제불(三世諸佛)
삼세의 모든 부처님

〖원측〗
얻는 과보를 바로 밝히는 데에 세 구절이 있는데 이것은 첫 구절이다. '삼세의 모든 부처님'은 과보를 얻은 사람을 밝힌 것이다. 삼세는 과거와 현재와 미래의 유위법이다. 그 차례대로 일찍이 있었던 것, 현재에 있는 것, 앞으로 있을 것으로 삼세를 삼은 것이다. 또 설명하면, 차례대로 앞으로 있지 않을 법, 바로 현재에 있는 법, 아직 있지 않은 법으로서 삼세를 삼은 것이다.

〖원측〗 **부처님은 다섯 가지 뜻을 갖추심**

범음 'Buddha'를 여기서 번역하면 '깨달으신 분(무상보리를 증득하신 분)'이다. 다섯 가지 뜻을 갖추었기 때문에 '불(佛 : 불타의 준말)'이라고 이름하니, 『불지론(佛地論)』에서 설하는 바와 같다. 다섯 가지 뜻이란 무엇인가. 첫 번째, 두 가지 지혜를 갖춘 것인데, 일체지와 일체종지이다. 두 번째, 두 가지 장애를 벗어난 것인데, 번뇌장과 소지장이다. 세 번째, 두 가지 상을 통달한 것인데, 일체의 법상과 모든 교법의 모습이다. 네 번째, 두 가지 이익을 갖춘 것인데, 자리와 이타이다. 다섯 번째, 두 가지 비유를 갖춘 것인데, 잠을 자면서 꿈을 꾸는 것과 깨달음의 비유, 연꽃이 피어나는 비유이다. 이 다섯 가지 뜻을 갖추었기 때문에 부처라고 이름하는 것이다.

〖해설〗 **부처님이 갖추신 다섯 가지 뜻**

첫 번째, 일체지(一切智)는 일체의 법이 공성으로서 평등한 모습이라고 관하는 공성(空性)의 지혜이다. 일체종지(一切種智)는 일체의 법이 공성으로서 평등한 모습 가운데 차별이 있음을 증득한 사상(事相)의 지혜이다.

총상은 일체지이고, 별상은 일체종지이다. 원인은 일체지이고, 결과는 일체종지이다. 간략히 설한 것이 일체지이고, 자세하게 설한 것이 일체종지이다. 일체종지는 방편지와 일체지를 포함하며, 모든 법을 널리 비추고 다 아는 지혜이며, 오직 부처님만이 얻는 지혜이다.

두 번째, 번뇌장(煩惱障)은 탐내고 성내고 어리석음 등으로 악업을 일으켜 몸과 마음을 번거롭고 피로하게 하는 것을 말한다. 몸과 마음이 괴로워 지관 중에 지(止 : 망상의 경계를 그침)를 장애하기 때문에 번뇌장이라 한다. 번뇌로 인해 지혜를 얻는 지관수행을 할 수 없으니 괴로움이 끊이지 않는다. 번뇌장은 안락한 삶을 얻는 데 장애가 된다.

소지장(所知障)은 세계와 인간의 존재방식에 대한 무지로 지혜를 얻지 못하여 괴로움의 원인이 되는 것을 말한다. 법상을 지혜로 관조하는 까닭에 '아는 바'라고 말한 것이다. 법집으로 인해 지혜의 성품을 가로 막아 지관 중에 관(觀 : 대상을 관조함)을 장애하기 때문에 소지장이라 한다. 소지장은 지혜의 완성을 이루는 데 장애가 된다.

세 번째, 일체의 법상(法相)이란 색법과 심법 등 모든 법상을 말한다. 모든 교법의 모습이란 인천교, 소승교, 법상교, 파상교, 일승교, 정토교, 및 다양한 교상판석의 갖가지 가르침을 말한다.

네 번째, 자리(自利)는 자신에게 이익이 되는 것이니 무상보리를 이루어 지혜가 원만한 것을 말한다. 이타(利他)는 남을 이롭게 하는 것이니 자비로 중생을 교화해 복덕이 원만한 것을 말한다.

다섯 번째, 하나의 비유는 잠을 자면서 꿈을 꾸는 것과 깨달음의 비유이다. 잠을 자면서 꿈을 꿀 때의 일체 현상은 꿈을 깨고 나면 잠을 자는 마음이 만들어낸 것임을 알게 된다. 현실의 모든 법도 실체가 없으며 오직 마음이 지어내는 것임을 분명하게 아는 것을 깨달음이라고 이름하니, 꿈과 깨달음을 비유하는 것이다.

또 하나의 비유는 연꽃이 피어나는 비유이다. 연꽃은 진흙 가운데서 피어나도 더러움에 물들지 않고 세상을 아름답게 장엄한다. 오탁의 세계에서 위없는 보리를 증득하고 세간의 욕망과 쾌락에 물들지 않으며 청정한 모습으로 중생을 교화하는 사람을 부처님(불타의 한글 존칭어)이라고 이름하니, 연꽃과 부처님을 비유하는 것이다.

〖원효〗 부처님은 삼신의 지혜를 증득하신 분

『무량수경종요』에서 "무상보리심을 일으킨다는 것은 세간의 부와 즐거움 및 이승의 열반을 돌아보지 않고 한결같이 삼신의 지혜에 뜻을 두고 원하는 것이다."라고 하였다.

무상보리는 아뇩다라삼먁삼보리를 말하는 것이며, 부처님이 증득하신 지혜이다. 이 지혜는 삼신의 지혜이니, 곧 부처님은 삼신의 지혜를 증득하신 분이다. 부처님을 '깨달으신 분(覺者)'이라고 부르는 것은 구체적으로 위없는 보리인 삼신의 지혜를 증득하신 분을 일컫는 것이다.

〖해설〗 석가모니부처님은 인간으로서 유일한 부처님

석가모니부처님은 고대 인도의 가비라국 정반왕(숫도다나)과 마야부인을 부모로 기원전 624년 4월 8일 룸비니에서 탄생하셨다. 어렸을 때 이름은 고타마 싯다르타였다. 고타마(고는 소, 타마는 최상의 뜻)는 가문의 이름으로 성씨이고, 싯다르타(미덕을 갖춤)는 이름이다. '석가모니부처님'은 성자가 되신 이후에 부르게 된 명호이다. 석가(釋迦 : Sakya. 샤카)는 종족의 이름이니, 번역하면 능인(能仁: 재능이 뛰어나고 인자함)이다. 모니(牟尼: muni)는 적묵(寂黙)이라고 번역하며, 성자라는 뜻으로 이해한다.

우리가 '부처'라 이름하는 것은 그 어원이 범어(고대 인도말) 붓다(Buddha)에서 비롯된 것이다. 붓다를 한자의 음역으로 불타(佛陀)라 이름하고, 준말로 불(佛)이라고 한다. 불타는 '깨달으신 분' 또는 '위없는 보리를 증득하신 분'이라는 뜻이다. 붓다, 불타가 우리말로 옮겨지면서 '부처'라 이름하고 존칭하여 '부처님'이라 부르게 된 것으로 생각한다.

대승불교에서는 시방에 무수한 부처님이 계신다고 한다. 그 중에 인간으로 태어나 부처님이 되신 분은 석가모니부처님뿐이다. 그래서 '석가족의 성인' 곧 석가모니부처님이라고 이름하는 것이다. 역사에 실존하신 인간의 부처님이지만 높고 깊은 지혜와 자비와 복덕을 일반인들의 생각으로는 헤아릴 수 없으니 다만 여래십호라는 별명으로 찬탄하는 것이다. 부처님의 공덕은 세세생생 찬탄하여도 다하지 못할 것이다.

모든 불보살의 가르침과 행적은 석가모니부처님의 지혜로 보이신 방편이니, 이런 뜻에서 시방의 무수한 불보살은 모두가 석가모니부처님의 화신이다. 석가모니부처님과 모든 불보살은 하나이면서 여럿이고 여럿이면서 하나인 관계이다. 그러므로 삼매나 꿈 가운데서 불보살의 모습을 보거나, 광명이나 신비한 경계를 보는 것은 모두 감응(感應 : 마음을 다하는 데에 반응하는 현상)으로 나타나는 현상인 줄을 알아야 한다.

부처님이 말씀하셨듯이 인간은 불성이 있는 까닭에 욕망을 버리고 보리심을 일으켜 정진하면 부처님과 같은 공덕을 쌓고 불가사의한 업용을 보일 수도 있을 것이다. 그러나 불교사 이래 부처님과 비슷한 사람은 출현하지 않았다. 그럼에도 불구하고 '돈오돈수, 견성성불, 마음이 부처이니 마음만 깨달으면 된다.'는 등으로 말하지만 그것은 부처님의 지혜와 공덕을 훼손하고 훼손하는 일이다.

석가족의 성인, 석가모니부처님은 인간으로서 유일한 부처님이시다. 수행자들 중에 부처가 나오지 않는다고 염려하거나 실망할 것이 없다. 오히려 석가모니부처님을 유일한 부처님으로 받들어 모실 때, 불자들이 수행하는 길에 헷갈림이 없을 것이다. 반드시 부처님이 아니라 경전에서 말씀하신 참된 보살만 곳곳에 출현해도 불교는 빛나고 세상은 밝아질 것이다.

불교가 여러 종파로 분열되고 수행문이 난립하는 것은 부처가 출현하지 않아서가 아니라 너무 많은 사람들이 부처 행세를 하기 때문일 것이다. 지혜와 능력도 없이 부처님의 자리를 함부로 탐내는 일이 있어서는 안 된다. 이제 석가모니부처님을 인간으로서 유일한 부처님, 위대하신 한 분의 스승으로 받들어 모시고 그 지혜에 귀명해야 한다. 부처님의 지혜를 우러러 믿고 깊이 이해하고 발심하여 실천하는 보살의 삶을 최상의 가치관으로 삼는 것이 불자의 도리이다.

2) '반야로 저 언덕에 건너감'에 의지하므로

〖라집〗 의반야바라밀고(依般若波羅蜜故),
〖현장〗〖공역〗 의반야바라밀다고(依般若波羅蜜多故),
'반야로 저 언덕에 건너감'에 의지하므로

〖원측〗
두 번째 구절인 "반야로 저 언덕에 건너감에 의지하므로"라고 말씀하신 것은 장차 얻을 지혜를 밝히려는 것이다. '반야바라밀다'는 앞에서 설명한 것과 같이 알 수 있을 것이다.

〖해설〗
구마라집은 '반야바라밀', 현장과 공역본은 '반야바라밀다'로 번역한 것이 다르다. 삼세의 모든 부처님은 '반야로 저 언덕에 건너감'에 의지하기 때문에 '위없는 보리'를 증득하신다. 반야 외에 다른 법으로는 저 언덕에 건너갈 수 없고, 저 언덕에 건너가지 않으면 부처님의 지혜를 증득할 수 없다. 이제 관조반야로 정정취의 언덕, 열반의 언덕, 정토의 언덕에 건너가기 때문에 삼신의 지혜인 아뇩다라삼먁삼보리를 증득할 것이다.

3) 위없는 보리를 증득하신다

〖삼가 동일〗

득아뇩다라삼먁삼보리(得阿耨多羅三藐三菩提).

위없는 보리를 증득하신다.

(1) 아뇩다라삼먁삼보리의 번역

① 무상정진정도

〖원측〗

세 번째 구절인 "아뇩다라삼먁삼보리를 증득하신다."는 것은 얻는 바의 과보를 나타낸 것이니, 곧 보리이다. 범음은 위와 같지만, 이 말을 번역하는 데는 여러 설이 같지 않다.

첫 번째는 '무상정진정도'라고 번역한다는 설이다. '아'는 무(無), '뇩다라'는 상(上), '삼(三)'은 정(正), '먁'은 진(眞), 뒤의 '삼'은 정(正), '보리'는 도(道)를 말한다. 그러므로 모두 함께 말하면 '무상정진정도(無上正眞正道)'라는 것이다.

〖해설〗 **법장비구의 수행**

『무량수경』「법장비구의 수행」편에서 다음과 같이 말씀하셨다. "불법승 삼보를 공경하고, 스승과 어른을 받들어 섬겼으며, 큰 장엄으로 여러 가지 행을 구족하여 모든 중생들로 하여금 공덕을 성취하게 하셨다. 공(空), 무상(無相), 무원(無願)의 법에 머물러서, 모든 현상은 본래 만들어진 것도 아니고, 일어난 것도 아니며, 허깨비처럼 변화해서 생긴 것임을 관하셨다. 법장비구가 태어나는 곳에는 생각하는 대로 헤아릴 수 없는 법문이 자연히 우러나와 무수한 중생들을 교화하여 안심입명(安心立命)하게 하고, 무상정진정도(無上正眞正道)에 머물게 하셨다. 그는 때로는 장자, 거사, 바라문, 재상이 되기도 하고, 혹은 국왕, 전륜성왕, 육욕천왕으로부터 범천왕에 이르기까지 마음대로 태어나서 항상 사사(四事 : 의복, 음식, 주택, 의약)로 모든 부처님께 공양하고 공경하셨으니, 이러한 공덕은 가히 헤아릴 수 없다."라고 하셨다.

[해설] **불교는 안심으로부터 위없는 보리까지**

『무량수경』 '법장비구의 수행 편'의 말씀은 아뇩다라삼먁삼보리를 '무상정진정도'로 번역한 예를 보인 것이다. '부처님이 증득하신 도'라고 말하는 것은 바로 이 '무상정진정도'를 가리키는 것이다. 이 경의 말씀은 불교를 이해하는 데 중요한 점들을 확인할 수 있게 한다. 묘관찰지의 경계와 관하는 법, 불교는 안심입명으로부터 위없는 보리(아뇩다라삼먁삼보리)에 이르는 가르침이라는 것, 부처님이 변화신으로 출현하시는 일, 부처님께 사사를 공양하는 점 등이다.

경에는 "교화안립무수중생(敎化安立無數衆生) 주어무상정진지도(住於無上正眞之道)"라고 되어 있다. 필자는 위 글의 '안립'을 안심입명(安心立命)으로 해석하고, '무상정진지도'를 '무상정진정도(無上正眞正道)라고 보았다.

필자가 '불교의 신행체계'에서 말한 안심이란 곧 안심입명이다. 따라서 "안심은 성소작지에 대한 진실한 믿음 또는 묘관찰지를 성취함으로써 안심입명의 경지에 들어가는 것이다. 생사해탈과 도의 이치를 깨달아 마음을 편안히 하고 삼보에 귀명하여 자신의 본분을 다하는 것을 말한다."라고 해설한 것이다.

불교는 개인의 안심입명, 공동선(共同善) 등 종교의 일반적 기능을 포함하고, 또 그것들을 뛰어넘는 교법을 설한다. 불교는 안심으로부터 위없는 보리까지를 설하여 일체 중생을 안심입명하게 하고, 불성을 계발하여 위없는 보리를 증득함으로써 지혜의 완성과 안락한 삶을 성취하게 하는 위대한 종교이다.

② 무상정변지각

〖원측〗

두 번째는 '무상정변지각'이라고 번역한다는 설이다. '아'는 무(無), '녹다라'는 상(上), '삼(三)'은 정(正), '먁'은 변(遍), 뒤의 '삼'은 지(知), '보리'는 각(覺)을 이름한다는 것이다. 그러므로 무상정변지각(無上正遍知覺)이라고 한다.

여리지(如理智)가 진여를 연하는 것을 정(正)이라 하고, 여량지(如量智)가 세속을 연하는 것을 변(遍)이라 하며, 무분별지(無分別智)로 두 가지 무지를 끊는 것을 지(知)라 한다. 보리가 잠과 꿈의 표상을 벗어나는 것을 각(覺)이라 한다. 이 네 가지 지혜는 보리의 체이며, 이승의 과보를 뛰어 넘는 까닭에 무상(無上)이라고 한다는 것이다.

〖해설〗 **여래는 응공, 정변지**

아뇩다라삼먁삼보리는 '무상정변지각'이라고도 번역한다. 여리지는 본성인 이치와 같은 지혜이며, 모든 상대적 개념을 초월한 평등한 진리에 부합하는 지혜이다. 여량지는 근본지(根本智 : 본각)에 의하여 여리지를 얻은 뒤에 현상계를 헤아려 그 차별적인 모습들을 분명하게 아는 지혜이다.

무분별지는 자아와 경계를 분별하거나, 경계에 대하여 상대적 개념으로 분별하는 마음이 없는 지혜이다. 여리지, 여량지, 무분별지, 근본지는 무상보리를 증득하는 몸체이며, 무상보리는 이승의 지혜를 훨씬 뛰어넘기 때문에 무상이라 말한다. 이러한 뜻으로 아뇩다라삼먁삼보리를 '무상정변지각'이라고 번역하는 것이다.

무상정변지각은 여래(如來 : 본래 그러한 진리를 깨달아 오신 분)의 십호 중에 정변지(正遍知)를 말한다. 여래는 응공(應供)이시니 사람과 천신의 공양을 마땅히 받을만하신 분이다. 여래는 정변지이시니 일체의 법에 대하여 바른 견해로 널리 분명하게 아시는 분이다.

③ 무상정등정각

〖원측〗

세 번째는 '무상정등정각'이라고 번역한다는 설이다. 대당 삼장(현장법사)은 말하기를, '아'는 무(無), '녹다라'는 상(上), '삼(三)'은 정(正), '먁'은 등(等), '삼(三)'은 정(正), '보리'는 각(覺)을 말한다는 것이다. 어떤 법도 넘을 수가 없기 때문에 '무상'이라고 한다. 이치(理)와 현상(事)을 두루 알기 때문에 '정등'이라고 한다. 망념을 떠나 참다운 깃을 비추기 때문에 다시 '정각'이라고 한다. 그러므로 모두 함께 말하면 '무상정등정각(無上正等正覺)'이라는 것이다.

〖해설〗 **위없는 보리**

원효는 아뇩다라삼먁삼보리를 줄여서 '무상보리'라고 하였으니, 무상보리(無上-Bodhi)는 한문과 범어의 복합어이다. 필자는 무상보리를 '위없는 보리'라고 번역하였으니, 다음과 같은 이유에서이다.

첫째, '위없는'이라고 한 것은 부처님의 지혜임을 알기 쉽게 나타내기 위해서이다.

둘째, '보리'라고 한 것은 일반적으로 말하는 깨달음과 구별하기 위해서이다.

셋째, 보리는 '상구보리 하화중생'이라는 대승의 정체성을 나타내는 말이기 때문이다.

넷째, 대승의 근본정신을 실천하려는 큰 마음인 발심은 '발무상보리심'이니 이 뜻을 잊지 않도록 하기 위해서이다.

다섯째, 열반과 보리, 보리와 지혜를 구별하여 이해하도록 하기 위해서이다.

(2) 위없는 보리의 뜻과 체성

① 위없는 보리의 뜻

〖원측〗

보리라는 이름을 해석한다. 범어 '보리(Bodhi : 菩提)'는 여기 말로 번역하면 각(覺 : 깨달음)이다. 보리에는 세 가지가 있으니, 성문, 연각, 보살의 지혜를 말한다.

그러나 지금 여기서는 먼저 '위없는 보리'를 말할 것이다. 곧 진지(眞

智 : 진여의 실상을 연하는 지혜)와 속지(俗智 : 생멸을 연하는 지혜)가 함께 아공과 법공을 증득하기 때문에 보리(覺)라고 이름하는 것이다.

〖해설〗
보리(菩提)는 범어 'Bodhi'의 음역어이며 깨달음(覺)이라고 번역한다. 보리에는 세 가지가 있으니 연기의 세계관으로 경계를 관조하는 성문의 지혜, 연각의 지혜, 보살의 지혜이다. 그러나 보리(覺)라고 말하는 것은 진여의 실상을 연하는 진지(眞智)이거나, 생멸하는 법을 상대하는 속지(俗智)이거나 다 같이 아공과 법공을 증득하는 것을 말한다. 여기서는 '위없는 보리'를 말할 것인데, 이는 부처님의 지혜인 아뇩다라삼먁삼보리를 일컫는다.

〖물음〗 **반야로 얻는 과보가 열반인가 보리인가**
누군가 묻기를 "근본으로 얻는 결과를 표하는 곳에서는 단지 열반만을 설하더니, '예를 들어 성취함을 증명함' 여기서는 오직 보리라고 하는가. 깨달음으로 열반을 증득한다는 것과 어찌 서로 어긋나는 것이 아닌가."라고 한다.

〖원측〗
답하겠다. 이치로는 실제 모두 지혜와 열반의 두 가지 과덕에 통하는 것이지만 한 가지 뜻에 의해서 과덕을 생략하여(影略 : 두 가지 중에 하나의 과덕을 생략함) 서로서로 열반과 보리를 나타내는 것이다.

〖해설〗 **열반에도 지혜의 덕이 있고, 보리에도 열반의 덕이 있다**

앞의 '지혜와 열반의 법문'에서 "지혜라 할 것이 없고, 또한 얻을 것도 없다."라고 말씀하신 것에 대하여 '앞의 지혜는 무상보리이고, 뒤의 얻을 것은 열반'이라는 해석이 더 낫다고 하였다.

그런데 '제2절 예를 들어 성취함을 증명함'의 '얻는 과보를 바로 밝힘'에서는 "삼세의 모든 부처님도 '반야로 저 언덕에 건너감'에 의지하므로 위없는 보리를 증득하신다."라고 하니, "이 경에서 반야의 지혜로 얻는 과보는 열반인가 보리인가."라고 묻는다.

답하기를 "열반에도 지혜의 과덕이 있고, 보리에도 열반의 과덕이 있는 것이다. 그러나 열반을 말할 때는 지혜의 과덕을 생략하고 열반의 과덕만을 나타내고, 보리를 말할 때는 열반의 과덕을 생략하고 지혜의 과덕만을 나타낸 것이다."라고 하였다.

② **보리의 체성**
〖원측〗 **보리의 체성은 반야**

『불지경』에서 말씀하시기를, "다섯 가지 법이 있어서 대각을 섭수하니, 네 가지 지혜와 청정한 법계를 일컫는 것이다(佛地經曰有五種法攝大覺, 所謂四智及淨法界)."라고 하셨다. 저 경이 진여를 대각으로 삼는 것은 『섭대승론』과 같으니 보리(깨달음)의 성품이기 때문이다.

『지도론』에 의하면 '보리의 경계인 까닭에 보리라고 이름한다.'는 것이다. 그러므로 저 논에서 설하기를 "지혜와 지혜의 처(處)가 모두 반야라고 이름하는 것이다."라고 하였다.

〖해설〗 **5법은 일심의 도리와 네 가지 지혜**

경에서 말씀하신 5법은 청정한 법계(진여)와 부처님이 증득하신 네 가지 지혜이다. 법이란 믿고 이해하고 실천하고 증득하는 근본을 말한다. 청정한 법계는 일심의 도리다. 그러므로 일심의 도리와 부처님의 네 가지 지혜를 우러러 믿고 행하는 것은 대승의 근본임을 알아야 한다.

(3) 위없는 보리를 분별함

〖원측〗

위없는 보리를 네 문으로 분별하였다.(필자 : 5문 중에 심소상응문은 생략함) 네 문이란 이름을 표하고 체를 나타내는 문, 식을 전환해서 지혜를 얻는 문, 연하는 바를 차별하는 문, 처음 지혜가 일어나는 것으로 차별하는 문이다.

〖해설〗 **지혜는 청정광명**

네 가지 지혜는 모두 분별하고 집착하는 식(識 : 여덟 가지 식)을 번뇌가 일어나지 않는 청정으로 전환하여 얻는 것을 말한다. 그러므로 지혜는 청정이다. 지혜를 얻으면 안으로 번뇌가 없는 청정을 얻고, 밖으로 광명의 세계인 정토를 본다. 그러므로 지혜는 광명이다. 모든 지혜는 청정광명이다. 아래에 해설하는 모든 문도 이러한 뜻으로 이해하면 될 것이다.

① **이름을 표하고 체를 나타내는 문**

〖원측〗

대원경지(大圓鏡智)는 둥근 거울에 의해 갖가지 연(緣)이 비치어 나타나는 것과 같다. 이와 같이 지(止)에 의해 여래의 지혜의 거울에 모든 육처(육근)와 육경과 육식의 뭇 형상이 비치어 나타나는 것을 비유로써 이름을 세운 것이다. 대원경지는 제8식에 상응하는 마음들(心所有法)을 써서 자체를 삼는다.

평등성지(平等性智)는 자타의 중생이 모두 평등하니 작용을 따라서 이름을 세워 평등성지라고 부르는 것이다. 평등성지는 제7식에 상응하는 마음들로 체를 삼는다.

묘관찰지(妙觀察智)는 상응하는 마음들이 모든 법의 자상(自相 : 모든 법의 개별적인 특징. 색온의 부서짐과 같음)과 공상(共相 : 모든 법의 보편적인 특징. 제법무아와 같음)을 잘 관찰하므로 작용을 따라서 이름을 세워 묘관찰지라고 부르는 것이다. 묘관찰지는 제6식에 상응하는 마음들로 체를 삼는다.

성소작지(成所作智)는 널리 시방에서 갖가지 변화의 삼업으로 마땅히 지을 바의 일을 나타내 보이는 것으로 이것 또한 작용을 따라서 성소작지라고 이름하는 것이다. 성소작지는 전5식에 상응하는 마음들로 체를 삼는다.

② **식을 전환하여 지혜를 얻는 문**

〖원측〗

『불지론(佛地論)』제3권에 두 스승의 주장이 있다. 한 스승은 말하기를, "제8식을 전환하여 대원경지를 얻고, 제7식을 전환하여 평등성지를 얻고, 제6식을 전환하여 묘관찰지를 얻고, 전5식을 전환하여 성소작지를 얻는다."라고 한다.

또, 한 스승은 말하기를 "제6식을 전환하여 성소작지를 얻고, 전5식을 전환하여 묘관찰지를 얻는다."라고 한다. 그러나 이것은 이치에 맞지 않으니, 순서가 아니기 때문이다. 법을 설해 의심을 끊는 것은 두루 관찰하는 것이지 다섯 가지의 작용이 아니기 때문이다.

③ **연하는 바를 차별하는 문**

〖원측〗

대원경지는 『불지론』에 의하면 두 가지 해석이 있다. 하나는 진여를 연(緣)하여 경계로 삼는다고 한다. 둘은 일체의 모든 법을 통틀어 연하여 경계로 삼는다고 한다. 비록 두 설이 있지만 후자가 낫다고 하겠다.

평등성지는 『불지론』과 『성유식론』에서는 모두 세 가지 해석이 있다. 하나는 제8식 중에 청정한 식만을 연하여 경계로 삼는다고 한다. 둘은 평등한 진여만을 연하여 경계로 삼는다고 한다. 셋은 진리의 세계와 세간을 넓게 연하여 경계로 삼는다고 한다.

묘관찰지는 일체의 경계를 연하여 경계로 삼는다는 데에 쟁론이 없다.

성소작지는 두 가지 설이 있다. 하나는 단지 다섯 가지 현재의 경계

(물질, 소리, 냄새, 맛, 촉감의 경계)만을 연하여 경계로 삼는다고 한다. 둘은 삼세의 모든 법을 두루 연하여 경계로 삼는다고 한다. 후자를 바르다고 할 것이니, 저 두 논에서 설하는 바와 같다.

④ 처음 지혜가 일어나는 것으로 차별하는 문
〖원측〗

『불지론』에 의하면, 대원경지는 금강심(십지 보살의 마지막 마음)에 들어가는 때에 처음 지혜가 일어난다고 한다.

평등성지는 상응하는 마음들이 보살의 초지에 있으며, 처음 관을 나타낼 때에 최초로 지혜가 일어난다고 한다.

묘관찰지는 상응하는 마음들이 역시 초지에 있으며, 처음 관을 나타낼 때에 최초로 지혜가 일어난다고 한다. (필자 : 공, 무상, 무원에 상응하는 마음들은 초지에 있으나 정정취에 들어가면 지혜가 나타나고 법신과 보신을 조금 본다.)

성소작지는 두 가지 해석이 있다. 하나는 초지 이상에서는 모두 지혜가 일어난다고 한다. 둘은 부처의 과보에서 비로소 지혜가 일어난다고 한다. 후자를 바르다고 하겠다.

『성유식론』에 의하면, 대원경지는 두 가지 해석이 있다. 하나는 금강심에 들어가는 때에 처음 지혜가 일어난다고 하고, 둘은 부처의 과보에서 비로소 지혜가 일어난다고 하였다. 후자를 바르다고 하겠다.

【원효】 **부처님의 네 가지 지혜**

원효의 『무량수경종요』는 부처님의 네 가지 지혜를 가장 자세하게 밝힌 저술이다. 아래는 저 논에서 밝힌 네 가지 지혜의 경계만을 실었다.

① 대원경지

무등무륜최상승지(無等無倫最上勝智)는 바로 여래의 대원경지다. 처음 본식을 전환하여 비로소 마음의 근원으로 돌아가 일체 종류의 경계를 원만히 비추지 않음이 없다. 그러므로 대원경지라 이름한다. 이 하나의 지혜 가운데는 다섯 가지의 수승함이 있다. 해탈의 몸 같은 것은 이승이 함께 얻을 수 있으나 이와 같은 대원경지는 바로 법신이어서 저들이 함께 할 것이 아니다. 그러므로 무등이라 이름하며, 이것이 첫 번째 수승함이다. 앞의 세 가지 지혜 같은 것은 보살이 점차로 얻을 수 있으나 대원경지는 오직 부처님만이 단박에 증득하니, 다시 나머지와 비교할 것이 없다. 그러므로 무륜이라 이름하며, 이것이 두 번째 수승함이다. 부사의지보다 뛰어났으니 최라 하며, 불가칭지보다 훨씬 위에 있으므로 상이라 하며, 대승광지보다 너그러우니 승이라 한다. 이것이 세 번째, 네 번째, 다섯 번째의 수승함이다. 그러므로 무등무륜최상승지라고 이름한다.

【해설】 **대원경지는 위없는 보리**

대원경지는 평능성지에서 더 나아가 오직 부처님만 성취하고 증명하는 지혜이며, '일체의 법을 널리 비추고 다 아는 지혜'이다. '대원경지는 오직 부처님만이 단박에 증득하니, 다시 나머지와 비교할 것이 없다.'라고 말한 것은 대원경지에는 나머지 세 가지 지혜가 모두 포함되었다는 뜻이다. 대원경지는 '무등무륜최상승지'라고 하였으니, 곧 '아뇩다라삼먁삼보리'인 '위없는 보리'이며 삼신의 지혜이다. 대원경지를 증득하면 삼신의 몸을 얻고 자성토(법성토), 수용토에서 자유자재하며 변화토를 보여 중생을 제도한다.

② **평등성지**

대승광지(大乘廣智)는 평등성지다. 이 지혜는 널리 제도하며 소승을 향하지 않는다. 무아에서 즐겁게 지내기 때문에 나가 아닌 것이 없고, 나가 아닌 것이 없기 때문에 평등하게 섭수하지 않음이 없음을 일컫는다. 이러한 동체라는 지혜의 힘으로 끝없는 중생을 널리 실어 모두가 무상보리에 똑같이 이르도록 한다. 그러므로 대승광지라고 한다.

[해설] 평등성지는 주관적인 지혜

대승에서는 모든 법은 연기즉공(緣起卽空)이기 때문에 '일체경계 본래일심'이라고 한다. 그리하여 일심을 법으로 삼아 발심하고 수행하여 일심의 근원으로 돌아가 동체대비를 실현하려는 원력으로 수행한다. 평등성지는 일심의 근원으로 돌아가 법신을 증득하니, 일체의 법에 상대적 개념이 끊어져 '둘이 없음을 증득하는 지혜'이며, 범부로부터 부처에 이르기까지 일체 중생이 평등하여 '차별이 없음을 증득하는 지혜'이다.

평등성지를 성취하면 초지보살의 몸을 얻고 순정문의 정토에 태어난다. 또한, 지혜와 일심이 하나가 되어 자연히 동체대비의 마음을 일으키고 끝없는 중생을 교화한다. 평등성지는 객관적으로 증명되는 것이 아니라 스스로 체득하고 행으로써 실현하는 주관적인 지혜이다.

③ 묘관찰지

불가칭지(不可稱智)는 묘관찰지다. 이 지혜는 말할 수 없는 경계를 관찰한다. 일체의 법은 모두 허깨비와 같고 꿈과 같아서, 있는 것이 아니지만 없는 것도 아니므로, 말을 떠나고 생각이 끊어져 말을 따르는 자가 말하거나 헤아릴 수 있는 것이 아님을 일컫는다. 그러므로 불가칭지라고 이름한다.

[해설] 묘관찰지는 객관적인 지혜, 대승의 첫 번째 깨달음

불교는 세계와 인간의 존재방식을 연기(緣起)로 파악하고, 연기의 세계관은 보편적인 진리라고 선언하였다. 묘관찰지는 연기의 실상을 관찰하는 지혜이다. 즉 일체의 법은 '공, 무상, 비유비무'라고 관찰하는 것이다. 묘관찰지를 성취하면 정정취의 몸을 얻고 현실에서 정정취문의 정토를 감득할 수 있다.

묘관찰지를 성취하여 모든 법의 실상을 체득해야 일심의 근원으로 돌아갈 수 있다. 묘관찰지를 성취하면 진여의 이치를 조금 본다. 아직 법신을 증득하지 못하고 진여의 이치를 조금 보기 때문에 색상 등이 있는 보신을 조금 본다. 묘관찰지는 말과 생각이 끊어진 경계를 관찰하지만 모든 법의 실상을 밝힌 보편적인 진리라는 점에서 객관적인 지혜이다. 묘관찰지는 위없는 보리의 첫 번째 지혜이며, 이 지혜를 얻어 발심하고 실천하는 것이 대승의 첫 번째 깨달음이다.

④ **성소작지**

　부사의지(不思議智)는 성소작지다. 이 지혜는 능히 불가사의한 일을 짓는다. 여섯 자를 넘지 않는 몸이지만 정수리를 볼 수 없고 털구멍의 양만큼도 늘이지 않고 시방세계에 두루 하며, 일념으로 명호를 부르면 여러 겁의 무거운 죄업을 영원히 소멸하고, 십념으로 명호를 생각한 공덕은 능히 삼계 밖의 수승한 과보에 태어나게 하는 일과 같은 것을 일컫는다. 이와 같은 일들은 낮은 지혜로 헤아릴 것이 아니다. 그러므로 부사의지라고 이름한다.

[해설] **성소작지는 종교적인 지혜**

　성소작지는 대원경지를 성취하신 부처님만이 완전하게 이루시고 증명하신다. 그러므로 범부는 오직 우러러 믿고 따라서 행해야 할 지혜이며, 생각으로 헤아려 알 수 있는 것이 아니다. 단지 깊은 믿음으로 행하면 반드시 감응하니 부처님의 뜻과 중생의 원이 어긋나지 않고 성취되기 때문이다.

　정토문의 염불수행에서 말씀하신 칭명염불, 십념염불, 관상염불의 공덕, 정토의 경계를 형상화하여 나타내 보이는 일, 변화의 새를 지어보이는 일 등은 모두 성소작지의 작용이다. 성소작지를 믿고 염불을 행하면 정정취의 몸을 얻고, 정정취문의 정토에 태어난다.

　성소작지는 일심의 근원으로 돌아가 법신을 성취한 초지보살부터 조금씩 이룬다. 법신을 성취하고 무량한 선법을 닦으면서 중생의 마음을 깊이 헤아리고 교화하는 방편의 지혜가 생겨나기 때문이다. 성소작지는 종교적 신념으로 오직 우러러 믿어야 할 지혜이므로 종교적인 지혜이다.

(4) 삼신을 분별함

① 삼신의 이름과 체성

〖원측〗

삼신(三身)의 삼은 수를 표시하고, 신은 세 가지 뜻이 있다. 『성유식론』에서 "본체, 의지함, 모음의 뜻을 종합해서 몸이라고 한다."라고 하였다. 삼신은 다음과 같다.

첫째, 자성법신(自性法身)이다. 진여는 항상 변하지 않으므로 자성신이라고 이름한다. 힘과 두려움 없음 등의 모든 공덕의 법이 의지하는 바이므로 또한 법신이라고 이름한다. 법신은 진여를 체로 삼는다.

둘째, 수용신(受用身)이다. 자신과 타인으로 하여금 갖가지 큰 법의 즐거움을 수용하도록 하기 때문에 수용신이라고 이름한다. 수용신은 네 가지 지혜와 자신을 이롭게 하는 공덕과 초지 이상의 보살을 위해 나타내는 변화의 모습 중에 일부의 공덕(매우 미세한 색상)을 자성으로 삼는다.

셋째, 변화신(變化身)이다. 중생을 이롭게 하고 갖가지 변화의 일을 나타내므로 변화신이라고 이름한다.

〖해설〗 **법신, 보신, 화신**

자성법신은 법신(法身)이다. 수용신은 보신(報身)이며, 여기에는 자수용신과 타수용신이 있다. 자수용신은 스스로 수 겁을 닦아 이루어 자신만 수용할 수 있기 때문에 이름한 것이다. 자수용신은 보신에 내재한 법신이다.

타수용신은 다른 사람도 수용하는 몸이라는 뜻이며, 정정취부터 십지보살까지로 하여금 법의 즐거움을 받도록 보이는 부처의 몸이다. 초지보살 이상은 타수용신 중에 매우 미세한 색상을 보게 된다.

변화신은 변화를 보이는 몸으로 화신(化身)이다. 삼신은 법신, 보신, 화신을 말한다. 이 삼신의 몸을 갖추신 부처님을 법신불, 보신불, 화신불이라 부른다. 모든 부처님은 삼신을 갖추셨다.

② **법신**

『기신론』에서 "진여의 자체상(自體相)은 일체의 범부, 성문, 연각, 보살, 모든 부처에 이르기까지 항상 머물러 있다. 진여 자체에 대 지혜광명의 뜻이 있고, 법계를 두루 비춤의 뜻이 있고, 진실한 앎의 뜻(眞實識知義)이 있고, 자성청정심의 뜻이 있고, 상락아정의 뜻이 있고, 청량함 불변함 자재함의 뜻이 있어서, 이와 같이 항하의 모래수보다 많은 데서 불리(不離) 부단(不斷) 불이(不異) 부사의(不思議)한 불법을 구족하고 내지 만족하여 부족한 것이 없다는 뜻이기 때문에 여래장이라 하며, 또한 여래법신이라 이름하는 것이다."라고 하였다.

[해설] **법신은 진여본성을 인격화한 몸**

법신은 일심의 근원인 진여본성 자체를 일컫는다. 그러므로 색과 형상을 멀리 떠났으니 도무지 색이나 모양을 얻을 수가 없다. 이와 같은 본성(理 : 이치)을 인격화한 몸을 법신이라고 부르는 것이다. 또, 진여가 일체 번뇌와 괴로움의 장애를 받지 않기 때문에 청정법신이라고 부른다. '법신을 증득한다.'는 것은 '일체경계 본래일심'의 도리를 알고 일심의 근원에 돌아가 진여를 증득하여 일체 번뇌와 괴로움의 장애를 받지 않는 것을 말한다. 이는 스스로 증명하는 것이다. 보살은 삼신 가운데 먼저 법신을 성취하고 보신과 화신을 차례로 성취한다. 이것은 선오후수문(先悟後修門)의 입장에서 말하는 것이다.

③ 보신

『기신론』에서 말하기를 "보신은 무량한 색이 있고, 색에 무량한 호(好)가 있고, 의과(依果 : 산하대지인 자연의 과보)에도 무량한 장엄이 있다. 곳에 따라 나타남이 끝이 없으니 한계가 없다. 그러나 응하는 바에 따라서 항상 머물러 있어서 훼손되지도 않고 잃지도 않는다."라고 하였다.

또, 말하기를 "초발의보살(초발심보살 : 십해보살) 등은 진여의 법을 깊이 믿기 때문에 적은 부분이나마 진여의 이치를 본다. 저 보신의 색상과 장엄 등은 오는 것도 없고 가는 것도 없어서 한계를 떠났으며, 오직 마음에 의하여 나타날 뿐 진여를 떠나지 않은 것임을 알기 때문이다. 그러나 이 보살들은 아직 스스로 분별하고 있으니 법신의 자리에 들어가지 못했기 때문이다."라고 하였다.

[해설] 보신은 수행의 과보로 얻은 몸

보신은 수행의 과보로 얻은 몸이라는 뜻인데, 그 의미가 매우 깊다. 보신은 수행의 과보로 법신을 증득하고 부처님의 지혜를 성취한 몸을 말한다. 보신불은 일심을 증득하고 지혜의 모습을 몸으로 삼으니 그 몸은 곧 진여법계와 같은 것이다. 그러므로 아미타불의 보신을 법계신(法界身)이라고 부르는 것이다. 보신불의 경계(보신)를 가장 잘 나타낸 것이 정토이다. 정토는 '아미타'라고 이름하니, 자연과 생명의 일체 경계가 무량수, 무량광이라는 것이다. 이를 여래장성공덕상(如來藏性功德相 : 여래장의 성품이 갖춘 공덕의 모습)이라고 일컫는다. 보신은 진여의 성품이 갖춘 덕성(德性 : 청정광명)과 지혜의 모습인 덕상(德相 : 청정광명의 공덕상)의 두 측면으로 이해하면 알기 쉽다.

④ 화신

〖원측〗

경과 논에서는 모두 '화신은 초지보살 이전의 중생을 교화하기 위해서 갖가지 형상을 나타내는 것이다.'라고 설한다. 그것은 이미 초지보살 이전의 중생의 경계인 까닭에 진실한 공덕이 아니며, 단지 변화의 작용이기 때문이다.

경과 논에서는 '오직 성소작지는 변화의 업을 일으키지만, 변화한 몸은 아니다.'라고 설할 뿐이다. 비록 삼신의 지혜는 수승하여 법신을 섭수하지만 지혜는 의지하여 증득한 바이기 때문이며, 변화한 몸은 지혜가 일으킨 바의 작용이기 때문이다.

그러나 지혜가 나타난 것과 비슷한 까닭에, 임시로 설하여 지혜로 삼은 것은 허물이 있는 것이 아니다.

〖해설〗 **화신에 대한 이해**

화신은 변화한 몸이라는 뜻이지만 그 의미가 매우 많다. 첫째, '일체가 비로자나불의 화신'이라고 말하는 경우이다. 이것은 법신이 화현한 몸이라는 뜻이다. 깨달음의 지혜로 관하면 '일체가 아미타불의 화신이다'라고 말하는 것과 같다.

둘째, '석가모니부처님은 천백억화신'이라고 부르는 경우이다. 석가모니부처님이 범부와 이승을 교화하기 위해 중생의 원함에 따라 불가사의한 업용을 써서 갖가지(축생, 사람 등 육도의 모습 및 다양한 사람의 모습) 변화한 몸을 보이시는 것을 말한다. 이러한 몸을 변화신(變化身) 또는 응화신(應化身 : 근기에 응하여 변화한 몸)이라고 부른다.

셋째, 정토의 경계 및 지혜의 모습 등을 임시의 환술(幻術)로 보이시는 경우이다. 이는 오직 성소작지의 작용을 일으키는 것이다. 이 지혜는 법신에 의지하여 증득한 바이지만 변화한 몸은 법신이 변화한 것은 아니다. 이 경우의 화신은 지혜로써 임시로 보이신 모습이므로 법신이 변화하여 나타난 모습은 아니라는 것이다. 성소작지로써 묘관찰지 및 무분별지의 경계를 깨달을 수 있도록 환술을 보인 것이기 때문이다. 그러나 지혜의 모습과 비슷하게 보여 지혜로 삼게 한 것은 그릇된 것이 아니다. 이러한 뜻으로 '일체를 아미타불의 화신으로 관하라.'고 말하는 것이다.

[해설] **화신관은 상사각**

대승의 깨달음이란 일심의 근원에 돌아가 진여를 증득하는 것, 평등성지를 얻는 것, 무분별지를 얻는 것, 초지보살이 되는 것 등으로 말한다. 이와 같은 지위 이진의 보살에게 큰 깨달음의 경계로 인도하기 위해 보이는 작용이 곧 성소작지로써 보이신 화신이다. 화신은 부처님이 스스로 몸을 변화하는 경우도 있고, 지혜의 모습과 비슷한 모습을 보여주는 경우도 있다. 후자는 정토에서 화신의 새를 보이는 경우와 같은 것이다.

일체를 화신으로 관하는 것은 정정취의 경계에 해당한다. 이는 무분별지와 비슷한 깨달음이라는 뜻으로 상사각(相似覺)이라고 이름한다. 화신관은 상사각의 방편을 써서 지혜를 얻도록 하는 것이다. 화신관은 묘관찰지의 경계를 깨닫고 무분별지에 들어가는 수승한 방편인 것이다.

⑤ 근기에 따라 부처님의 모습을 본다

『기신론』에서 "모든 부처님은 오직 법신지상(法身智相 : 법신인 지혜의 모습)의 몸이니, 제일의제(第一義諦 : 공의 진리)이므로 세간 도리의 경계가 없고 작용을 떠났다. 다만 중생들이 보고 들음을 따라서 모두가 이익을 얻기 때문에 용이라고 말한다. 이 용에는 두 가지가 있다. 첫째, 범부와 이승의 마음으로 보는 것은 응신이라고 이름한다. 둘째, 모든 보살이 초발의(정정취)부터 보살의 구경지에 이르기까지의 마음으로 보는 것은 보신이라고 이름한다."라고 하였다.

[해설]

색상 등이 있는 부처님의 모습을 본다는 것은 모두 일체 중생을 섭수하여 깨달음으로 인도하기 위해 방편으로 보이신 타수용신을 보는 것이다. 법신이나 자수용신을 말하는 가운데는 색도 없고 모양도 없는 줄을 알아야 한다.

응신(應身)은 누구나 볼 수 있는 부처님의 모습을 말한다. 응신불은 불교사 이래 석가모니부처님 한 분뿐이다. 범부와 이승의 의식으로는 응신 밖에 보지 못하지만 삼매 중에는 화신을 본다. 범부와 이승이 꿈을 꿀 때 혹은 삼매 중에 보는 불보살의 모습은 모두가 중생의 마음에 응하여 출현하는 화신이다. 정정취는 현실에서는 화신을 관하고 삼매 중에는 법신과 보신을 조금 본다.

(5) 삼신과 정토

① 예토와 정토

[원효]

『무량수경종요』에서 말하기를 "『섭대승론』에서 '저 정토 가운데는 모든 두려움이 없고, 육근이 수용하는 법이 모두 갖추어져 있다. 또한 단지 있을 뿐만 아니라 일체의 수용하는 도구가 최상으로 수승하여 비교할 것이 없다. 이것은 여래가 복덕과 지혜로 원인을 원만하게 하여 여래의 수승한 과보인 의지의 처(處: 땅)를 감득하신 것이다. 그러므로 최상으로 수승하다.'라고 하였으니, 이러한 등의 글에 의거하면, 원인을 원만하게 하여 감득하는 것은 자수용신이 의지하는 육진임을 알아야 한다."라고 하였다.

또, 말하기를 "마치 관을 행하는 자는 돌을 옥으로 관하지만 지혜를 통달하지 못한 자는 오히려 돌이라고 관하는 것과 같은 것이다. 돌과 옥이 서로 다르지만 별체는 아니다. 예토와 정토가 같은 곳이라는 것도 역시 이러한 줄을 알아야 한다."라고 하였다.

[해설] **정토는 물질이 있고 수용하는 도구가 있다**

부처님의 국토를 극락(極樂), 안락(安樂) 등으로 부르며 모든 불국토를 통틀어 정토라고 부른다. 그런데 정토는 육근으로 수용하고 감수하는 물질, 소리, 냄새, 맛, 촉감, 법 등의 경계가 있는가, 없는가. 정토에는 이러한 육근이 수용하는 육경이 있고, 또 사람이 수용하는 도구가 갖추어져 있다.

예토와 정토는 하나의 국토에서 지혜의 수준에 따라 다르게 보는 국토이다. 예토는 범부의 눈으로 바라보는 세계요, 정토는 지혜의 모습이다. 정토는 근원적으로 이 현실세계를 떠나서 존재하는 곳이 아니다. 정토는 수행의 과보로 감득할 수 있는 지혜의 모습이요, 깨달음의 세계이다.

② **자성토, 자수용토, 타수용토, 변화토**

[원측]

『성유식론』에 의하면, 몸에는 네 가지가 있으니 소위 자성신, 자수용신, 타수용신, 변화신이다. 땅에도 네 가지가 있으니 자성토, 자수용토(自受用土), 타수용토(他受用土), 변화토이다. 앞의 네 몸은 차례대로 네 가지 땅에 머문다는 것이다. 자성신과 자성토는 체(體)에 차별이 없지만, 부처의 법에 속하여 상(相 : 덕상)과 성(性 : 덕성)의 다름이 있다. 그런 뜻에 의해 주체와 경계로 설하는 것이다. 그 변화신은 정토(淨土)에 머물 뿐만 아니라 예토(穢土)에도 통하니, 논에서 널리 설하고 있는 바와 같다.

[해설] **수용토는 실보토**

　자성신은 법신으로 색과 형상을 멀리 떠난 법성정토를 머무는 곳으로 삼는다. 이러한 때문에 자성토는 도무지 색이나 모양을 얻을 수 없다. 자성신과 자성토는 그 본체 면에서 차별이 없지만 덕성을 주체인 자성신이라 부르고, 덕상을 경계인 자성토라고 말하는 것이다.

　수용토(受用土)는 여러 부처님이 중생을 구제할 목적으로 본원을 세우고 수행하여 실제의 과보로 성취하는 실보토(實報土)이다. 수용토는 부처님만이 누릴 수 있는 자수용토와 부처님 외의 중생들이 감득할 수 있는 타수용토가 있다.

　법신의 변화신은 정토나 예토 어디에나 머무신다. 변화신이 머무는 변화토(變化土)는 중생을 교화하기 위하여 성소작지(成所作智)의 대비력으로 중생의 근기에 따라 임시로 갖가지 변화의 현상 및 화신을 보이는 국토를 일컫는다. 경에서 정토에 여인이 있다는 것은 임시로 보이는 변화토에서 화신의 몸을 보인 것이다. 아미타불의 정토는 수행과보로 실제 감득하는 실보토이다.

③ 일심정토와 정정취문의 정토

[원효]

　『무량수경종요』에서 말하기를 "원만문의 정토, 일향문의 정토, 순정문의 정토, 정정취문의 정토는 모두 여래가 원행으로 성취한 곳이며, 저곳에 태어나는 자의 자력으로 갖추는 것이 아니다. 예도의 바깥 기세계가 오직 중생의 공업으로 이루어진 것과는 같지 않다는 것이다. 그러므로 통틀어 '청정한 국토'라 이름하는 것이다."라고 하였다.

〚해설〛 **일심정토에 들어가는 네 가지 문**

원만문의 정토, 일향문의 정토, 순정문의 정토, 정정취문의 정토는 일심정토에 들어가는 네 가지 문을 밝힌 것이다. 부처님의 과덕을 밝힌 원만문은 자수용토이고, 뒤의 일향문, 순정문, 정정취문의 정토는 타수용토이다. 타수용토는 부처님이 원행으로 성취하여 부처님 외에 다른 사람들도 수용하는 국토이다. '여래가 원행으로 성취한 곳'이라고 말한 것은 일심정토는 수행의 과보로 감득할 수 있는 실보토라는 것이다. 그 정토는 산하대지 및 물질의 세계이지 범부가 공업으로 지어 탁한 예토와는 다른 청정한 국토이다. 지혜의 모습인 까닭이다.

〚해설〛 **일심정토의 뜻**

일심정토는 '일체경계 본래일심'의 도리에 의해 이 땅에서 정토가 실현되는 것을 일컫는다. 일심정토는 수행의 과보로 감득하는 실보토(實報土)이다. 일심의 도리와 성소작지(成所作智)를 믿고, 아미타(무량수, 무량광)를 법으로 삼는 염불수행으로 정정취문의 정토에 태어나는 것을 말한다. 일심정토는 서방정토와 유심정토를 포용하여 일체 중생이 생사를 벗어나고 깨달음을 성취하는 보편적인 구제원리로 부처님이 세상에 출현하신 근본 뜻이다.

〚해설〛 **정정취문 정토의 경계**

정정취문 정토는 정정취가 감득하는 경계를 말한다. 이 정토는 자연과 생명의 청정한 공덕상이 무량하게 교차하며 빛나는 세계다. 정정취문 정토의 경계를 대표적으로 말하면, 여인이 없다, 장애인이 없다, 결정된 소승이 없다, 삼악도가 없다, 싫어할 계절이 없다는 것 등이다.

첫째, '여인이 없다'는 것은 모든 법을 상대적으로 분별하는 마음이 없다는 것을 대표하여 나타낸 것이다. 정정취는 남녀의 본성이 평등함을 깨달은 까닭에 빈부귀천 인종 등 어떤 명분으로도 차별하지 않는다.

둘째, '장애인이 없다'는 말의 본래 뜻은 성 불구자를 가리키는 것이지만 육체적 정신적 장애인으로 확대해석한 것이다. 정정취는 장애란 실체가 없음을 깨달은 까닭에 현상에 집착하지 않고 그 본성을 관하여 건강한 사람과 차별하지 않는다. 장애인이 늘어나는 현대사회에 전하는 소중한 가르침이다.

셋째, '결정된 소승이 없다'는 것은 정토에는 이미 발심한 성문과 연각이 있지만 보리심을 실천하지 않는다. 이러한 이유로 성문 또는 연각이라고 부르는 것이다. 그러나 그들은 소승으로 결정된 사람이 아니므로 조건이 갖추어지면 언제든지 보리심을 실천한다.

넷째, '삼악도가 없다'는 것은 정토란 삼계를 벗어난 세계임을 상징적으로 나타낸 것이다. 지옥과 아귀는 마음이 만들어낸 세계이므로 누구나 볼 수 있는 세계가 아니다. 축생은 정토의 모든 새들을 아미타불의 화신으로 관하는 것과 같은 이치로 이해하는 것이다. 정정취는 삼악도에 떨어지지 않기 때문에 선근을 끊는 일이 없다.

다섯째, '싫어할 계절이 없다'는 것은 사람과 모든 생명에 이어서 자연을 상대하면서도 분별하는 마음이 없다는 것을 상징적으로 나타낸 것이다. 정정취는 꽃피는 봄과 아름다운 가을은 좋고, 더운 여름과 추운 겨울은 싫다는 등으로 분별하는 마음을 일으키지 않는다.

정정취문 정토의 경계는 묘관찰지의 경계를 형상으로 보여주어 지혜를 성취하도록 인도하는 묘법이다. 이러한 이유로 정토의 경계를 자비광명이라고 이름하는 것이다. 이처럼 지혜의 경계를 형상으로 보여서 찬탄하고 생각하고 관하여 지혜를 깨닫도록 인도하는 수행문을 '유상유념(有相有念)의 도(道)'라고 한다. 염불수행은 유상유념의 도이며, 바로 지혜를 얻는 수행법은 화신관이다. 이러한 도리를 이해하면 묘관찰지를 이해하는 정도의 근기는 이 땅에서도 정정취문 정토를 감득할 수 있을 것이다.

2. 지혜의 작용이 수승함을 찬탄함

그러므로 알아야 한다.
'반야바라밀다'의 주문은 제일 신령한 주문이며,
제일 밝은 주문이며, 위없는 주문이며,
견줄 것이 없고 평등한 밝은 주문이어서,
일체 중생의 괴로움을 없애주니,
진실하여 헛되지 않은 것이다.
끝으로 '반야바라밀다'의 주문을 찬탄하니,
바로 설하여 게송으로 말하겠다.
아제아제 바라아제 바라승아제 보리사바하.

〖원측〗
 이 경문은 지혜의 작용을 들어 수승함을 찬탄한 것이다. 여기에 둘이 있으니, 앞에는 긴 글로 해설하여 찬탄한 것이고, 뒤에는 게송을 들어(擧 : 어떤 의사를 드러내어 보임) 찬탄함을 맺은 것이다. 앞의 경문에 다시 둘이 있으니, 처음은 자신에게 이로움을 밝히고, 다음은 남을 이롭게 함을 밝혔다.

〖해설〗
 "삼세의 모든 부처님도 '반야로 저 언덕에 건너감'에 의지하므로 위없는 보리를 증득하신다."라고 하셨다. 그러므로 '반야바라밀다'의 주문을 대신주, 대명주 등으로 부르는 것이다. 여기서는 지혜의 작용이 수승함을 찬탄하였다.

첫째는 긴 글로 설명하며 지혜의 작용이 수승함을 찬탄하였다. 여기에는 자신에게 이로운 지혜의 작용과 남을 이롭게 하는 지혜의 작용이 있다.

둘째는 '아제아제 바라아제 바라승아제 보리사바하.'라는 게송을 들어서 지혜의 작용이 수승함을 찬탄한 것을 맺은 것이다.

1) 긴 글로 해설하여 찬탄함

그러므로 알아야 한다.
'반야바라밀다'의 주문은 제일 신령한 주문이며,
제일 밝은 주문이며, 위없는 주문이며,
견줄 것이 없고 평등한 밝은 주문이어서,
일체 중생의 괴로움을 없애주니,
진실하여 헛되지 않은 것이다.

(1) 자신에게 이로운 지혜의 작용

〖라집〗
고지(故知), 반야바라밀(般若波羅蜜),
시대명주(是大明呪), 무상명주(無上明呪),
무등등명주(無等等明呪),

〖현장〗
고지(故知). 반야바라밀다(般若波羅蜜多),
시대신주(是大神呪), 시대명주(是大明呪),
시무상주(是無上呪), 시무등등주(是無等等呪),

〖공역〗
고지(故知). 반야바라밀다주(般若波羅蜜多呪),
시대신주(是大神呪), 시대명주(是大明呪),
시무상주(是無上呪), 무등등명주(無等等明呪),
그러므로 알아야 한다.
'반야바라밀다'의 주문은 제일 신령한 주문이며,
제일 밝은 주문이며, 위없는 주문이며,
견줄 것이 없고 평등한 밝은 주문이어서,

〖원측〗
이 경문은 자신에게 이로운 지혜의 작용을 밝힌 것이다. 이른바 주(呪)라는 것은 주술(呪術)을 이름한 것이다. 곧 묘한 지혜는 공을 증득하고 장애를 끊게 됨을 밝힌 것이다. 그러하지만 말을 하는 데는 묘한 기술이 필요하므로 주문의 말로 그 수승한 작용을 찬탄하였다.

신령한 작용을 헤아릴 수 없으므로 대신주(大神呪)라고 이름한다.
어둠을 보내고 어리석음을 없애므로 대명주(大明呪)라고 부른다.
이승을 뛰어넘으므로 무상주(無上呪)라고 말한다.
저 보살을 뛰어넘고 부처님의 지혜와 평등하므로 말을 거듭하여 무등등주(無等等呪 : 견줄 것이 없고 평등한 주문)라고 이름한다.

[해설] **자신에게 이로운 지혜의 작용**

구마라집과 현장의 번역본에 의하면, '반야바라밀다는 제일 신령한 주문이며'라고 번역해야 한다. 공역본에 의하면 '반야바라밀다의 주문은 제일 신령한 주문이며'라고 번역해야 한다. 그러나 이 둘은 다 같은 뜻이다. '반야바라밀다'라는 말은 실로 비밀한 뜻을 담은 주문(呪文)과 같은 것이기 때문이다. '반야바라밀다'는 대신주, 대명주, 무상주, 무등등명주이다.

'반야바라밀다'는 '모든 법이 공, 무상이라는 지혜를 깨달아 열반의 저 언덕으로 건너간다.'는 뜻이다. 이와 같은 뜻을 지닌 '반야바라밀다'는 '공을 증득하고 장애를 끊어 세세생생 윤회하던 삶을 벗어나며, 모든 괴로움이 소멸된 열반의 언덕에 이르는 법'을 말씀하신 것이다. 그러므로 '반야바라밀다'는 자신에게 이로운 지혜의 작용이다.

[해설] **'반야바라밀다'를 번역하지 않은 이유**

필자가 앞에서는 '반야바라밀다'를 '반야로 저 언덕에 건너감'이라고 번역하였는데, 여기서는 번역하지 않고 그대로 두었다. 그 이유는 경에서 '반야바라밀다'를 주문이라고 말씀하셨기 때문에 주문의 뜻에 따라 번역하지 않고 짧은 글을 쓴 것이다.

[해설] **불법을 주문으로 찬탄하는 말의 묘한 기술**

'말을 하는 데는 묘한 기술이 필요하므로 주문의 말로 그 수승한 작용을 찬탄하는 것이다.'라고 하였다. 불법을 전하는 데는 상세한 가르침으로 길게 전하는 경우도 있고, 간단명료하게 요체만을 전하는 경우도 있다. 전자는 다양한 경전의 가르침이 해당한다. 후자는 불법의 요체를 간단한 명제로 제시하거나, 간화선에서처럼 화두를 제시하거나, 여러 종류의 다라니 법문 중에 짧은 주문으로 말씀하신 것 등이다.

범어 '다라니(dharani)'를 진언(眞言 : 진실한 말씀)이라고 번역하며, 그 중에 비교적 짧은 게송을 주문 또는 주라고 한다. 주(呪)는 총지(摠持)라고 하니, 짧은 글이지만 불법의 정수를 모두 담고 있다는 뜻이다.

주문의 예를 들면, 관세음보살 본심미묘 육자대명왕진언 '옴 마니 반메훔', 헌향진언 '옴 바아라 도비야 훔', 보례진언 '옴 바아라 믹' 등이다. 이와 같이 불법의 정수를 주문으로 찬탄하는 말의 묘한 기술은 어떤 뜻인가.

첫째, 불법의 뜻은 깊고 높고 넓기 때문에 그 뜻을 함축하여 짧은 글로 나타내어 기억하기 쉽게 한 것이다. 이 경우는 교학적인 의미로 주문을 해석하는 것이 가능하다고 한다.

둘째, 부처님의 말씀은 오묘하기 때문에 그 비밀한 뜻을 단정하여 번역하지 않고 원음대로 짧은 글로 표현하는 것이다. 이 경우는 종교적인 의미로 주문 자체에 신성함을 부여하여 해석하지 않는 것이 관례라고 한다.

〖해설〗 **대명주는 아미타**

구마라집과 현장의 번역, 공동번역은 주문의 글이 서로 조금씩 다르지만 주문을 모두 들면, 대신주(大神呪), 대명주(大明呪), 무상주(無上呪), 무등등명주(無等等明呪)이다. 또한 삼가의 번역에서 공통된 주문은 대명주이다.

대명주는 지혜로서 상대할 것이 없는 '제일 밝은 주문'이라는 뜻이다. 그러므로 대명주는 무량수, 무량광을 뜻하는 '아미타'와 같다. 아미타는 아미타부처님의 불가사의한 공덕이 성취되어 상대할 것이 없는 제일 밝은 주문이기 때문이다.

'반야바라밀다'는 생사의 이 언덕에서 열반의 저 언덕으로 건너가는 대명주이다. '아미타'는 예토의 이 언덕에서 정토의 저 언덕으로 건너가는 대명주이다. 반야바라밀다는 대명주요, 대명주는 무량수 무량광의 아미타이다.

(2) 남을 이롭게 하는 지혜의 작용

〖삼가 동일〗
능제일체고, 진실불허(能除一切苦, 眞實不虛).
일체 중생의 괴로움을 없애주니,
진실하여 헛되지 않은 것이다.

〖원측〗
이 경문은 남을 이롭게 하는 지혜의 작용을 밝힌 것이다. 이 묘한 지혜에 의지하여 일체 중생으로 하여금 생사의 괴로움을 뛰어넘어 열반의 즐거움을 증득하게 하신다. 베푸시는 혀나 머리털 끝까지도 오히려 성실한 말씀을 나타내시는 것이니, 하물며 삼천대천세계를 덮는 말씀에 오류가 있겠는가. 그러므로 경에서 설하시기를 '진실한 말씀'이라고 이르신 것이다.

〚해설〛 **자리이타의 보살도를 실천해야 한다**

'반야바라밀다'는 대신주, 대명주, 무상주, 무등등명주로서 자신에게 이로울 뿐만 아니라 남도 이롭게 하는 지혜의 작용을 일으킨다. 그것은 관조반야를 행하는 자가 지혜를 깨달아 발심하고 실천하여 일체 중생의 괴로움을 없애주는(除 : 제거하다. 몰아내다) 것이다.

반야바라밀다가 이와 같은 지혜의 작용을 일으킨다는 것은 부처님의 진실한 말씀으로 헛되지 않기 때문이다. 그러므로 깊은 관조반야를 행하여 묘관찰지를 깨달아 발심하고 실천함으로써 열반의 저 언덕에 이르러야 한다.

대승은 열반적정(涅槃寂靜)의 경지에 머물지 않는다. 일심의 근원에 돌아가 위없는 보리를 증득하여 지혜의 완성과 다 함께 안락한 삶을 이루는 것을 지상 목표로 삼는다. 저 목표를 향해 닦아 나아가는 길에 지혜와 복덕이 증장할 것이다.

〚해설〛 **일심 광명 화신**

반야의 지혜는 모든 법의 성품이 공, 무상임을 깨닫는 것을 일컫는다. 이 지혜는 자신의 성품에는 번뇌가 없고 모든 법은 공성임을 깨닫는 것이니 곧 청정을 얻는 것이다. 청정을 얻은 자가 발심하면 일체 중생의 무명과 괴로움을 없애주니 이것이 곧 광명이다. 도리가 이러하니 자신이 지혜를 깨달아 청정을 얻고 발심하면 자연히 광명을 발할 것이다. 부처님은 일심을 증득하시고 광명을 성취하시어 화신을 보이신다. 따라서 보살은 일심의 지혜를 얻고 광명의 덕성을 닦아 일체 중생의 괴로움을 없애주는 화신이 되기를 서원하고 발심해야 한다.

2) 게송을 들어 찬탄함을 맺음

끝으로 '반야바라밀다'의 주문을 찬탄하니,
바로 설하여 게송으로 말하겠다.
아제아제 바라아제 바라승아제 보리사바하.

〖원측〗
이 경문은 게송을 들어 찬탄함을 맺은 것이다. 그 중에 둘이 있으니, 처음은 긴 글로 게송을 듦을 표하고, 뒤에는 게송으로 바로 찬탄하였다.

〖해설〗
앞에서는 반야바라밀다가 일으키는 지혜의 작용이 수승함을 긴 글로 해설하며 찬탄하였다. 그리고 여기서는 지혜의 작용이 수승함을 찬탄함을 맺는 글이다. 끝으로 맺는 글이기 때문에 길게 말하지 않고 바로 설하여 간단한 게송으로 찬탄하신다는 것이다. '게송(偈頌)'이란 부처님의 진실한 말씀을 찬탄한 짧은 글을 말한다. 게송은 대개 노랫말처럼 음률을 붙여 부를 수 있도록 운문으로 지은 글이다.

⑴ 긴 글로 게송을 듣게 됨을 표함

〖라집〗
고설 반야바라밀주(故說 般若波羅蜜呪), 즉설주왈(卽說呪曰).
* '반야바라밀'

〖현장〗〖공역〗
고설 반야바라밀다주(故說 般若波羅蜜多呪), 즉설주왈(卽說呪曰).
끝으로 '반야바라밀다'의 주문을 찬탄하니,
바로 설하여 게송으로 말하겠다.

〖해설〗
위 글은 지혜의 작용이 수승함을 찬탄하는 것을 맺게 됨을 나타낸 것이다. 먼저 마지막에 게송을 들어 찬탄하게 됨을 예고하고 있다.

'끝으로 맺는다.'는 뜻이기 때문에 '고(故)'를 '끝으로'라고 번역하였다. '고(故)'자에 '끝'이라는 뜻이 있다.

위 글에서 앞의 설(故說)은 '찬탄하니'라고 번역하고, 뒤의 설(卽說)은 '설하여'라고 번역하였다. 또, 앞의 주(蜜多呪)는 '주문'으로 번역하고, 뒤의 주(呪曰)는 '게송'으로 번역하였다. 이와 같이 번역한 것은 모두 원측의 해설에 맞도록 하고, 같은 글의 중복을 피하며 말의 묘미를 살리기 위한 것이다.

(2) 바로 게송으로 찬탄함

〖라집〗
가테가테(竭帝竭帝) 바라가테(波羅竭帝)
바라승가테(波羅僧竭帝) 보리승바하(菩提僧婆訶)
〖현장〗〖공역〗
아제아제(揭諦揭諦) 바라아제(波羅揭諦)
바라승아제(波羅僧揭諦) 보리사바하(菩提娑婆訶)

〖해설〗 **게송의 한자가 다른 점**
 게송의 한자는 구마라집의 번역본과 현장의 번역본이 많이 다르다. 삼가가 모두 '보리'로 번역하였다. 아래의 해설에 의하면, 이 보리는 무상보리(위없는 보리)이기 때문에 '모지'라고 발음하는 것은 옳지 않은 것이다. '사바하'의 '하(訶)'자는 원문에 '呵'로 되어 있으나, 상용하는 것을 쓴 것이다.
 구마라집의 번역은 범어인 원음에 가깝도록 번역한 것으로 보인다. 이 주문을 범어로 말하면 아래와 같기 때문이다.
 "가테가테(gate-gate) 파라가테(para-gate)
 파라삼가테(para-samgate) 보디스바하(bodhi-svaha)"

① 주문의 게송은 번역할 수 없다는 학설
〖원측〗
 그러나 이 게송(주문)을 해석하는 데는 여러 학설이 같지 않다. 첫째, 이 게송은 번역할 수 없다는 학설이니, 예로부터 이어서 내려온 것이다. 이 주문은 서역(西域 : 인도)의 바른 음으로 비밀한 글이니, 번역하면 영험을 잃기 때문에 범어로 둔다는 것이다.

또 해설하기를, '주문에는 여러 성인의 이름이 설해져 있고, 혹은 귀신이 설해져 있으며, 혹은 모든 법의 매우 깊고 심오한 뜻이 설해져 있어서 말 속에 많은 뜻이 함축되어 있다. 그러나 이 땅에는 저 말에 꼭 맞는 말이 없으므로 범음(梵音)으로 두는 것이니, 바가범(薄伽梵 : Bhagavat)과 같다.'라고 한다.

[해설] **주문 자체에 신성함을 부여한 것**

'게송은 번역할 수 없다는 학설'은 게송에는 부처님의 비밀한 뜻이 담겨 있으므로 함부로 해석하지 않는 것이 옳다는 주장이다. 이 경우는 종교적인 의미로 주문 자체에 신성함을 부여한 것이다. 예를 들면, '바가범(薄伽梵 : Bhagavat)'은 부처님을 뜻하는 말이지만 그 뜻이 많기 때문에 번역하지 않고 원음을 그대로 사용하는 것과 같다는 것이다. 이러한 예는 수없이 많으니 『천수경』에 나오는 많은 진언들이 다 그런 경우이다.

② **모든 주문의 게송은 번역할 수 있다는 학설**

[원측]

둘째, 모든 주문은 조심스럽게 번역할 수 있다는 학설이니, 나무불타야(南無佛陀耶 : Namo Buddhaya) 등과 같다 한다. 이 게송을 해석하는 데 구절을 셋으로 나누었다.

아제아제(揭諦揭諦)는 여기서 말하면 도도(度度 : 건너가자, 건너가자)이다. 앞에 '반야바라밀다' 가운데 '반야'라는 두 자를 노래한 것이다. 이것은 반야에는 큰 공능(功能)이 있어서 자신이 건너가고 남도 건너가게 함을 나타내기 때문에 '건너가자 건너가자'라고 말한 것이다.

바라아제 바라승아제(波羅揭諦 波羅僧揭諦)는 '반야바라밀다' 중에 '바라밀다'를 노래한 것이다. 여기서 말하면 피안도(彼岸到 : 저 언덕에 이르다)이니, 이것은 곧 '열반'을 '저 언덕'이라고 이름한 것이다. '아제'는 '건너가자'라는 말이니, 어느 곳으로 건너가는가? 저 언덕이 건너가는 곳이다. 그러므로 '바라아제'라고 말한 것이다. '바라'라는 말을 번역한 것은 위와 같다. '승아제'는 여기서 말하면 도경(到竟 : 끝에 이르다)이다.

보리사바하(菩提娑婆訶)에서 '보리'라고 말한 것은 저 언덕의 체(體)이다. 뒤의 '사바하'는 여기서 말하면 속질(速疾 : 빨리 가다)이다. 묘한 지혜에는 수승한 공용(功用 : 공덕의 작용)이 있어서 '보리의 언덕에 빨리 이를 수 있음'을 일컫는 것이다.

[해설] 아제아제, 바라아제 바라승아제, 보리사바하

'모든 주문은 번역할 수 있다는 학설'은 교학적인 의미로 주문을 해석하는 것이 가능하다는 것이다. 예를 들면, '나무불타야(南無佛陀耶 : Namo Buddhaya)'를 '부처님께 귀명합니다.'라고 번역하는 것과 같은 것이다. '야(耶)'는 위격조사(지위나 품격을 나타내는 조사)로 어세를 돕는 역할을 한다. '불타야중(佛陀耶衆)'은 '부처님들께'라는 뜻이다.

'아제아제 바라아제 바라승아제 보리사바하'를 위의 해설에 따라 세 구절로 번역하면 아래와 같다.

"건너가자 건너가자,
저 언덕으로 건너가자, 저 언덕의 끝으로 건너가자,
보리의 언덕에 빨리 이르자."

③ 법과 사람을 취하여 수승함을 찬탄한 게송
[원측]
또, 다른 해석은 게송에 네 글귀가 있는데 두 구절로 나눈다. 처음 두 글귀는 법을 잡아서 수승함을 찬탄하는 것이며, 뒤의 두 글귀는 사람을 취하여 수승함을 찬탄한 것이라고 한다.

법을 잡아서 수승함을 찬탄한 중에 나아가면 먼저는 원인이고 뒤는 과보이다. '아제'를 중복으로 말한 것은 여기서 말하면 '승승(勝勝 : 수승하고 수승하다)'이다. 인위(因位)의 반야는 자신과 남에게 이로운 두 가지 수승한 작용을 갖추기 때문에 '수승하고 수승하다'라고 말한 것이다.

'바라아제'는 '피안승(彼岸勝 : 저 언덕의 수승함)이라고 말하니, 반야로 말미암아 열반의 수승한 언덕에 이르기 때문에 '저 언덕의 수승함'이라고 말한 것이다.

사람을 취하여 수승함을 찬탄한 중에 나아가면 먼저는 원인이고 뒤는 과보이다. '바라승아제'는 여기서 말하면 '피안승승(彼岸僧勝 : 저 언덕의 궁극의 수승함)'이다. 이것은 인위(因位)의 일승의 보살이 저 언덕(생사의 언덕)의 사람을 구제하니, 저 언덕의 궁극에 이르는 수승함을 찬탄한 것이다.

'보리사바하(菩提娑婆訶)'는 여기서 말하면 '각구경(覺究竟 : 궁극을 깨달음, 위없는 보리)'이다. 이것은 과위(果位)의 삼신(三身)의 과보를 얻은 사람을 찬탄한 것이며, 법을 깨달아 이미 만족하였으니 '궁극을 깨달음(위없는 보리)'이라고 이름한 것이다.

[해설] **아제아제, 수승하고 수승하다**

위의 해설에 의하면, '아제아제, 바라아제'의 두 구절은 법을 잡아서 그 수승함을 찬탄한 것이다. '아제아제'는 법의 원인이며, 반야의 지혜는 자리이타의 작용을 갖추기 때문에 '수승하고 수승하다'고 거듭 찬탄한 것이다. '바라아제'는 법의 과보이며, 반야로 열반의 수승한 언덕에 이르기 때문에 '저 언덕의 수승함'을 찬탄한 것이다.

'바라승아제, 보리사바하'의 두 구절은 사람을 취하여 그 수승함을 찬탄한 것이다. '바라승아제'는 일승의 보살이 열반의 언덕에서 중생을 구제하기 때문에 '저 언덕의 궁극에 이르는 수승함'을 찬탄한 것이다. '보리사바하'는 법신, 보신, 화신의 지혜를 증득하기 때문에 '위없는 보리를 얻은 사람'을 찬탄한 것이다.

'아제아제 바라아제 바라승아제 보리사바하'를 위의 해설에 따라 네 구절로 번역하면 아래와 같다. 앞의 두 구절은 법을 잡아 읊은 것이고, 뒤의 두 구절은 사람을 잡아서 읊은 것이다.

"수승하고 수승하네,
저 언덕의 수승함이여,
저 언덕의 궁극에 이르는 이여,
위없는 보리를 이루네."

"반야는 자리이타의 작용을 갖추니,
열반의 수승한 언덕에 이르게 하네,
열반의 언덕에서 중생을 구제하니,
법신 보신 화신을 이루네."

④ **삼보의 수승함을 찬탄한 게송**
〖원측〗
어떤 학설은 네 글귀는 삼보의 수승함을 찬탄하는 게송이라고 한다. 처음의 제1구와 제2구는 차례대로 행과 과보의 법을 찬탄한 것임을 알아야 한다. 제3구와 제4구는 차례대로 승가와 부처님을 찬탄한 것임을 알아야 한다.

〖해설〗 **아제아제는 법, 바라승아제는 승가, 보리사바하는 부처님**
어떤 학설은 '아제아제, 바라아제, 바라승아제, 보리사바하'는 삼보의 수승함을 찬탄한 것이라고 한다. '아제아제'는 행하는 법을 찬탄한 것이다. '바라아제'는 과보의 법을 찬탄한 것이다. '바라승아제'는 승가를 찬탄한 것이다. '보리사바하'는 부처님을 찬탄한 것이다.

"행하고 깊이 행하여,
저 언덕으로 가자.
저 언덕으로 모두 가자.
위없는 보리를 성취하자."

〖해설〗 **게송으로 찬탄하고 정종분을 마침**

『반야심경』의 가르침은 '반야바라밀다'의 행법을 말씀하셨다. 끝으로 이 경의 지혜의 작용이 수승함을 찬탄하였다. 먼저는 '반야로 저 언덕에 건너감'이라는 뜻의 '반야바라밀다'는 비밀한 뜻을 담은 주문과 같다고 찬탄하였다. 다음은 마지막으로 지혜의 작용이 수승함을 게송으로 찬탄하였다. 이것으로 이 경의 정종분을 마쳤다.

앞에서 말한 것처럼 불법의 높고 깊은 뜻을 진언 또는 게송으로 나타내는 것은 바로 '말의 묘한 기술'이다. 따라서 법문이나 의식의 끝에 진언이나 게송을 말씀하신 것은 모두 종교적인 의미를 내포하고 있는 것이다.

※ 염불수행에도 갖가지 진언과 게송이 있다. 여기서는 육자명호인 '나무아미타불'과 '아미타파'만을 해설한다.

〖해설〗 **나무아미타불**

나무아미타불의 '나무'는 귀명(歸命)의 뜻이다. '아미타'는 무량수, 무량광의 뜻으로 아미타부처님의 불가사의한 공덕이 성취된 명호이다. '불'은 삼신의 지혜를 갖추신 부처님을 뜻한다. 나무아미타불은 세 가지 뜻이 있다.

첫째, 나무는 승가의 진실한 종교심(신앙심)을 나타내는 것이다. 아미타는 찬탄하고 생각하고 관찰하여 성취해야 할 법이다. 부처님은 모든 불자가 귀의할 대상인 위없는 스승이다. 그러므로 '나무아미타불'은 삼보를 찬탄하는 게송이다.

둘째, '나무아미타불'은 아미타부처님의 가르침에 몸과 마음을 바쳐 귀의한다는 뜻으로 진실한 믿음을 나타내는 말이다.

셋째, '나무아미타불'은 자연과 생명의 일체가 무량수, 무량광인 묘덕의 불토(정토)에 돌아가기를 원한다는 뜻이다.

나무아미타불은 삼보를 찬탄하고, 진실한 믿음을 나타내며, 우리가 영원히 돌아가야 할 고향을 바로 가리킨 최상의 진언이요, 위없는 명호이다.

[해설] **아미타파**

아미타(Amita)는 범어 아미타유스(Amita-yus : 무량수)와 아미타브하(Amita-bha : 무량광)의 뜻을 포함하고 있는 말이다. '아미타파(阿彌陀波 : Amitapa)'는 '아미타브하'와 같은 뜻이다.

'아미타파(阿彌陀波)'에서 범어 '아(A : 阿)'는 무(無)라고 번역하며, 번뇌가 없다는 뜻이니, 법신에 해당한다.

'미타(mita : 彌陀)'는 양광(量光)이라고 번역하며, 광명의 덕성, 광명의 몸체를 뜻하니 보신에 해당한다.

'파(bha : 波)'는 범어 브하(bha)의 음역어이며, 광명이라고 번역하지만 실은 '광(光)의 작용인 명(明)'을 일컫는 것이다. 파는 광명의 작용이니 화신에 해당한다. 또, 물결, 은혜라는 뜻이 있다.

'아미타파'는 무량광명(無量光明), '광명의 물결'이라는 뜻이다. 그러므로 정토의 경계를 찬탄하는 진언이다. '아미타파'는 일심을 증득하신 법신불, 광명을 성취하신 보신불, 응화를 보이시는 화신불을 나타내는 말이다. 그러므로 삼신의 아미타불을 찬탄하는 게송이다. '아미타파'는 정토의 경계와 삼신의 아미타불을 찬탄하는 창조적 언어이다.

[해설] **불법의 진언을 노래하자**

『효경』에서 "풍속을 변화하고 속됨을 바꾸는 것은 음악보다 좋은 것이 없다(移風易俗 莫善於樂)."라고 하였다. 주석에서 말하기를, "풍속을 변화시키는 것은 먼저 음악의 소리에 들어가게 하는 것이다. 변화는 사람의 마음을 따르는 것이니, 바로 군자의 덕(좋은 말씀)을 말미암은 것이다. 바르게 변화를 주는 것은 음악으로 인하여 나타나게 하므로, 이르기를 '음악보다 좋은 것이 없다'고 말한 것이다"라고 하였다.

불법의 진언(진실한 말씀)은 그 뜻을 찬탄하며 악기의 장단에 맞추어 부르거나, 노래를 부르듯 외우고 읊어야 한다. 진리를 노래하는 것은 문화를 변화시키고 속됨을 바꾸며, 사람의 마음을 편안하게 하고 즐겁게 한다. 종교마다 찬불가, 게송, 염불가락, 찬송가, 제례음악 등, 음악을 중요시하는 것은 이런 이유 때문일 것이다.

번뇌무수 원실단, 나무아미타불.
선법무량 원실수, 나무아미타불.
중생무변 원실도, 나무아미타불.

일심증득 법신불, 나무아미타불.
광명성취 보신불, 나무아미타불.
응화시현 화신불, 나무아미타불.

대원경지 석가모니, 나무아미타불
평등성지 초지보살, 나무아미타불

묘관찰지 정정보살, 나무아미타불
성소작지 정토왕생, 나무아미타불

아미타불 원만문, 나무아미타불
팔지보살 일향문, 나무아미타불
초지보살 순정문, 나무아미타불
정정보살 정정문, 나무아미타불

무량광명 무량수, 나무아미타불.
일심정토 염불행, 나무아미타불
즉득왕생 연화계, 나무아미타불

아제아제 바라아제, 나무아미타불
바라 바라 승아제, 나무아미타불
보리 보리 사바하, 나무아미타불

[해설] **정종분 제3장을 맺음**

제3장은 '보살이 얻는 과보'를 자세히 밝혔다. 보살은 지관으로 모든 법의 공성을 깨달아 발심하고 행함으로써 네 가지 과보를 얻고 궁극의 열반에 들어간다. 모든 부처님도 반야바라밀다에 의하여 위없는 보리(아뇩다라삼먁삼보리)를 증득하신다. 위없는 보리에는 네 가지 지혜가 있다.

불교는 부처님의 지혜를 믿고 이해하고 행하여 증득하는 지혜의 종교이다. 부처님이 증득하신 지혜는 대원경지, 평등성지, 묘관찰지, 성소작지이다. 이 지혜를 믿고 이해하여 그 가치관을 실현하는 사람은 그 지혜에 상응하는 몸을 얻고, 그 몸이 감득하는 국토를 얻는다. 부처님은 위없는 보리를 증득하시고, 삼신의 지혜를 갖춘 몸을 얻으시니, 자성토(법성토)와 수용토와 변화토에 머무시게 된다. 이것이 곧 불교의 궁극이다.

  이와 같이 지혜와 몸과 정토를 얻는 것은 모두 반야바라밀다에 의하기 때문이다. 그러므로 반야바라밀다는 대신주, 대명주, 무상주, 무등등주이다. 이를 게송으로 찬탄하면, '아제아제 바라아제 바라승아제 보리사바하'이다.

유통분(流通分)

제1절 깊은 반야바라밀다 행

여시(如是), 사리불(舍利弗), 제보살마하살(諸菩薩摩訶薩), 어심심반야바라밀다행(於甚深般若波羅蜜多行), 응여시행(應如是行).

이와 같으니, 사리불이여, 모든 보살 대보살들은 '매우 깊은 반야로 저 언덕에 건너가는 행'을 마땅히 이와 같이 수행해야 한다.

제2절 모든 부처님이 칭찬하심

여시설이(如是說已), 즉시, 세존(卽時, 世尊), 종광대심심삼마지기(從廣大甚深三摩地起), 찬관자재보살마하살언(讚觀自在菩薩摩訶薩言), 선재선재(善哉善哉). 선남자(善男子), 여시여시(如是如是). 여여소설(如汝所說), 심심반야바라밀다행(甚深般若波羅蜜多行), 응여시행 (應如是行). 여시행시(如是行時), 일체여래 개실수희(一切如來 皆悉隨喜).

이와 같이 설하고 마치시자, 곧 부처님께서 '넓고 크고 매우 깊은 삼매'로부터 일어나시어, 관자재보살 대보살을 칭찬하며 말씀하시기를, "착하고 착하다. 선남자여, 이와 같고 이와 같은 것이다. 그대가 말한 바와 같이 '매우 깊은 반야로 저 언덕에 건너가는 행'은 마땅히 이와 같이 수행해야 한다. 이와 같이 수행할 때 일체의 부처님도 모두 다 따라서 기뻐하실 것이다."라고 하셨다.

제3절 반야바라밀다 행법을 유통함

이시, 세존설시어이(爾時, 世尊說是語已), 구수 사리불 대희충변(具壽 舍利弗 大喜充遍), 관자재보살마하살 역대환희(觀自在菩薩摩訶薩 亦大歡喜). 시피중회(時彼衆會) 천인 아수라 건달바 등 문불소설(天人 阿修羅 乾闥婆 等 聞佛所說), 개대환희 신수봉행(皆大歡喜 信受奉行).

그때 부처님께서 이러한 말씀을 설하여 마치시니, 비구 사리불은 큰 기쁨으로 충만하였고, 관자재보살 대보살도 크게 기뻐하셨다. 당시 저 대중에 모인 하늘사람, 인간, 아수라, 건달바 등은 부처님께서 말씀하신 것을 듣고, 모두가 크게 기뻐하며 신심으로 받아 지니고 받들어 실천하였다.

제1절 깊은 반야바라밀다 행

여시(如是), 사리불(舍利弗), 제보살마하살(諸菩薩摩訶薩) 어심심 반야바라밀다행(於甚深般若波羅蜜多行), 응여시행(應如是行).

이와 같으니, 사리불이여, 모든 보살 대보살들은 '매우 깊은 반야로 저 언덕에 건너가는 행'을 마땅히 이와 같이 수행해야 한다.

〖해설〗 **유통분의 뜻**

이 글 이하는 이 경의 유통분(流通分)이다. 유통이란 불법을 세상에 전하여 역사와 함께 흐르며 통하게 한다는 뜻이다. 유통분은 부처님께서 불법과 제자들을 칭찬하시며 가르침대로 수행할 것을 권하시고, 제자들이 불법을 후대에 널리 유통할 것을 다짐하는 글이다. 불법이 유통되지 않으면 불교는 역사와 함께 호흡할 수 없고, 바른 법을 전하지 않으면 부처님의 뜻과 같이 중생을 교화할 수 없다.

〖해설〗 **깊은 반야바라밀다 행은 신해행**

관자재보살은 이 경에서 먼저 '깊은 반야로 저 언덕에 건너가는 행'에 대하여 총체적으로 밝히셨다. 다음에는 그 행법을 구체적으로 말씀하셨다. 그리고 마지막으로 유통분에서는 대승에 발심한 모든 보살은 마땅히 '매우 깊은 반야로 저 언덕에 건너가는 행'을 '이와 같이 수행해야 한다.'고 하신 것이다.

'매우 깊은 반야'란 '깊은 반야'를 강조한 것이다. '이와 같이 수행해야 한다.'는 것은 묘관찰지를 깨달아 이치에 따라 발심하고 공, 무상, 무원의 삼매를 어기지 않고, 상구보리 하화중생의 보살도를 실천하는 것을 말한다.

만약 모든 보살들이 깊은 반야바라밀다 행을 이미 수행하였거나, 지금 수행하거나, 다음에 수행하여 열반의 저 언덕에 건너가려고 한다면, 이 모든 보살들은 열반의 저 언덕에 이미 건너갔거나, 지금 건너가거나, 다음에 건너갈 것이다. 이러한 이유로 모든 보살들이 만약 신심이 있다면, '깊은 반야바라밀다 행'을 마땅히 이와 같이 수행해야 한다.

『반야심경』을 비롯한 모든 반야경은 반야를 근본으로 삼아 생사의 이 언덕에서 열반의 저 언덕으로 건너가는 행, 곧 '깊은 반야바라밀다 행'을 말씀하신다. '깊은 반야바라밀다 행'의 신행체계는 묘관찰지를 믿고 이해하여 관조반야를 실천하는 신해행(信解行)의 체계이다.

[원효] 아미타경의 말씀

"사리불이여! 만약 어떤 사람이 (아미타경의 말씀을 믿고) 이미 발원하였거나, 지금 발원하거나, 다음에 발원하여, 아미타부처님의 국토에 태어나고자 한다면, 이 모든 사람들은 모두 아뇩다라삼먁삼보리에서 물러나지 않고, 저 국토에 이미 태어났거나, 지금 태어나거나, 다음에 태어날 것이다.

이러한 이유로 사리불이여! 모든 선남자 선여인들이 만약 신심이 있다면, 마땅히 저 국토에 태어나기를 발원해야 한다."

『아미타경소』에서 해설하기를 "앞의 발원은 원세(願勢 : 원하고, 행하려는 의지작용)를 보인 것이고, 뒤의 발원은 권하신 것이다."라고 하셨다.

앞의 발원은 원하고 행하려는 마음을 나타낸 것이고, 뒤의 발원은 수행하기를 권하신 뜻을 나타낸 것이라고 해설하신 것이다. 위대한 조사의 혜안이 이와 같이 뛰어나다.

경전을 수지하여 독송하고 실천하되 천년의 역사가 증명하는 조사의 논서에 의지해야 한다는 것은 아무리 강조해도 지나치지 않다. 원측과 원효는 부처님을 빛내고 불법을 천만대로 유통하시는 불멸의 조사이다.

[해설] 염불수행은 신원행

『아미타경』을 비롯한 모든 정토경은 아미타를 근본으로 삼아 예토의 이 언덕에서 정토의 저 언덕으로 건너가는 '염불수행'을 말씀하신다. 염불수행의 신행체계는 성소작지의 대비력을 믿고 발원하여 염불을 실천하는 신원행(信願行)의 체계이다.

반야바라밀다 행은 이해와 매우 깊은 관조반야를 수행해야 하니 자각의 문인 까닭이다. 염불수행은 진실한 믿음으로 발원하기를 권한다. 진실로 원하면 저절로 행하게 되고, 설령 그 행이 깊지 않아도 성소작지의 대비력에 힘입어 자연히 정토에 화생하기 때문이다. 정토에 태어나는 모든 사람들은 위없는 보리에서 다시는 물러나지 않고 정진하는 정정취에 들어간다.

제2절 모든 부처님이 칭찬하심

여시설이(如是說已), 즉시세존(卽時世尊), 종광대심심삼마지기(從廣大甚深三摩地起), 찬관자재보살마하살언(讚觀自在菩薩摩訶薩言), 선재선재(善哉善哉). 선남자(善男子) 여시여시(如是如是), 여여소설(如汝所說), 심심반야바라밀다행(甚深般若波羅蜜多行), 응여시행(應如是行). 여시행시(如是行時), 일체여래 개실수희(一切如來 皆悉隨喜).

이와 같이 설하고 마치시자, 곧 부처님께서 '넓고 크고 매우 깊은 삼매'로부터 일어나시어, 관자재보살 대보살을 칭찬하며 말씀하시기를, "착하고 착하다. 선남자여, 이와 같고 이와 같은 것이다. 그대가 말한 바와 같이 '매우 깊은 반야로 저 언덕에 건너가는 행'은 마땅히 이와 같이 수행해야 한다. 이와 같이 수행할 때 일체의 부처님도 모두 다 따라서 기뻐하실 것이다."라고 하셨다.

〖해설〗 **부처님이 칭찬하시고 수행을 권하심**

관자재보살이 사리불 및 대중들에게 대승에 발심한 모든 보살은 '매우 깊은 반야로 저 언덕에 건너가는 행'을 수행해야 한다는 말씀을 끝으로 이 경의 법문을 마치셨다. 부처님께서는 지금까지의 모든 법문을 '넓고 크고 매우 깊은 삼매' 중에 계시면서 다 들으셨다. 그리고 관자재보살과 법문을 들은 대중을 칭찬하시고, 믿음으로 수행하기를 권하신 뒤에 모든 부처님도 따라서 기뻐하실 것이라고 말씀하셨다.

처음은 관자재보살을 칭찬하신 것이다. 관자재보살이 한 법문도 틀림이 없게 설했음을 증명하시니, "착하고 착하다"라고 칭찬하신 것이다.

다음은 이 법문을 들은 대중을 칭찬하시며 믿음으로 수행하기를 권하시니, "선남자여, 이와 같고 이와 같은 것이다."라고 말씀하신 것이다. 뒤에는 이와 같이 수행할 때 시방의 일체 부처님도 따라서 기뻐하며 칭찬하실 것이라고 말씀하셨다.

[원효] 아미타경의 말씀

"사리불이여! 내가 지금 모든 부처님의 불가사의한 공덕을 칭찬하는 것과 같이 저 모든 부처님도 또한 나의 불가사의한 공덕을 칭찬하여 이런 말씀을 하신다. '석가모니부처님이 매우 어렵고 희유한 일을 하시고자, 능히 사바세계의 오탁악세인 겁탁, 견탁, 번뇌탁, 중생탁, 명탁 가운데서 아뇩다라삼먁삼보리를 얻으시고, 모든 중생들을 위하여 일체의 세간에서 믿기 어려운 법을 설하신다.'라고 하신다.

사리불이여! 마땅히 알아야 한다. 내가 오탁악세에서 이 어려운 일을 행하여 아뇩다라삼먁삼보리를 얻고 일체의 세간을 위하여 이 믿기 어려운 법을 설하는 것, 이것은 매우 어려운 일이다."

『아미타경소』에서 해설하기를 "먼저는 석가모니부처님이 다른 부처님들을 칭찬하시고, 다음에는 다른 부처님들이 석가모니부처님을 칭찬하셨다. 뒤에는 다짐하며 찬탄하고 믿음을 권하셨다. 위에서 오면서 3장(서분, 정설분, 유통분)으로 나눈 가운데 정설분(正說分 : 정종분과 같음)의 글은 마친다."라고 하였다. 원효는 여기까지를 정종분으로 삼고, "부처님이 이 경을 설하여 마치시니" 이하를 유통분으로 삼았다. 이것이 여러 조사와 다른 점이다.

〖해설〗 **오탁악세**

경에서 말씀하신 '사바세계'는 감인토(堪忍土 : 견디고 참는 국토)라는 뜻이다. 오탁악세는 자연과 인간이 총체적으로 청정하지 않아서 괴로움이 많은 시대를 일컫는다. '오탁(五濁)'은 우주순환에 기인하여 자연재해가 빈번한 겁탁(劫濁), 삿된 견해들로 사회 대중의 의견이 혼탁한 견탁(見濁), 사람들에게 번뇌가 많아 마음이 혼탁한 번뇌탁(煩惱濁), 악업으로 인하여 사람들의 인격이 혼탁한 중생탁(衆生濁), 사람들의 수명이 짧은 명탁(命濁)을 말한다.

〖해설〗 **아미타경의 염불수행 법**

석가모니부처님은 아미타부처님을 비롯한 모든 부처님의 불가사의한 공덕을 칭찬하신다. 모든 부처님은 중생의 근기에 잘 맞는 법을 보여 예토의 이 언덕에서 정토의 저 언덕으로 인도하시기 때문이다. 모든 부처님은 석가모니부처님을 칭찬하시니, 오탁악세에서 위없는 보리를 증득하시고 일체 중생이 구제되는 염불의 법을 보이신 때문이다.

염불의 법이란 어떤 것인가. 『아미타경』에서 다음과 같이 말씀하셨다.

"사리불이여, 만약 선남자 선여인이 아미타부처님에 대한 말씀을 듣고, 명호를 잡아 지녀(執持名號), 만약 하루, 이틀, 사흘, 나흘, 닷새, 엿새, 이레 동안을 일심으로 산란하지 않으면(一心不亂), 그 사람이 명이 다하여 마칠 때에 아미타부처님이 모든 성중들과 함께 그 앞에 나타나시니, 이 사람은 명이 다하여 마친 때도 마음이 뒤바뀌지 않고, 곧 아미타부처님의 극락국토에 왕생할 것이다."

경에서 말씀하신 '집지명호 일심불란(執持名號 一心不亂)'이란, 아미타부처님의 불가사의한 공덕이 성취된 명호인 '아미타'를 마음 머리에 잡아 지니고 일심으로 산란하지 않게 하는 것을 말한다. 이러한 염불의 수행법에는 찬탄(讚歎)과 십념(十念)과 관상(觀相)의 법이 있다.

『왕생론』에서 "어떤 것이 찬탄인가. 입으로 찬탄(칭찬하고 감탄함)하는 것이다. 저 여래의 명호를 부르는 것은 저 여래의 광명지상(光明智相 : 광명인 지혜의 모습)과 같이, 저 명의(名義 : 명호의 뜻. 무량수, 무량광)와 같이, 여실히 수행하여 상응하기를 원하기 때문이다."라고 하였다. 찬탄이란 칭명염불을 말한다. '나무아미타불' 육자명호를 일념 십념으로 부르고 찬탄하여 믿음을 결정하면 그 공덕으로 정토에 태어나 영원히 윤회의 삶을 벗어난다는 것이다.

이와 같은 염불의 법은 사바세계의 오탁악세에서 일체 중생이 구제되는 법이니 모든 부처님이 석가모니부처님의 불가사의한 공덕을 칭찬하신다. 염불의 법은 일체의 세간에서 믿기 어려운 법이지만 일체 중생이 구제되는 법이니 불법의 귀결이 여기에 있다고 하겠다.

제3절 반야바라밀다 행법을 유통함

이시, 세존설시어이(爾時, 世尊說是語已), 구수사리불 대희충변(具壽 舍利弗 大喜充遍), 관자재보살 마하살 역대환희(觀自在菩薩 摩訶薩 亦大歡喜). 시피중회(時彼衆會) 천인 아수라 건달바 등 문불소설(天人 阿修羅 乾闥婆 等 聞佛所說), 개대환희 신수봉행(皆大歡喜, 信受奉行).

그때 부처님께서 이러한 말씀을 설하여 마치시니, 비구 사리불은 큰 기쁨으로 충만하였고, 관자재보살 대보살도 크게 기뻐하셨다.

당시 저 대중에 모인 하늘사람, 인간, 아수라, 건달바 등은 부처님께서 말씀하신 것을 듣고, 모두가 크게 기뻐하며 신심으로 받아 지니고 받들어 실천하였다.

〖해설〗 반야바라밀다 행법의 유통은 신수봉행

『반야심경』은 반야바라밀다 행법을 말씀하신 모든 반야경의 핵심을 보인 경전이다. 그러므로 '반야로 저 언덕에 건너가는 핵심의 경'이라고 이름하였다. 관자재보살은 이 경의 반야바라밀다 행법을 모두 설하여 마치셨다. 그러자 부처님께서 관자재보살과 대중을 칭찬하시고 믿음으로 수행하기를 권하셨다. 이것으로 이 경을 설하신 법문은 모두 끝나게 되었다.

그때 법회에 모인 모든 대중은 부처님께서 말씀하신 것을 듣고, 크게 기뻐하며 신심으로 받아 지니고 받들어 실천하였다. 여기서 '신심으로 받아 지니고 받들어 실천하였다.'는 것은 '신수봉행(信受奉行)'을 번역한 것이다. '신수봉행'을 풀어서 말하면, '부처님이 말씀하신 반야바라밀다의 행법을 부처님의 지혜를 진실로 믿는 신심으로 받아 지니고 받들어 실천하였다.'는 뜻이다. 따라서 『반야심경』의 반야바라밀다 행법을 유통하는 것은 신수봉행하는 것이다.

불법을 전하고 유통하는 것은 부처님의 지혜를 믿고 이해하는 데 그치지 않고 그 행법을 수행해야 한다. 부처님의 지혜를 믿고 이해하는 데 그치면 생명력이 없는 철학에 머물러 유통되지 않는다. 부처님의 지혜를 진실로 믿고 이해하여 지혜의 가치관을 실현해야 위대한 불교라는 이름으로 역사를 선도하며 유통될 것이다.

[해설] **아미타경의 유통분**

"부처님께서 이 경을 설하여 마치시니, 사리불 및 모든 비구들과 일체 세간의 하늘사람, 인간, 아수라 등은 부처님께서 말씀하신 것을 듣고, 기뻐하며 신심으로 받아 지니고 예배드린 뒤에 물러갔다(歡喜信受, 作禮而去)."

위의 글은 『아미타경』의 유통분(流通分)이다. 모든 경의 마지막 장인 유통분은 대개 '부처님께서 불법과 제자들을 칭찬하시며 가르침대로 수행할 것을 권하시고, 제자들이 불법을 후대에 널리 유통할 것을 다짐하는 글'로 이해한다. 이러한 뜻으로 대부분의 조사들은 『아미타경』의 해설에서 '육방의 부처님들이 찬탄하는 말씀' 이하를 유통분으로 삼았다.

그러나 원효는 경의 마지막 문단만을 유통분으로 삼았다. 경을 서분과 정종분과 유통분으로 나눈 것은 장마다 그 깊은 뜻이 있기 때문이다. 원효는 경의 3장 중에 유통분은 부처님의 제자인 우리들이 불법을 후대에 널리 유통할 것을 다짐하는 글이라고 본 것이다. 바른 전법을 염려하며 유통분의 의미를 명료하게 밝힌 위대한 조사의 뜻이 이와 같은 것이다.

〖해설〗 **염불수행의 유통은 환희신수**

『아미타경』은 정토와 염불수행의 법을 말씀하신 모든 정토경의 핵심을 보인 경전이다. 이 경은 석가모니부처님께서 친히 설하신 경전이다. 부처님께서 이 경을 친히 설하여 마치시니, 법회에 모인 모든 대중은 부처님께서 말씀하신 것을 듣고, 기뻐하며 신심으로 받아 지니고 예배드린 뒤에 물러갔다. 여기서 '기뻐하며 신심으로 받아 지닌다.'는 것은 '환희신수(歡喜信受)'를 번역한 것이다. '환희신수'를 풀어서 말하면, '부처님이 성소작지로 말씀하신 염불수행의 법을 듣고, 기뻐하며 진실한 신심으로 받아 지니고 실천할 것을 다짐하였다.'는 뜻이다.

염불의 수행법에는 찬탄(讚歎)과 십념(十念)과 관상(觀相)의 법이 있다. 찬탄은 칭명염불이며, 아무리 죄업이 무거운 사람이라도 십념만으로 내세에는 반드시 정토에 태어나 윤회의 삶을 끊어버린다. 십념은 일념 십념으로 아미타에 집중하여 삼매를 성취하고 안심을 얻는 법이다. 관상은 지혜를 얻는 지관의 수행이다. 염불이 깊으면 선정(禪定)을 이루어 이 땅에서 묘관찰지를 성취한다. 염불수행은 일체중생이 윤회를 벗어나고 깨달음을 성취하는 법이다.

이와 같은 염불의 법을 믿는 '신심'은 자신이 선택하는 것이 아니라 부처님이 주신 신심이다. 죄업이 무거워 삼악도에 떨어질 수밖에 없는 몸인데, 어떻게 부처님의 지혜를 믿지 않겠는가. 염불의 묘법은 번뇌와 괴로움이 끊이지 않는 범부가 선택의 여지가 없이 기뻐하며 진실로 믿고 받아 지니고 실천해야 할 법이다. 이러한 뜻에서 염불수행으로 그 이익을 얻고 유통하는 것은 환희신수하는 것이다.

〖해설〗 **불교는 인본사상, '사람'의 뜻**

불교는 신을 근본으로 삼아 설하는 종교가 아니라, 인간을 근본으로 삼아 설하는 종교다. 인간을 근본으로 설하면서도 자연과 모든 생명을 마음에 섭수하여 수행의 힘이 만물에 미치도록 한다. 그것이 곧 만법유식, 일체경계 본래일심으로 전개되는 불교의 인본사상이다. 이러한 까닭에 '만물은 불성이 있다.'고 말해도 그것은 결국 사람이 부처가 될 가능성을 말하는 것이니, 사람이 수행하지 않으면 그 불성이란 의미가 없을 것이다.

불교는 사람을 근본으로 삼아 설하는 인본사상의 종교이며, 만유의 근본인 사람은 불성이 있으며, 사람은 역사를 창조하는 주인이라고 한다. 이와 같이 존엄한 사람을 부처님과 조사는 어떻게 말씀하셨을까. 저 유명한 『원인론』을 해설하신 정원법사(淨源 : 1011~1088. 북송)는 그 「발미록」에서 다음과 같이 말씀하셨다.

"사람은 두 가지 해석이 있으니, 하나는 사유함이 많다(多思)는 것이고, 둘은 은혜가 많다(多恩)는 것이다. 그러므로 『열반경』에서 말씀하시기를, '사람이라 함은 사유함이 많은 까닭이다.'고 하셨으니, 대개 선악을 생각하여 헤아릴 수 있는 것이 다른 중생들과 다르다는 것이다.

만약 '은혜가 많다'는 것을 말한다면, 자애로운 은덕이 있으니 역시 다른 중생들과 다른 것이다. 그러므로 『유마경소』에서 말하기를, "만물 가운데서 귀한 것은 마음의 처음과 끝이 바뀌지 않으니(진리에 대한 사유가 깊음) 사람이라고 일컫는다.'라고 하셨다. 또 『대지도론』에서 '사람이라 함은 사람의 법도를 행하는 까닭이다.'라고 하셨다."

부처님과 조사들께서 '사람'을 해석하신 것은 '사람이란 선악을 헤아리는 사유가 많고 깊으며, 자애로운 은덕을 베풀 줄 아는 중생'이라는 것이다. 이러한 중생은 사람의 법도를 다하는 것이다.

우리말의 '사람'도 그와 같은 뜻으로 알면 가장 아름다운 이름이 될 것이다. "사람이란 선악을 헤아리는 '사유'가 많고 깊으며, 은덕을 베풀어서 '보람'을 느끼는 중생"이다.

〖해설〗 **불법을 유통하는 사람**

"사람이란 선악을 헤아리는 '사유'가 많고 깊으며, 은덕을 베풀어서 '보람'을 느끼는 중생"이라고 하였다. '선악을 헤아리는 사유가 많다.'는 것은 인과를 믿기 때문이요, '사유가 깊다.'는 것은 세계와 인간의 존재방식을 관조하는 지관이 깊다는 것이다. '은덕을 베풀어서 보람을 느낀다.'는 것은 연기의 세계관을 깨달아 자리이타의 보살도를 실천하기 때문이다. 이와 같이 선악을 헤아리는 사유가 많고 깊으며, 은덕을 베풀어서 보람을 느끼며, 사람의 법도를 다하는 지혜로운 불자가 불법을 전해야 효과적으로 유통될 것이다.

불교는 연기의 세계관을 설하니, 일체는 다른 것에 의지하지 않고 독립적으로 존재하는 것은 없다는 것이다. 사람도 온갖 은혜를 입고 살아간다. 수많은 은혜 중에 다음의 다섯 가지가 지중하다. 최소의 삶을 보장하는 사사(의복, 음식, 주택, 의약)의 은혜가 지중하다. 사람의 몸을 받게 하여 길러준 부모의 은혜가 지중하다. 깨달음으로 지혜로운 삶을 살게 하는 삼보의 은혜가 지중하다. 더불어 살아가는 중생의 은혜가 지중하다. 삶의 터전이며 의지하는 곳인 자연의 은혜가 지중하다. 이러한 은혜들을 생각하고 은덕을 베푸는 이는 사람의 법도를 다하는 것이다.

불교가 아무리 위대하다 해도 그 진리만으로는 유통되지 않는다. 진리는 그 자체의 힘으로 전해지는 것이 아니라 지혜로운 사람에 의해서 전해지기 때문이다. 따라서 불법을 세상에 전하고 역사에 유통하는 것은 삼계의 모든 중생들 가운데 오직 사람의 몫이다. 연기의 세계관을 깨달아 발심하고 자리이타의 보살도를 실천하는 불자가 많으면 불법은 자연히 역사에 길이길이 유통될 것이다.

– 반야심경 오가해 끝–

부록

1. 유통되는 한글 반야바라밀다심경

※ ( ) 안은 백송 정목(白松 正牧)의 번역.

마하반야바라밀다심경

(반야바라밀다심경 : 반야로 저 언덕에 건너가는 핵심의 경)

관자재보살이 깊은 반야바라밀다를 행할 때,
(관자재보살이 '깊은 반야로 저 언덕에 건너감'을 수행할 때,)

오온이 공한 것을 비추어 보고
온갖 고통에서 건너느니라.
(오온이 모두 공성임을 관조하여 깨닫고,
일체 중생의 괴로움과 멍에를 벗어나게 하셨다.)

사리자여! (사리자여,)
색이 공과 다르지 않고 공이 색과 다르지 않으며,
색이 곧 공이요 공이 곧 색이니,
(물질의 쌓임은 공성과 다르지 않으며,
공성은 물질의 쌓임과 다르지 않으니,
물질의 쌓임은 곧 공성이요, 공성은 곧 물질의 쌓임이다.)

수 상 행 식도 그러하니라.
(감수의 쌓임, 상상의 쌓임, 의지의 쌓임,
심식의 쌓임도 또한 다시 이와 같다.)

사리자여! (사리자여,)
모든 법은 공하여 나지도 멸하지도 않으며,
더럽지도 깨끗하지도 않으며, 늘지도 줄지도 않느니라.
(이 모든 법의 공성의 모습은
생겨나지도 않고, 소멸하지도 않으며,
더럽지도 않고, 깨끗하지도 않으며,
늘어나지도 않고, 줄어들지도 않는다.)

그러므로 공 가운데는 색이 없고 수 상 행 식도 없으며,
(그러므로 공성 가운데는
물질이라 할 것이 없고, 감수, 상상, 의지, 심식이라 할 것이 없다.)

안 이 비 설 신 의도 없고,
색 성 향 미 촉 법도 없으며,
(눈, 귀, 코, 혀, 몸, 마음이라 할 것이 없고,
물질, 소리, 냄새, 맛, 촉감, 법이라 할 것이 없다.)

눈의 경계도 의식의 경계까지도 없고,
(눈의 경계라 할 것이 없고, 내지 심식의 경계라 할 것이 없다.)

무명도 무명이 다함까지도 없으며,
늙고 죽음도 늙고 죽음이 다함까지도 없고,
(무명이라 할 것이 없으니, 또한 무명이 다할 것도 없고,
내지 늙고 죽음이라 할 것이 없으니, 또한 늙고 죽음이 다할 것도 없다.)

고 집 멸 도도 없으며,
(괴로움, 괴로움의 원인, 열반, 열반의 도라 할 것이 없다.)

지혜도 얻음도 없느니라.
(지혜라 할 것이 없으니, 또한 얻을 것도 없다.)

얻을 것이 없는 까닭에
보살은 반야바라밀다를 의지하므로
마음에 걸림이 없고
(얻을 것이 없기 때문에,
보리살타는 '반야로 저 언덕에 건너감'에 의지하므로
마음에 걸림이 없다.)

걸림이 없으므로 두려움이 없어서,
뒤바뀐 헛된 생각을 멀리 떠나 완전한 열반에 들어가며,
(걸림이 없으므로 두려움이 없고,
전도와 몽상을 멀리 떠나 궁극의 열반에 들어간다.)

삼세의 모든 부처님도 반야바라밀다를 의지하므로
최상의 깨달음을 얻느니라.
(삼세의 모든 부처님도 '반야로 저 언덕에 건너감'에 의지하므로
위없는 보리를 증득하신다.)

반야바라밀다는 가장 신비하고 밝은 주문이며 위없는 주문이며
무엇과도 견줄 수 없는 주문이니,
온갖 괴로움을 없애고 진실하여 허망하지 않음을 알지니라.
(그러므로 알아야 한다.
'반야바라밀다'는 제일 신령한 주문이며, 제일 밝은 주문이며,
위없는 주문이며, 견줄 것이 없고 평등한 주문이어서,
일체 중생의 괴로움을 없애주니, 진실하여 헛되지 않은 것이다.)

이제 반야바라밀다주를 말하리라.
아제아제 바라아제 바라승아제 모지 사바하.
(끝으로 '반야바라밀다'의 주문을 찬탄하니,
바로 설하여 게송으로 말하겠다.
아제아제 바라아제 바라승아제 보리사바하.)

2. 원측의 『불설반야바라밀다심경찬』 원문

『佛說般若波羅蜜多心經贊』

沙門 圓測撰

將釋此經四門分別. 一教起因緣. 二辨經宗體. 三訓釋題目. 四判文解釋

반야심경의 이해

제1장 반야경을 말씀하신 인연

言教起者 竊以至理幽寂妙絕有無之境. 法相甚深能超名言之表. 然則趣理無方乃開二藏之說設教有依具現三身之應. 可謂泉水澄清月影頓現諸敵冥動天鼓自鳴. 然則應物有時隨機接引. 所以如來說三法輪未入法者令入. 故波羅奈國施鹿林中創開生死涅槃因果. 此則第一四諦法輪能除我執. 為已入者迴趣大乘. 鷲峰山等十六會中說諸般若. 此是第二無相法輪. 由斯漸斷有性法執. 而於空執猶未能遣. 是故第三蓮華藏等淨穢土中說深密等了義大乘. 具顯空有兩種道理. 雙除有無二種偏執此即教之興也.

제2장 반야경의 근본

言宗體者 體即總明能詮教體. 宗者別顯諸教所詮. 然佛教體諸說不同. 薩婆多宗用聲為體名等無記聲是善故. 依經部宗相續假聲離聲無別名句等故. 依大乘宗諸教不同有處唯聲如無垢稱. 或有佛土聲為佛事.

有處但用名等為體如成唯識. 法無礙智名等為境有處合說聲及名等如十地經云. 說聽之者皆依二事. 謂聲名等如何. 諸教有此異者據實以假從實皆用聲及名等以為體性. 而諸聖教各據一義故不相違. 所以者何以假從實用聲為體離聲無別名句等故. 以體從用名等為體能詮諸法自性差別. 二所依故. 假實相藉合說為體隨闕一種說不成. 故以境從心用識為體. 經說諸法不離識故攝妄歸真用如為體仁王等說諸法性故. 所詮宗者略有三種. 一隨病別宗二部別顯宗三約時辨宗. 隨病別宗者謂諸有情由無明故起貪瞋等八萬四千諸塵勞門. 是故如來應病設藥. 蘊等八萬四千法門由此一一隨其所應. 蘊處界等為所詮宗. 部別顯宗者於一一部雖有諸門究其意趣隨部各別. 如法華經一乘為宗無垢即以不二為宗. 依涅槃經佛性為宗華嚴賢聖因果為宗. 自餘諸部準上應知. 約時辨宗者雖諸聖教部類眾多就時辨宗不過三種. 三種即是四諦無相了義大乘如深密說. 今此一部諸宗之中無相為宗.

제3장 제목을 해석함

佛說般若波羅蜜多心經 言題目者

佛說即是標能說主. 梵音佛陀此翻名覺. 具真俗智自他覺滿故名為佛. 開敷妙門令眾生解名之為說. 般若波羅蜜多辨所說法. 此土翻為智到彼岸. 心經正顯能詮之教. 盧道之中王獨秀於諸般若此教最尊. 從諭立名故曰心也. 經有二義貫穿攝持. 貫穿所應說義攝持所化生故. 此即依主就能所詮法諭立號故言佛說般若波羅蜜多心經.

반야바라밀다심경

제1장 관하는 지혜
제1절 관하는 사람과 관하는 지혜의 체

1. 관하는 사람

觀自在菩薩

　第四 判文解釋. 於此經中總有三分. 初明能觀智 次舍利子 下辨所觀境. 後以無所得故下顯所得果. 所以無序及流通者 於諸般若簡集綱要. 故唯正宗無序流通 如觀音經不具三分. 觀自在菩薩者 就初分中復分為二. 初標能觀人次辨觀智體. 此即第一標能觀人. 若依舊本名觀世音. 觀諸世間稱菩薩名音聲語業. 以救諸難因而立號名觀世音. 猶未能顯觀身意業. 而今本云觀自在者 內證二空外觀三業. 不依功用任運自在故曰觀自在. 今此菩薩實是因位一生補處. 為已成佛設爾何失. 若是菩薩如何會釋觀音三昧. 彼經說曰佛告阿難我今導實其事不虛. 我念觀世音菩薩於我前成佛號曰正法明如來應供正遍知明行足善逝世間解無上士調御丈夫佛世尊. 我於彼時為彼佛下作苦行弟子. 若是佛者如何會釋觀音授記. 故彼經曰善男子阿彌陀佛壽命無量百千億劫. 當有終極當般涅槃.　復曰善男子阿彌陀佛正法滅後過中夜分明星出時. 觀世音菩薩於七寶菩提樹下結加趺坐成等正覺. 號普光功德山王如來十號具足. 乃至國名眾寶莊嚴. 又無量壽曰觀音菩薩於

是國土修菩薩行. 命終轉化生彼佛國. 解曰觀音名同人異故彼此說互不相違. 如法華經諸佛同號日月燈明. 又解觀音自有二種一實二化. 一者實身如觀音經二者化身如無量壽. 如法華論. 釋迦如來成道已久就化相故. 今乃成佛雖有兩釋. 後解為勝順諸聖教不違理故.

2. 관하는 지혜의 체

行深般若波羅蜜多時者

第二辨能觀智於中有二. 初明智體後辨智用. 此辨智體行謂進行是能觀智深即甚深. 深有二種一者即行深. 無分別智內證二空離諸分別. 無能所行以為行相故名行深. 故大品曰不見行不見不行是名菩薩行深般若. 二者境深謂二空理離有無相絕諸戲論. 無分別智證此深境故曰行深. 梵音般若此翻名智. 言波羅者名為彼岸. 蜜多名到順彼應云智彼岸到. 從此方語智到彼岸. 因智斷障至涅槃城是故說為智到彼岸. 時謂時分智度論說依有為法假說時分. 而時數等非蘊處等諸數所攝法. 沙門論亦同此釋. 故彼論曰因法假名時離法無別時. 瑜伽等說有為法上前後分位假立時分. 不相應法行蘊所攝. 依佛地論亦同此說故彼論曰立不相應時節分位. 或心影像總釋意曰. 般若有三謂即文字觀照實相為顯觀照簡實相等. 故言行深般若波羅蜜多時(此中應說三種般若).

제2절 지혜의 작용

1. 자신에게 이로운 지혜의 작용

照見五蘊皆空者

辨其智用用有二種. 一者自利 二者利他 此明觀空即是自利. 將釋此文先敍諸觀後依前觀. 釋此經文言諸觀者若夫佛法甚深本唯一味. 學者未悟乃成異說. 是故世尊佛地經說佛告妙生譬如種種大小眾流. 未入大海各別所依水有差別水有增減. 若入大海無別所依水無差別水無增減. 如是菩薩未證入於如來清淨法界大海各別所依智有差別智有增減. 若已證入如來清淨法界大海無別所依智無差別智無增減受用和合一味事智. 親光釋曰千年已前佛法一味過千年後空有乖諍. 佛滅沒已一千年後南印度界健至國中有二菩薩一時出世. 一者清辨二者護法. 為令有情悟入佛法立空有宗共成佛意. 清辨菩薩執空撥有令除有執. 護法菩薩立有撥空令除空執. 然則空不違有即空之理非無不違空即色之說自成. 亦空亦有順成二諦非空非有契會中道. 佛法大宗豈不斯矣. 問有無乖諍寧順佛意. 答執我勝論甚違聖教佛自許為解脫菩薩. 況二菩薩互相影嚮令物生解違佛意乎. 故今略述二種觀門. 一者清辨依諸般若及龍猛宗立一觀門. 謂歷法遣相觀空門立一切法皆悉是空無生無滅本來寂靜自性涅槃. 故般若經曰一切有為法如夢幻泡影如露亦如電應作如是觀. 又思益經云以心分別諸法皆邪不以心分別諸法皆正. 又中論曰若有所不空應當有空. 不空尚不得

何況得於空. 又中論曰諸佛或說我或時說非我. 諸法實相中非我非非我. 如是等文誠證非一. 是故清辨掌珍論曰眞性有爲空如幻. 緣生故無爲無有實不起似空華. 二者護法依深密等及彌勒宗立一觀門. 謂在識遮境辨空觀門立一切法通有及無. 遍計所執情有理無. 依他起性因緣故有. 圓成實性理有非無. 故深密說依所執故說一切法皆無自性. 寶積經說若撥諸法皆無性者我說彼爲不可治者. 瑜伽等曰依所執性故契經說一切諸法皆無自性. 辨中邊論頌虛妄分別有. 於此二都無此中唯有空於彼亦有此. 故說一切法非空非不空有無及有. 故是故契中道. 如是等文誠證非一. 是故二十唯識等曰非知諸法一切種無乃得名爲入法無我. 然達愚夫遍計所執自性差別諸法我無如是乃名入法無我. 敍觀如上今當釋文.

言五蘊者 所謂色蘊受想行識五色根境及法處. 色方所可知有質礙義故名爲色. 苦樂捨受如次領納違順中境故名爲受. 諸識俱想取境分齊如男女等起諸說故名之爲想. 思等心法驅役於心令造善等名之爲行. 眼等諸識於境了別故名爲識. 五種皆有積聚義故名之爲蘊. 如是五蘊有其三種一者遍計所執五蘊情有理無. 二者依他起性五蘊因緣假有. 三者圓成實性五蘊眞實理有故. 中邊曰蘊有三種一所執蘊二種類蘊三法性蘊. 斯取新本. 十八空論亦同彼說. 故彼論曰所有三種一者分別二者種類三者如如. 於此三種五蘊之內 一一皆有生法二空. 言皆空者顯所證理. 卽前一空依此諸空分成兩釋. 依清辨宗自有二解一曰三中遣前二性非圓成實.

故中論曰因緣所生法是即說為空. 一曰三性五蘊皆空. 故掌珍曰無為無有實不起似空華準此應知. 圓成亦遣. 依護法宗三種蘊中但遣所執以辨空性. 所引理教具如上說. 或有本曰照見五蘊等皆空雖有兩本. 後本為正. 撿勘梵本有等言故後所說等準此應知.

2. 남을 이롭게 하는 지혜의 작용

度一切苦厄者

此即第二顯利他用此有三種. 一曰苦即是厄故名苦厄. 六釋之中是持業釋. 有漏諸法無非是苦故世尊說三界皆苦. 然此苦門略有三種所謂苦苦壞苦行苦. 中則有八謂生老病死怨憎會苦愛別離苦求不得苦五盛陰苦. 廣有苦苦謂二十五有一一皆有生住異滅四有為相. 故成百苦. 二十五有四人四惡趣四空及四禪梵王六欲天無想阿那含. 擬注一曰苦厄即是四厄. 所謂欲有見及無明. 如是四種繫諸有情令受諸苦猶如車軛. 若依此釋苦之厄故名為苦厄. 故六釋中是依主釋. 一曰苦厄別有所目如前兩釋故六釋中是相違釋.

제2장 보살이 관할 경계

제1절 오온의 공성

1. 교화를 받는 사람

舍利子者

 自下第二辨所觀境於中有二. 初約四句以辨空性後依六義以顯空相. 前中有二初標受化人後正辨空性此即標人. 梵音奢利富多羅或云舍利弗多羅. 此翻舍利名鶖鷺弗多羅此云子. 母眼青精似鶖鷺眼故立母名號為鶖鷺. 明度經曰鶖鷺子或云優婆提舍者從父立號. 舊翻身子者謬也. 問此般若是菩薩法何故世尊告舍利子而非菩薩. 答如智度論說舍利弗其人得十千三昧. 於一切佛弟子中智慧第一故. 世尊說一切衆生智唯除佛世尊欲比舍利弗智慧及多聞. 於十六分中猶尚不及一. 又舍利弗年始八歲凡所立論辭理超絕時諸論師歎未曾有. 愚智大小一切皆伏自餘因緣廣如彼論. 是故此中告舍利子又欲引小迴趣大乘.

2. 색법과 심법의 공성

1) 색법의 공성

色不異空 空不異色 色即是空 空即是色者

此約四句正辨空性於中有二. 初約色蘊以辨四句後類四蘊皆有四句. 此約色蘊以辨四句將釋四句. 先辨空性者如前分別. 空有二種. 一者生空 二者法空. 所說生空有其四種. 一者所執我無說之為空. 諸法數中所不攝故. 是故瑜伽菩薩地曰有為無為名為有. 無我我所名為無. 二者生空所顯眞如空所詮故亦說為空. 三者苦諦所攝有漏別空即用有漏五蘊為體故. 成唯識第六卷曰. 別空非我屬苦諦故. 四者諸法所攝通空非我. 即用諸法以為體性. 故諸經說一切法無我. 雖有四種依三性理攝以為三. 一所執性空二依他性空三圓成實空. 如其次第三性為體. 法空四種雖無正文以理推徵應有四句. 法空三種準上應知. 若廣分別有十八空如十八空論. 依大般若或說十六十七十八乃至二十. 具如彼經. 今依三性以釋四句. 於四句中初之二句標宗正說後之二句遣外疑情. 色不異空者標俗不異眞. 空不異色者標眞不異俗. 後遣外疑情外人設疑互相依故為不異耶. 為相即故名為不異故作此說. 色即是空空即是色非相依故名為不異. 非相即故名為不異. 即依此文西方諸師自有兩釋. 一清辨等曰色有三種謂所執等空能遣性體非三性. 今言色即是空者遍計所執本來無故說之為空. 據實此空亦非是空. 故中論曰若有不空法. 則應當有空法. 實無不空法何得有空法. 後二

性空準此應知為除有執說彼空言. 依他起性猶如幻等從緣故空. 圓成實性以不起故如似空華自體亦空. 有解宗中更有一釋遣前二性非圓成實. 兩宗共許離有無相絕戲論. 故問色空相對為一異耶. 一體相即便成一執體若異者則是異執. 亦一亦異寧不相違非一非異應成戲論. 釋此四句分別成兩解. 一外道小乘多依表門. 以說四句言有無等有所詮故二依大乘有無等言皆是遮詮. 一切諸法不可說故. 然一切法皆有二相. 謂即自共. 自相唯是現量智得非假智言所可得故. 若假智言所詮得者謂即共相且如說青. 莖葉等相其相各異唯現量得. 由斯假智及諸名言但能詮表青上共相. 而說青時遮黃等故名為說青. 非正表青故說遮詮. 就遮詮中自有兩說. 一清辨宗其性道理不可以名名不可以相相. 破而無執立而無當. 所引理教準上應知. 二護法宗實有世俗勝義道理皆離名言. 於中真性對世俗故說真性言非無所詮. 清辨宗中一師所說亦同此釋. 是故護法破清辨曰. 若依真性說諸法空便成相符極成之失. 於清辨宗遣依他性護法不許故有差別. 由斯道理內宗所說有無等言皆是遮詮. 遠離一異戲論等失. 依清辨宗釋文已訖. 二依護法釋四句者色有三種. 謂三性色空亦有三. 體即三性是故無著菩薩辨中邊曰. 空有三種一無性空性非有故. 二異性空與妄所執自性異故. 三自性空二空所顯為自性故. 依遍計色對空四句有其三種. 一所執色對所執空以辨四句. 隨情所執根境等色不異所執本無之空. 是故說為色即是空. 本無之空隨情即有故言空即是色. 此是同性相即. 標宗二句準上應知. 二所執色對依他空以辨四句. 附託依他所執實色不異依他無實之空. 是故說言色即是空. 而彼妄情於彼

空處執有實色故言空即是色. 標宗二句準應可知. 此是異性相即. 三所執色對圓成實以辨四句. 於圓成性執為實色不異圓成自性之空. 於自性空執為實色故言色即是空空即是色. 標宗二句準應可知. 此如依他異體相即. 依他起色對異性空有其四句. 謂緣生色不異依他異性之空. 然此空性是質礙故. 是故說為色即是空空即是色. 此是同性相即. 標宗二句準應可知. 又釋依他緣生之色對二性空有二四句. 對異性故不異前釋. 對自性空亦有四句. 謂緣生色用如為體. 然彼空性不異依他. 故成唯識作如是說. 故此與依他非異非不異如無常等性. 又中邊云此中唯有空於彼亦有此. 由斯道理依他圓成互不相離. 是故說言色即是空空即是色. 非緣生空故說相即. 不爾應成違宗失故. 此是異性相即. 標宗二句準應可知. 圓成實性對自性空有其四句. 謂圓成實是依他起色. 實性故名之為色. 我法二空之所顯故說圓成空. 由此道理是故說言色即是空空即是色. 此是同性相即. 標宗二句準應可知.

2) 심법의 공성

受想行識 亦復如是者

此即第二類釋四蘊皆有四句. 四句相即準上應知. 又解此經自有兩本一本如上. 一本經曰受想行識等亦復如是. 所言等者準下經文有六善巧. 謂蘊處界緣生四諦菩提涅槃. 今舉四蘊等餘五門皆有四句故說等言. 六門義別後當分別.

제2절 공성의 모습

1. 모든 법의 공성의 모습

舍利子 是諸法空相 不生不滅 不垢不淨 不增不減者
　自下第二約六種義以顯空相. 於中有二. 初約六義正顯空相後依空相遣六門法. 顯六相中命舍利子如上已釋. 六相即是不生不滅不垢不淨不增不減. 然此六相西方兩釋. 一者清辨二者護法. 依清辨宗釋六相者本無今有名生. 暫有還無名滅(如瑜伽說)性染不淨名垢離染非垢稱淨(如諸教說)執法有用曰增妄計法壞名減(如攝大乘論說)三對六相三說不同. 一曰此文約位辨三. 謂真空性離諸相故. 道前遠離流轉生滅. 道中即無惑智垢淨. 道後永捨體用增減. 一曰此文約性辨三. 遍計所執本來無故不生不滅. 依他起性從緣生故不垢不淨. 圓成實性以不起故不增不減. 一曰此說三對六相一一皆通諸位諸性. 總遣三性無所存故. 三中後勝. 順本宗故. 依護法宗理實空相乃有眾多. 謂非一異及有無等. 而經且說三對六者. 生滅即是有為通相垢淨止辨諸法自性. 增減言顯法上義用理實. 三空通有六相經意正顯是自性空. 生法二空所顯真理通與迷悟為所依故.

2. 여섯 가지 공성의 법문

1) 오온의 법문

是故 空中無色 無受想行識者
自下第二依前空相遣六門法. 遣六門法即分為六. 此即第一遣五蘊門. 謂諸法空具六種相是故空中無五蘊法. 五蘊義別如前已釋. 此中所說六門法者總顯二乘通別二境. 初三止顯諸法性故. 是故說言三乘通境. 依前法性隨根別說緣生等門. 是故後三名為別境. 故法華曰為聲聞人說四諦法. 為緣覺人說緣生法. 為諸菩薩說六度法.

2) 십이처의 법문

無眼耳鼻舌身意 無色聲香味觸法者
此即第二遣十二處故今略說十二處義. 三門分別. 一明教興二釋名字三出體性. 言教興者自有二意. 所謂悟入生法二空. 入生空者如彼二十唯識論云. 依此所說十二處教謂. 若了知從六二法有六識轉. 都無見者乃至知者. 便能悟入有情無我. 入法空者即此所說遣十二處顯法空理. 清辨護法遣法差別如上應思. 次釋名者先總後別. 初即總明十二處者十二是舉數. 處是生長義. 謂六根境生長一切心心所法故名為處. 六釋之中是帶數釋. 後別名者如瑜伽論第三卷說. 復次屢觀眾色觀而復捨故名為眼. 數數於此

聲至能聞故名為耳. 數由此故能嗅諸香故名為鼻. 能除飢羸數發言論表彰呼召故名為舌. 諸根所隨周遍積聚故名為身. 愚夫長夜瑩飾藏護. 執為己有計為我所及我. 又諸世間依此假立種種名想. 謂之有情人與命者生者意生及儒童等故名為意. 數可示現在其方所質礙可增故名為色. 數宜數謝隨增異論故名為聲. 離質潛形屢隨風轉故名為香. 可以舌嘗屢招疾苦故名為味. 數可為身之所證得故名為觸. 遍能任持唯意憶性故名為法. 第三出體者. 眼根者如諸論說. 四大所造眼識所依淨色為體如說眼根. 乃至耳根四大所造耳識所依淨色為體. 意根通用八識為體. 色者如集論說四大所造眼根所行二十五色以為自性. 謂青黃赤白長短方圓麤細高下若正不正光影明闇雲烟塵霧迥色表色空一顯色. 聲有十一謂若可意若不可意若俱相違若因受大種若因不受大種若因俱大種世所共成若成所引若遍計所執若聖言所攝若非聖言所攝. 香有六種謂好香惡香平等香俱生香和合香變異香. 味有十二苦酢甘辛鹹淡若可意若不可意若俱相違若俱生若和合若變異. 觸有二十六所謂四大滑澁輕重軟緩急冷饑渴濁飽力劣悶癢黏病老死疲息勇. 如此五塵廣如雜集. 諸論同異具如別章. 法處即用百法門中八十二法以為自性. 謂心所法中五十一色中有一. 謂法處色不相應二十四. 無為有六依集論等. 八十八法以為自性. 謂四種法處色及二無為具如彼說. 餘門分別廣如別章.

3) 십팔계의 법문

無眼界 乃至無意識界者

此即第三遣十八界此十八界三門分別. 一顯教興二釋名字三出體性. 言教興者謂執色心以為我者及下根者. 是故世尊說十八界. 次釋名者先總後別. 總名十八界者十八是數界是種族義及性別義. 一切諸法十八種族及性別故. 是帶數釋準上應知. 次別名者六根六塵如處中說. 六識得名有其二義. 一者從境名為色識乃至法識. 隨境立名順識義故. 二者從根名為眼識乃至意識隨根立名具伏發等五種義故. 此即色之識故名為色識. 乃至意之識故名為意識. 故六釋中是依主釋. 若具分別如成唯識第五卷說. 後明體者眼等十二如處中說. 眼等六識百法門中如其自名. 眼等六識以為自性. 自餘諸門廣如諸論.

4) 십이연기의 법문

無無明 亦無無明盡 乃至無老死 亦無老死盡者

此即第四遣緣生門. 然此緣生自有二種. 一者流轉二者還滅. 由無明故能起諸行乃至由生為緣老死. 如是順流五趣四生如滿月輪始不可知. 於空性中無此流轉. 故經說言無無明乃至無老死. 由觀智力令無明滅. 無明滅故諸行亦滅. 如此乃至由生滅故老死亦滅. 此即輪前還歸涅槃. 故名還滅. 於空性中無此還滅故經亦說. 無無明盡. 乃至亦無老死盡. 如何說此經起門者如法華經. 為

求緣覺故說緣生. 而今此緣為顯法空故說此門. 然此緣生不同常釋故. 今略以三門分別. 一釋名二出體三廢立. 言釋名者先總後別. 言總名者十二即是總標其數如緣起經. 如是諸分各由自緣和合無闕相續而起故名緣起. 依瑜伽論因名緣覺果名緣生. 於此名中舉數顯宗故六釋中是帶數釋. 後出別名者三際中愚於境不了故名無明. 福等三業遷流造作名之為行. 眼等八識了別境界故名為識. 相等色等召表質礙故曰名色. 眼等六根生長心等名為六處. 苦等三觸對前境故名為觸. 苦等三受領順違等名之為受. 自體等貪染自境故名為愛. 欲等四取執取境等名之為取. 行識等種能招生等故名為有. 識等五法本無今有名之為生. 即彼五法衰變滅壞故名老死. 第二出體有其三義. 一引生差別二正出自性三現種分別. 引生差別者無明及行名為能引能引識等五果種故. 識等五種名為所引是前二支所引發故. 愛取有三名為能生近生當來生老死故. 生及老死即是所生. 是愛取有近所生故. 正出體者能發正感福等三業為無明支. 即彼所發為行支體親生當來第八識種為識支體. 除後三因. 餘因皆是名色支體後之三因如名次第. 即後三種有解名色即攝五種以為自性. 於中隨勝立餘四種. 謂賴耶種名為識支立餘三種. 謂六處等能潤行等六種種子. 貪欲名愛緣愛復生欲等四取為取支體. 然此四取如瑜伽論第十卷說. 如其次第於諸欲境及餘四見於諸邪戒及薩迦耶見所起貪欲為取支體. 經論同異如緣起等. 行及識等六種種子被潤已後轉名為有. 識等五種所生果法始從中有至本有中未衰變位名為生支. 至衰變位總名為

老身壞命終說名為死. 現種別者有其二義. 一就實正理門二相從假說門. 相從假說一一皆通種及現行. 故十地論無明有二一者子支二者果支. 乃至老死應知. 亦爾就實正理生與老死唯現非種. 識等六支唯種非現無明與行及愛取支皆通現種. 第三廢立有其三義. 一約定遍廢立諸支二約開合分別諸支三約世地辨其同異. 約支廢立者如成唯識第八卷. 說問如何老位不別立支. 答非定有故附死立支. 問病何非支答不遍定故老雖不定遍故立支. 諸界趣生除中夭者將終皆有衰朽行故. 問名色不遍何故立支. 答定故立支. 胎卵濕生六處未滿定有名色. 又名色支亦是遍有有色化生初受生位雖具五根而未有用. 爾時未名六處支故. 初生無色雖定有意根而不明了未名意處故. 問愛非遍有寧別立支生惡趣者不愛彼故. 答定故別立不求無有生善趣者定有愛故. 問若爾不還應無有愛. 答雖不現起然如彼取定有種故. 又愛遍生惡趣者於現我境亦有愛故. 依無希求惡趣身愛. 經說非有非彼全無. 二開合差別有其二義. 一引生相對以辨開合二發潤相對以辨開合. 引生相對如彼論說. 何緣所生立生老死所引別立識等五支. 因位難知差別相故依當果位別立五支. 具說如彼. 果位易了差別相故總立二支以顯三苦. 具說如彼. 發潤別者如彼論說. 何緣發業總立無明潤業位中別立愛取. 雖諸煩惱皆能發潤. 無明力勝具足如彼而發業位無明力增以具十一殊勝事故謂所緣等廣如經. 於潤業位愛力偏增. 說愛如水能沃潤故要數溉灌方生有芽. 且依初後分愛取二無重發義. 立一無明三約世地辨其同異有其二義. 一約地辨同異

二約世辨同異. 地同異者如彼論說. 諸緣起支皆依自地有所發行. 依他無明如下無明發上地行. 不爾初伏下地染著. 所起上定應非行支. 彼地無明由未起故. 世同異者如彼論說. 此十二支十因二果定不同世. 因中前七與愛取有或異或同. 若二三七各定同世. 如是十二一重因果足顯輪轉及離斷常. 施設兩重實為無用. 或應過此便致無窮. 解曰論依先申自宗一重緣起破薩婆多兩重緣起. 尋即可知自餘諸門廣如彼說.

5) 사제의 법문

無苦集滅道者

此即第五遣四諦門. 如何說此四諦門者如法華經為求聲聞說應四諦. 今此經中為顯法空遣四諦法. 然此四諦三門分別. 一釋名字二出體性三種數差別. 言釋名者先總後別. 言總名者四是標數. 諦有二義如瑜伽論. 一如所說相不相離義. 二由離此故致究竟意處是帶數釋準前可知. 言別名者諦別不同乃至四種一苦二集三滅四道. 三苦所成名之為苦. 能招後果故名為集. 集苦盡故名之為滅. 能除能通故名為道. 第二出體者苦諦即是有漏五蘊能感惑業以為集諦. 擇滅無為為滅諦體. 道諦即道無漏聖道. 第三種數別者或二或三. 所言二者一者世俗二者勝義. 於一一諦皆具四諦如顯揚等. 恐繁不敍. 依勝鬘經亦有二種. 一者有作二者無作. 由煩惱障及所發業感分段生. 彼所感果名為苦諦. 能感惑

業故名集諦. 彼苦集盡名為滅諦. 生空觀智名為道諦. 無漏業因無明為緣感變易生. 所招異熟以為苦諦. 能感惑業名為集諦. 彼苦集盡故名滅諦. 法空觀智名為道諦. 問豈不法執不能發業亦非潤生. 無漏聖道非苦集諦如何經說無漏為因無明為緣. 答如成唯識第八卷說. 斷法執及資助緣故說無漏為因無明為緣. 理實即前感分段業及所感果由資力故. 轉勝轉妙以為變易. 廣說如彼. 所言三者二種四諦皆具三性. 謂所執等如中邊論及成唯識第八卷中. 廣辨其相尋即可知不繁具述.

6) 지혜와 열반의 법문

無智亦無得者

此即第六遣智斷門. 如何說此智斷門者如法華經. 為諸菩薩說六度法. 今此經中為顯法空遣智斷門. 然即智斷自有兩釋. 一曰在因名智即是般若. 果位名得即是菩提. 一曰菩提名智涅槃名得. 雖有兩釋後說為勝. 諸部般若皆遣菩提及涅槃. 故菩提涅槃後當分別.

제3장 보살이 얻는 과보

제1절 얻는 과보를 바로 밝힘

1. 지관에 공능이 있음을 밝힘

以無所得故 菩提薩埵 依般若波羅蜜多故 心無罣礙者

自下第三顯所得果於中有二. 初正明得果後引例. 證成前中有二. 初辨觀有能後顯所得果此即初也. 於中有三初以無所得故者辨空離相. 理實空性離六門法. 舉後顯前但言無得. 次菩提薩埵者觀人發意如前所說. 菩提名覺薩埵即是所化有情. 上求菩提下化有情發此智悲故名菩薩. 後依般若波羅蜜多故心無罣礙者辨觀有能. 翻名釋義如上. 應知般若名智別境中慧心言即顯與慧俱心. 心有二種所謂性相罣礙即是惑智二障. 總釋意曰眞性空理離六相故. 發意菩薩依彼觀智令慧俱心證空斷障. 非諸執有異生二乘內證二空斷其二障.

2. 보살이 얻는 네 가지 과보

無罣礙故 無有恐怖 遠離顚倒夢想 究竟涅槃者

此即第二顯所得果. 或有本云遠離一切顚倒夢想雖有二本後

本為勝. 然所得果有其四種. 一無罣礙故無有恐怖者遠離諸怖畏. 怖畏即是五種怖畏. 如佛地論第二卷說. 五怖畏者一不活畏二惡名畏三死畏四惡趣畏五怯眾畏. 如是五畏證得清淨意樂地時皆已遠離. 二遠離顛倒者遠離果顛倒. 即是三四七八. 三者謂即想見及心. 四者所謂無常為常於苦為樂不淨為淨無我為我. 七倒不異前三四倒. 八倒謂即於前四倒更加四種. 理實佛果常樂我淨執為無常無我不淨翻樂為苦. 三遠離夢想者遠離夢想果. 即八妄想其想如夢故名夢想. 瑜伽名為八種分別. 釋彼意曰諸有情類由不了知真如空性. 由此因緣能生三事. 一者根境二我見慢三貪瞋癡. 由貪等故能造諸業能生有情及器世間. 由斯長時轉輪生死故. 尋思等生法空觀斷除惑業證大菩提故. 今略述八分別義如瑜伽論三十六曰. 又諸愚夫由於如是所顯真如不了知故. 從是因緣八分別轉能生三事. 能起一切有情世間及器世間. 云何名為八種分別者. 一者自性於一切法分別自性如色聲等. 二者差別謂即於彼分別可見不可見等. 三者總執謂即於彼色聲等上計有情我舍軍林等. 四者我分別. 五者我所此二分別於諸有漏有取之上即計為我惑計我所. 六者愛分別. 七者非愛. 八者俱相違. 如其次第於妙非妙及俱離事所生分別. 三藏解曰八種皆以無記異熟生慧為其自性. 或可尋伺以為自性生三事者. 初三分別能生戲論所依緣事六根六境. 次二分別能生我見及以我慢. 後三如次生貪瞋癡. 當知此中所依緣事為所依故生我見慢. 見慢為依生貪瞋癡. 由此三事能現有情及器世間流轉品法. 四尋等觀具如諸論. 此經意曰由般

若故內證法空遠離顛倒八種妄想. 四究竟涅槃者證得涅槃果. 涅槃略以四門分別. 一釋名字二出體性三種數多少四問答分別. 第一釋名舊曰梵音名為涅槃或云泥洹. 此土翻譯名為寂滅. 大唐三藏曰波利匿縛喃此云圓寂. 究竟離障生死喧動故曰圓寂. 謂欲存舊名為涅槃. 第二出體諸說不同. 薩婆多宗有餘無餘皆用擇滅無為為體有實自性. 依經部宗煩惱滅處名有餘依. 苦果盡處名無餘依. 假而非實自有兩釋. 一曰滅諦為體惑業滅處滅諦攝故. 一曰皆用道諦為性於道建立惑等滅故. 今依大乘諸說不同. 曇無懺曰四德為林玄致為本. 真諦三藏說大乘中有四涅槃三是道果本來清淨非道果攝. 又說般若及以大悲為無住處涅槃自性. 如此等說不可具述. 今三藏曰四種涅槃用如為體. 故成唯識第十卷曰. 四種涅槃皆依真如離障建立. 而涅槃說法身般若解脫三事成涅槃者舉能成智意. 取所成離障真如非能成智為其自性法. 數類分別自有兩釋. 一曰初後即是真如中間二種擇滅所攝. 一曰初一即是真如後三皆是擇滅所攝. 雖有兩說護法正宗以後為正. 第三種數分別者略即二種廣開為四. 所言二者一者性淨二者方便淨. 開為四者自性清淨有餘無餘及無住處. 如成唯識第十卷說. 涅槃義別略有四種. 一本來自性清淨涅槃. 雖有客染而本性淨具無數量微妙功德. 唯真聖者自內所證其性本寂故名涅槃. 二有餘依涅槃. 謂即真如出煩惱障雖有微苦所依未滅而障永寂故名涅槃. 三無餘涅槃. 謂即真如出生死苦煩惱既盡餘依亦滅眾苦永寂故名涅槃. 四無住處涅槃. 謂即真如出所知障大悲般若常所輔翼由斯

不住生死涅槃. 利樂有情窮未來際用而常寂故名涅槃. 一切有情皆有初一. 二乘無學容有前三. 唯我世尊可言具四. 第四問答. 問如何善逝有有餘依. 答雖無實依而現似有. 或苦依盡說無餘依. 非苦依在說有餘依. 是故世尊可言具四. 問若聲聞等有無餘依如何有處說彼非有(如勝鬘等)答有處說彼都無涅槃豈有餘依彼亦非有(此亦勝等)然聲聞等身智在時有所知障. 苦依未盡圓寂義隱. 說無涅槃非彼實無. 煩惱障盡所顯眞理有餘涅槃爾時未證無餘圓寂. 故亦說彼無無餘依. 非彼後時滅身智已無苦依盡無餘涅槃. 廣說如彼. 問諸所知障旣不感生如何斷彼得無住處. 答彼能隱覆法空眞如故斷彼時顯法空理. 此理卽是無住涅槃. 令於二邊俱不住故. 問若所知障亦障涅槃如何斷彼不得擇滅. 答擇滅離縛彼非縛故. 問旣爾斷彼寧得涅槃. 答非諸涅槃皆擇滅攝不爾性淨應非涅槃. 有說. 亦是擇滅所攝廣說如彼. 已外問答如理應思.

제2절 예를 들어 성취함을 증명함

1. 얻는 과보를 바로 밝힘

三世諸佛 依般若波羅蜜多故 得阿耨多羅三藐三菩提者
　自下第二引例證成. 於中有二初正明得果後約用歎勝. 此卽初也文有三節.

1) 삼세의 모든 부처님

　　三世諸佛者辨得果人. 三世即是過現未來有爲法也. 如其次第 曾有現有及以當有以爲三世. 又說如次當不有法正現有法曾不有 法以爲三世. 然此三世有其三種. 一種子三世二道理三世三唯識 三世. 如此三世諸宗同異具如諸論. 如理應思. 梵音佛陀此翻覺 者. 具有五義故名爲佛如佛地論. 言五義者一具二智(一切智一 切種智)二離二障(煩惱所知)三達二相(一切法一切種法)四具二 利(自利利他)五具二譬(如睡夢覺如蓮華開)具此五義故名爲佛.

2) 반야로 저 언덕에 건너감에 의지하므로

　　次依般若波羅蜜多故者辨能得智如前可知.

3) 위없는 보리를 증득하신다

　　後得阿耨多羅三藐三菩提者顯所得果即是菩提. 梵音如上. 而 翻此言諸說不同. 一曰阿之言無耨多羅云上三名正藐言眞後三名 正菩提曰道. 總言無上正眞正正道. 一曰阿之言無耨多羅曰上三 名正藐言遍三云知菩提名覺. 如理智緣眞如名正. 如量智緣俗言 遍. 無分別智斷二無知名知. 菩提出睡夢之表稱覺. 此四智是菩 提體超二乘果故名無上. 今大唐三藏曰阿之言無耨多羅名上三 名正藐名等三又言正菩提云覺. 無法可過故言無上. 理事遍知故 云正等. 離妄照眞復云正覺. 即是無上正等正覺. 問標宗得果但說 涅槃. 引例證成唯菩提者. 以覺證滅豈不相違. 答理實皆通智斷 二德各據一義. 影略互顯此. 菩提義略以三門分別. 一釋名字二

出體性三諸門分別. 第一釋名梵音菩提此翻名覺. 覺有三種謂三乘智而今且說無上菩提. 即眞俗智雙證二空故名為覺. 第二出體有其二種. 一就實出體四智為性故. 成唯識第十卷曰菩提即是四智相應心品為體. 二相從假說略有三門. 一智斷分別即用二空觀智. 及斷二障所證無為. 以為自性故. 瑜伽論菩薩地曰二斷二智名為菩提. 彼說二斷為菩提者智之果故. 相從假說亦名為智. 三二身分別通用三身以為自性. 故攝大乘智殊勝體即是三身. 彼曰法身通名智者智之性故似說名智. 三五法分別通用五法以為自性. 佛地經曰有五種法攝大覺地. 所謂四智及淨法界. 彼經眞如為大覺者同攝大乘. 覺之性故. 依智度論覺之境故名之為覺. 故彼論云說智及智處皆名為般若. 第三諸門分別先釋四智後辨三身. 且說四智五門分別. 一標名出體門二轉識得智門三心所相應門四所緣差別門五初得現起門. 一標名出體門者一大圓鏡智如依圓鏡眾緣影現. 如是依止如來智鏡諸處境識眾像影現. 從論立號即用第八相應心品以為自體. 有十一喻如佛地經. 二平等性智自他有情悉皆平等從用立號名平等智. 有十平等如經廣說. 第七相應心品為體. 三妙觀察智相應心品善觀諸法自相共相從用立號名妙觀察智. 有十種喻如經廣釋. 第六相應心品為體. 四成所作智普於十方示現種種變化三業所應作事. 此亦從用名成所作智. 有十種喻如經廣說五識相應心品為體. 二轉識得智者佛地第三. 有二師說. 一曰轉第八識得大圓鏡智. 轉第七識. 得平等性智. 轉第六識得妙觀察智. 轉五現識成成所作智. 一曰轉第六識得成所

作智. 轉五現識得妙觀察智. 此不應理非次第故. 說法斷疑則遍觀察非五用故. 無性攝論亦有兩釋. 廣如彼說. 大莊嚴論同佛地論第二所說. 成唯識第十卷中即同佛地初師所說須會. 三心所相應者一一皆與二十一法心品相應. 謂所遍行別境各五善有十一具如佛地. 四所緣差別者大圓鏡智如佛地論. 自有兩釋一曰緣如一曰通緣一切諸法. 雖有兩說後者為勝. 唯識第十亦同彼說. 若廣分別具如佛地. 平等性智佛地唯識皆有三釋. 一曰但緣第八淨識. 一曰但緣平等真如. 一曰普緣真俗為境. 具如二論. 妙觀察智緣一切境無有諍論. 成所作智有其二說. 一曰但緣五種現境. 一曰遍緣三世諸法. 後說為正. 如彼二論. 五現起差別者依佛地論. 大圓鏡智金剛心時初得現起. 平等性智相應心品菩薩初地初現觀時最初現行. 妙觀察智相應心品亦在初地. 初現觀時最初現行. 成所作智自有二釋. 一曰初地已上皆得現行. 一曰佛果方得現行. 後說為正. 廣如彼論. 依成唯識大圓鏡智自有兩釋. 一曰金剛心時初得現起. 一曰佛果方得現起後說為正餘如佛地. 三身略以七門分別. 第一釋名字. 第二出體性. 第三五法攝身. 第四常無常. 第五形量大小. 第六所化同異. 第七依土差別. 第一釋名先總後別. 言三身者三是標數身有三義謂體依聚故. 成唯識第十卷曰. 體依聚義總說名為身. 佛地第七亦同彼釋. 此即六中帶數釋也. 後別名者一自性法身謂即真如體常不變故名自性身. 力無畏等諸功德法所依止故亦名法身. 次受用身能令自他受用種種大法樂故名受用身. 後變化身謂利有情示現種種變化事業名變化身. 第二

出體法身即用真如爲體. 次受用身卽用四智自利功德. 及爲地上所現化相一分功德以爲自性. 其中同異五法門中當廣分別. 第三五法攝身依佛地論自有兩釋. 有義前二攝自性身中間二種攝受用身. 成所作智攝變化身. 經說眞如是法身故(如金光明經及佛地經等). 論說轉去阿賴耶識得自性身. 大圓鏡智轉第八得故知前二攝自性身(如攝大乘說得自性攝論莊嚴皆轉第八得圓鏡智). 此經中說成所作智起諸化業. 莊嚴論說成所作智於一切界發起種種無量難思諸變化事. 故知後一攝變化身(更勘說處)平等性智如諸論說. 能依淨土隨諸菩薩所樂示現種種佛身(更勘說處). 妙觀察智亦如論說. 於大集會能現一切自在作用說法斷疑(如莊嚴論說). 又說轉去諸識故得受用. 故知中二攝受用身(如攝大乘論說). 又佛三身皆十義中智殊勝攝故知三身皆得有智(如攝大乘中殊勝也). 有義初一攝自性身. 四智自性相應共有及爲地上菩薩所現一分細相攝受用身. 若爲地前菩薩等所現一分麤相化用攝變化身. 諸經皆說淸淨眞如爲法身. 故讚佛論說如來法身無生滅故. 如此等文故知法身卽淨法界. 具說如彼. 莊嚴論說大圓鏡智自受用. 佛攝大乘說轉諸轉識得受用身. 然說轉去阿賴耶識得法身者. 此說轉去第八識中二障種子. 顯得淸淨轉依法身. 非說鏡智是法身佛. 又受用身略有二種. 一自受用三無數劫修所成故. 二他受用爲諸菩薩受法樂故是故四智相應共有及一分化爲受用身. 經論皆說化身爲化地前衆生現種種相. 旣是地前衆生境界故知非是眞實功德. 但是化用. 經論唯說成所作智能起化業非卽化身. 但雖

三身智殊勝攝法身是智所依證故. 化身是智所起用故. 似智現故說假為智亦無有過. 成唯識論不異前說故不重述. 第四常無常者問受用變化既有生滅. 云何經說諸佛身常. 答由二所依法身常故受用法樂無休廢. 故數數現化無斷絕故. 如常受樂如常施食故說名常. 莊嚴論說常有三種. 一本性常謂自性身. 此身本來性常住故. 二不斷常謂受用身受用法樂無間斷故. 三相續常謂變化身沒已復現化無盡故. 具說如彼. 第五形量大小者自性法身由如虛空不可說其形量大小. 就相而言遍一切處. 受用身者有色非色非色諸法無形質故. 亦不可說形量大小. 若就依身及所知境亦得說言遍一切處. 色有二種. 一者實色二者化色. 言實色者三無數劫修習所生充滿法界. 遍實淨土唯佛與佛乃能知之. 言化色者由悲願力為入大地諸菩薩眾. 現種種身形量不定. 為化地前所現化身通色非色. 非色無形故無形量. 色即不定隨所化故. 廣說如彼. 第六所化同異者如佛地論. 一切如來所化有情為共不共. 論有三說. 一曰唯共一切功德行願同故廣如彼說. 一曰不共以佛所化諸有情類本相屬故. 廣說如彼. 如實義者有共不共. 無始時來種性法爾更相繫屬. 或多屬一或一屬多. 廣說如彼. 依成唯識同第三釋. 如論應知. 第七依土差別者如成唯識. 身有四種所謂自性受用及變化身. 土有四種一自性土二自受用三他受用四變化土. 即前四身如其次第住四種土. 雖自性身與自性土體無差別. 而屬佛法相性異故義說能所. 其變化身非唯住淨亦通穢土廣如彼論.

2. 지혜의 작용이 수승함을 찬탄함

1) 긴 글로 해설하여 찬탄함
故知 般若波羅蜜多 是大神呪 是大明呪 是無上呪 是無等等呪者

自下第二擧用歎勝於中有二. 初長行廣釋後擧頌結歎. 前中有二初明自利後辨利他. 此即初也. 所言呪者呪術之名. 明即妙慧證空斷障. 言要妙術故以呪言歎其勝用. 神用莫測名大神呪. 遣暗除癡稱大明呪. 超過二乘故云無上. 越彼菩薩佛慧均平是故重言名無等等.

能除一切苦 眞實不虛者

此即第二辨利他用. 依此妙慧令諸有情越生死苦證涅槃樂. 舒舌髮際尚表誠言. 況覆三千而語有謬. 故經說曰是眞語者.

2) 게송을 들어 찬탄함을 맺음
故說 般若波羅蜜多呪 即說呪曰
揭諦揭諦 波羅揭諦 波羅僧揭諦 菩提莎婆呵者

此即第二擧頌結歎於中有二. 初長行標擧後以頌正歎. 然釋此頌諸說不同. 一曰此頌不可翻譯古來相傳. 此呪乃是西域正音祕密辭句. 翻即失驗故存梵語. 又解呪中說諸聖名或說鬼神. 或說諸法甚深奧義言含多義. 此方無言正當彼語故存梵音. 如薄伽梵. 一曰諸呪密可翻譯如言南無佛陀耶等. 釋此頌句判之爲三. 初揭

諦揭諦此云度度. 頌前長行般若二字. 此顯般若有大功能自度度
他故云度度. 次波羅等句即頌長行波羅蜜多. 此云彼岸到是即涅
槃名彼岸也. 揭諦言度度到何處. 謂即彼岸是度之處. 故云波羅
揭諦. 言波羅者翻名如上. 僧揭諦者此云到竟. 言菩提者是彼岸
體. 後莎婆呵此云速疾. 謂由妙慧有勝功用即能速疾到菩提岸.
又解頌中有其四句. 分為二節. 初之二句約法歎勝後有二句就人
歎勝. 就約法中先因後果. 重言揭諦此云勝勝. 因位般若具自他
利二種勝用. 故云勝勝. 波羅揭諦言彼岸勝. 由般若故得涅槃勝
岸. 故言彼岸勝. 就歎人中先因後果. 波羅僧揭諦此云彼岸僧勝.
此歎因位一乘菩薩求彼岸人. 菩提莎婆呵此云覺究竟. 此歎果位
三身果人. 覺法已滿名覺究竟. 或可四句歎三寶勝. 初之二句如次
應知歎行果法. 第三四句如次應知歎僧及佛矣.

『불설반야바라밀다심경찬』끝

(반야심경 포함 13,487자)

지는 해 붉음을 토하듯이

2016년 3월부터 5개월 동안 서울 아미타 수행원에서
『반야심경 오가해』를 함께 공부하신
토각 박영철님을 비롯한 모든 법우 여러분,
처음부터 끝까지 교정에 동참해 주신 여러분,
정토원 정기법회와 철야정진에 동참하신 형제자매 여러분,
이 책을 출간하도록 인연을 지어주신 무진 김만성님,
오직 불교를 위해 헌신해주시는 하현 지영숙님께 감사드립니다.
우리 모두는 불법으로 맺은 불가사의한 인연입니다.
일체경계 본래일심이요, 일체가 아미타불의 화신입니다.
여러분의 은혜에 보답하고 불교를 빛내기 위해 발심하여
위대한 원효성사의 사상을 차곡차곡 바랑에 짊어지고
전법의 길에서 지는 해 붉음을 토하듯이 혼신을 다하다가
이 땅에서 산화되기를 서원합니다.

일체경계 본래일심 전불가사의
대원경지 평등성지 전불가사의
묘관찰지 성소작지 전불가사의
불가사의 불가사의 전불가사의
아미타불 아미타불 나무아미타불

불기 2556년 7월 오룡산 정토원
백송정목 일심정례